Inhalt

Vorwort

Wir leben in unruhigen und beunruhigenden Zeiten. Die Welt um uns herum verändert sich in nie da gewesener Geschwindigkeit. Die *Finanzialisierung* und die *Digitalisierung* der Weltwirtschaft haben die globalen Machtverhältnisse auf unserem Planeten innerhalb der zurückliegenden 50 Jahre von Grund auf verändert.

Nachdem die Großbanken der Wall Street das globale Finanzwesen fast ein Jahrhundert lang beherrscht haben, sind mit Beginn des Jahrtausends die großen Vermögensverwalter an ihre Stelle gerückt. Die zehn führenden Unternehmen dieser erst in den vergangenen 50 Jahren entstandenen Branche verwalteten Mitte 2022 weit über 40 Billionen US-Dollar und damit in etwa so viel wie das gemeinsame Bruttoinlandsprodukt der USA, Chinas und Japans, der drei größten Volkswirtschaften der Welt.

Hinzu kommt ein historisch einmaliger Konzentrationsprozess: Die größten Vermögensverwalter BlackRock und Vanguard finanzieren sich gegenseitig als Hauptaktionäre und zählen darüber hinaus zu den Hauptaktionären von sechs der nächstgrößten acht Vermögensverwalter. Zudem verfügt BlackRock mit Aladdin[1] über ein weltweit einmaliges Finanzdatenanalysesystem, das von zahlreichen Großkonzernen und den wichtigsten Zentralbanken genutzt wird. Deren führende Vertreter wie die Federal Reserve und die Europäische Zentralbank haben BlackRock als Gegenleistung für die Nutzung der Software zu ihrem Berater gemacht.

Der zweite Prozess, der uns neben der Finanzialisierung in die gegenwärtige Lage geführt hat, ist die *Digitalisierung* der Weltwirtschaft. Obwohl die Gründung der ersten IT-Giganten Microsoft und Apple noch nicht einmal 50 Jahre zurückliegt, hat diese Branche inzwischen den gesamten Planeten erobert. Mit der *Plattformökonomie*[2] hat sie einen völlig neuen Geschäftszweig hervorgebracht, der sich wie ein Lauffeuer über die ganze Erde verbreitet und eine nie gekannte Marktmacht an sich gerissen hat.

Zudem hat die Digitalisierung den IT-Giganten zu einem Wettbewerbsvorteil verholfen, den es so noch nicht gegeben hat: Durch die Erfassung von Daten- und Finanzströmen anderer Unternehmen haben sie Einblicke in deren Innerstes, die kein Unternehmen vor ihnen gehabt hat. Diese Informationen haben ihnen nicht nur einen unbezahlbaren Wissensvorsprung gegenüber der restlichen Wirtschaft verschafft, sondern auch auf historische Weise die Machtverhältnisse auf der Welt verändert. Galt bisher »Geld regiert die Welt«, so gilt wegen dieser Veränderung in unserer Zeit »Geld und Daten regieren die Welt«.

Da BlackRock und Vanguard auch noch zu den Hauptaktionären von Apple, Alphabet und Microsoft zählen und selbst digital mit einigen von ihnen verschmolzen sind (Aladdin wurde 2021 in die Azure Cloud von Microsoft hochgeladen), ist mit dem *digital-finanziellen Komplex* ein Firmenkartell entstanden, das alles übertrifft, was die Welt je an Kartellen und Monopolen gesehen hat.

Die Auswirkungen dieser Entwicklung haben sich im Zuge der Coronakrise ab 2020 gezeigt. Fast 200 Regierungen erließen ungeachtet aller sonstigen Differenzen und Kontroversen fast identische Maßnahmen, die dem digital-finanziellen Komplex historische Gewinne bescherten. Ob Lockdowns, Quarantäne, Homeschooling, Homeoffice, die Einführung von QR-Codes oder die Zurückdrängung des Bargeldes – Profiteur sämtlicher Einschränkungen waren immer die Digitalkonzerne und die hinter ihnen stehenden Vermögensverwalter.

Aber nicht nur die Macht des weltbeherrschenden Kartells wurde in der Coronakrise deutlich, sondern auch die Art und Weise, wie es diese Macht ausübt. Es hat einen großen Teil davon nämlich ausgelagert, sodass es selbst weitgehend unerkannt im Hintergrund bleiben und ungestört die Fäden ziehen kann. Dadurch ist ein Geflecht von Organisationen entstanden, mit dem es über die verschiedensten Kanäle Druck ausüben, gezielt Informationen oder auch Fehlinformationen verbreiten und Wirtschaft und Gesellschaft in seinem Sinne manipulieren und dirigieren kann.

Wer aber sind die Organisationen, die dem Kartell als Werkzeug dienen?

Neben den transnationalen Großkonzernen, die samt und sonders vom digital-finanziellen Komplex beherrscht werden, sind es zunächst einmal die *Zentralbanken*. Nicht nur, dass sie seit der Weltfinanzkrise von Aladdins Daten und damit von Black-Rock abhängen. Die Top-Vermögensverwalter sind mittlerweile so mächtig, dass sie jeden Markt der Erde in jede von ihnen gewünschte Richtung bewegen können und die Zentralbanken daher vollständig in ihrer Hand haben. Sollten diese irgendwelche Entscheidungen treffen, die den Vermögensverwaltern nicht gefallen, so würde ein kurzer, vorsätzlich herbeigeführter Absturz der Finanzmärkte ausreichen, um sie wieder auf Kurs zu bringen.

Auch *Regierungen* können auf diese Weise gefügig gemacht werden. Ein anschauliches Beispiel dafür hat Griechenland im Jahr 2015 geliefert. Als die austeritätskritische Partei Syriza die Wahlen zu gewinnen drohte, schnitt die EZB das Land kurzerhand von allen Finanzströmen ab – mit dem Effekt, dass die Politiker der Syriza nach der Wahl genau das Gegenteil dessen taten, was sie dem griechischen Volk im Wahlkampf versprochen hatten.

Neben den Zentralbanken und den Regierungen hat sich der digital-finanzielle Komplex auch die *Wissenschaft*, insbesondere die weltweit führenden *Universitäten*, unterworfen. Ein gutes Beispiel hierfür liefert die US-amerikanische Johns-Hopkins-Universität, die in der Coronakrise die Statistiken anfertigte, auf deren Grundlage Lockdowns und Einschränkungen beschlossen wurden. Wichtigstes Institut ihrer medizinischen Fakultät ist die 1916 mithilfe der Rockefeller-Stiftung gegründete »Johns Hopkins Bloomberg School of Public Health«, seit 2001 benannt nach dem IT-Milliardär Michael Bloomberg, der ihr bis zum Jahr 2022 mehr als 3,5 Milliarden US-Dollar an Spenden hat zukommen lassen.

Auch *internationale Organisationen* wie die Vereinten Nationen und zahlreiche ihrer Unterorganisationen wie das Kinderhilfswerk UNICEF oder die Weltgesundheitsorganisation WHO sind keinesfalls unabhängig, sondern weitgehend auf private Geldgeber wie zum Beispiel die internationale Pharmaindustrie angewiesen, hinter der wiederum die Digitalkonzerne und die Vermögensverwalter stehen. Selbst *globale Finanzinstitutionen* wie die Weltbank und der Internationale Währungsfonds (IWF) kommen an deren Macht nicht vorbei. Dies zeigte sich ebenfalls in der Coronakrise, als die Vergabe von Krediten an verschiedene Regierungen an das Einhalten von Gesundheitsregeln geknüpft wurde, die der Plattformökonomie zugutekamen.

Nicht anders verhält es sich mit den *Medien*. Sieht man sich die Aktionärsstruktur der großen Medienkonzerne an, so tauchen auch dort immer dieselben Namen auf. Selbst da, wo sie nicht auftauchen, hat der digital-finanzielle Komplex seine Finger im Spiel. So vergibt die mächtige Bill-und-Melinda-Gates-Stiftung, 2022 mit einem Vermögen von ca. 50 Milliarden US-Dollar die mit Abstand finanzstärkste der Welt, Jahr für Jahr weltweit Millionenbeiträge für »guten Journalismus«. So erhielt das deutsche Nachrichtenmagazin *DER SPIEGEL* im Dezember 2018 eine Spende in Höhe von mehr als 2,5 Millionen US-Dollar.[3]

Die Entwicklung von Gates' Stiftung spiegelt darüber hinaus einen Trend wider, der in den vergangenen 20 Jahren im globalen Machtgefüge eine immer größere Rolle spielt – die Verschleierung von Einflussnahme der ultrareichen Elite durch den zunehmenden Einsatz von *Stiftungen*.

Der breiten Öffentlichkeit gelten Stiftungen immer noch als Organisationen, mit denen besonders erfolgreiche Menschen der Gesellschaft aus Dankbarkeit etwas von ihrem Reichtum zurückgeben möchten. Diese Sichtweise hat mit ihrer tatsächlichen Funktion allerdings wenig zu tun. Das moderne Stiftungsrecht ist nämlich vor allem deshalb ins Leben gerufen worden, um vermögenden Menschen die Steuerflucht zu erleichtern.

Zu diesem Ziel hat sich in den vergangenen Jahrzehnten ein weiteres hinzugesellt: die direkte Einflussnahme auf Politik, Wirtschaft und Gesellschaft unter Umgehung parlamentarischer oder sonstiger gesellschaftlicher Strukturen, fast immer verbrämt als Wohltat eines oder mehrerer Philanthropen. Besonders hervorgetan haben sich hierbei das Stiftungskonglomerat *Open Society Foundations* des US-amerikanischen Milliardärs und Großinvestors George Soros, die *Bill-und-Melinda-Gates-Stiftung* und das *World Economic Forum* (WEF).

Das WEF spielt dabei eine besondere Rolle, denn an seinem Beispiel lässt sich hervorragend zeigen, wie der Parlamentarismus in den zurückliegenden Jahrzehnten immer weiter ausgehöhlt und zur Wirkungslosigkeit verurteilt wurde. Außerdem zeigt seine Geschichte, dass der Lauf der Welt zunehmend von Kräften bestimmt wird, die von niemandem gewählt und der Öffentlichkeit häufig kaum bekannt sind. Sein Beispiel verdeutlicht aber auch auf erschreckende Weise, welch ungeheure Gefahren der Machtmissbrauch in Zeiten rasanter technologischer Umwälzungen mit sich bringt.

Die Welt ist, vor allem mit Unterstützung des WEF, an einem Punkt angekommen, an dem es nicht mehr nur um politische, wirtschaftliche oder gesellschaftliche Veränderungen geht, sondern um die Veränderung des Menschen selbst, um seine Verschmelzung mit der digitalen Sphäre, auch »biodigitale Konvergenz« oder »Transhumanismus« genannt.

Diese Entwicklung steckt keinesfalls mehr in ihren Kinderschuhen, sondern ist bereits weit fortgeschritten und wird hinter dem Rücken der Öffentlichkeit mit hoher Geschwindigkeit vorangetrieben. Sollte sie ihr Ziel erreichen, wäre das nicht mehr und nicht weniger als das Ende der Evolution und der Aufbruch in eine Epoche, in der in den Schöpfungsprozess eingegriffen und die Selbstbestimmtheit des Menschen durch Fremdsteuerung im Interesse einer winzigen Elite ersetzt werden würde.

Dieses Buch soll dazu beizutragen, eine solche Entwicklung zu verhindern.

1

Ein kleiner Ort
am Genfer See

Fährt man von Genf aus am Ufer des Genfer Sees in Richtung Norden, erreicht man nach wenigen Kilometern Cologny, eine der schönsten Gemeinden der Westschweiz, Heimat von etwa 5.000 Menschen. Das Ortsbild wird vor allem durch die historischen Fassaden stilvoller Landhäuser geprägt, die sich die Genfer Oberschicht hier seit dem ausgehenden 17. Jahrhundert hat bauen lassen.

Biegt man auf die parallel zur Uferpromenade verlaufende Route de la Capite ein, so sieht man nach wenigen Hundert Metern zur Linken die herrschaftliche Villa Diodati, die unter Anhängern des Horror-Genres als eine Art Wallfahrtsort gilt. In ihren Räumen hat die damals 18-jährige Mary Shelley im Kälte-Sommer 1816[4] das Manuskript zu ihrem literarischen Welterfolg *Frankenstein* verfasst.

Fährt man ein kleines Stück weiter geradeaus, gelangt man gegenüber einem Golfplatz zu einem Gebäude, das so gar nicht ins Bild passen will: ein weitläufiger kubistischer Flachdachbau mit riesigen Fensterfronten und terrassenförmig angelegten Etagen, dessen zeitgenössische Architektur gegenüber dem alten Baubestand des Ortes wie eine Provokation wirkt.

Der Stilbruch hat symbolhaften Charakter, denn hier befindet sich seit 1998 das Hauptquartier einer Organisation, die in den vergangenen 50 Jahren eine historisch einmalige Entwicklung durchgemacht und weltweit neue Maßstäbe gesetzt hat. Das *World Economic Forum* (WEF), 1971 vom deutschen Professor Klaus Schwab als »European Management Forum« gegründet, hat es geschafft, innerhalb weniger Jahrzehnte zu einem der wichtigsten politischen und wirtschaftlichen Dreh- und Angelpunkte des Weltgeschehens und damit zu einem der bedeutendsten Machtzentren unserer Zeit zu werden.

Ob multinationale Konzerne, Regierungen, Gewerkschaften oder NGOs – es gibt in den führenden Industriestaaten und auch in vielen Schwellen- und Entwicklungsländern kaum eine Organisation von Bedeutung, deren führendes Personal nicht auf irgendeine Weise mit dem WEF verbunden ist. Spitzenpolitiker und Konzernlenker aller Kontinente haben die beiden Kaderschmieden des WEF, die »Global Leaders for Tomorrow« und die »Young Global Leaders«, durchlaufen, etwa 1.000 Großunternehmen mit Milliardenumsätzen zählen zu seinen internationalen Partnern, mehr als 10.000 ehrgeizige junge Menschen unter 30 werden zurzeit im Rahmen der »Global Shapers« miteinander vernetzt und auf Karrieren im Sinne des WEF vorbereitet.

Alljährlicher Höhepunkt der Aktivitäten ist das in Davos im Schweizer Kanton Graubünden stattfindende Jahrestreffen, zu dem in der Regel etwa 2.500 Wirtschaftsführer anreisen, um dort auf Präsidenten, Regierungschefs und Vertreter der ultrareichen Elite zu treffen, sich mit ihnen über aktuelle Themen zu beraten und künftige Strategien abzusprechen und zu koordinieren.

Geführt wird die Stiftung bis heute von ihrem Gründer Klaus Schwab, der die Zügel nach wie vor fest in der Hand hält und spätestens seit den 1980er-Jahren als eine der wichtigsten Persönlichkeiten der Zeitgeschichte gelten muss. Wie aber konnte es ein unbekannter deutscher Professor schaffen, sich mit einer Schweizer Stiftung in solch unvorstellbare Höhen zu katapultieren und zu einer der Schlüsselfiguren des Weltgeschehens zu werden? Besitzt Klaus Schwab außergewöhnliche Fähigkeiten, über die andere nicht verfügen, oder waren es besondere historische Umstände, die seinen Aufstieg begünstigt haben, und wenn ja – welche?

Genau diesen Fragen will das vorliegende Buch nachgehen. Es wird einerseits Schwabs Hintergrund und sein persönliches Wirken beleuchten und andererseits versuchen, die sozialen, wirtschaftlichen und finanziellen Triebkräfte freizulegen, die den historisch einmaligen Aufstieg des WEF ermöglicht haben.

2
Klaus Schwabs Hintergrund

Klaus Schwab wurde am 30. März 1938 als Sohn des Deutschen Eugen Wilhelm Schwab und seiner zweiten Ehefrau, der Schweizerin Erika Schwab,[5] geborene Epprecht, in Ravensburg geboren. Eugen Schwab, gelernter Maschinenbauingenieur, war in den Jahren zuvor von der Schweizer Maschinen- und Turbinenbaufirma Escher Wyss, die er in Zürich geleitet hatte, zum kaufmännischen Direktor ihrer Ravensburger Niederlassung berufen worden.

Escher Wyss, nach dem Ersten Weltkrieg einer der größten Exporteure von Industrieprodukten der Schweiz, war im Gefolge der Weltwirtschaftskrise in den 1930er-Jahren in Schwierigkeiten geraten und kämpfte ums Überleben. Der von Eugen Schwab geleitete Ravensburger Betrieb entwickelte sich in diesem Kampf zu einer wichtigen Stütze des Gesamtunternehmens, allerdings unter fragwürdigen Vorzeichen. Als militärischer Auftragnehmer profitierte der Betrieb von Hitlers Kriegsvorbereitungen und wurde als größter Arbeitgeber in Ravensburg von der NSDAP mit dem Titel »Nationalsozialistischer Musterbetrieb« ausgezeichnet.

Während des Krieges half Escher Wyss der deutschen Wehrmacht bei der Produktion von Kriegswaffen und Rüstungsgütern, stellte unter anderem Teile für deutsche Kampfflugzeuge her und beschäftigte dabei auch Kriegsgefangene.[6]

Wegen ihrer deutsch-schweizerischen Herkunft genoss die Familie Schwab während des Krieges das Privileg, jederzeit zwischen beiden Ländern hin- und herreisen zu dürfen. Nach Kriegsende siedelten Eugen und Erika Schwab mit Klaus und seinem jüngeren Bruder Urs Reiner wieder in die Schweiz um, kehrten aber einige Jahre später nach Ravensburg zurück, wo Eugen Schwab zum Präsidenten der Handelskammer Ravensburg ernannt wurde. Ab 1949 besuchte Klaus Schwab das Spohn-Gymnasium in Ravensburg. Nach dem Abitur studierte er von 1958 bis 1962 auf Wunsch seines Vaters an der Eidgenössischen Technischen Hochschule (ETH) in Zürich Maschinenbau. 1962 schloss er sein Studium mit dem Ingenieurdiplom ab. Anschließend studierte er an der Universität Freiburg in der Westschweiz Betriebswirtschaftslehre und arbeitete nebenbei von 1963 bis 1966 als Assistent des Generaldirektors des Verbandes Deutscher Maschinen- und Anlagenbau (VDMA) in Frankfurt. 1965 promovierte er an der ETH Zürich mit einer Dissertation zum Thema »Der längerfristige Exportkredit als betriebswirtschaftliches Problem des Maschinenbaus«, 1967 an der Universität Freiburg mit der Dissertation »Öffentliche Investitionen und wirtschaftliches Wachstum«.

In den Jahren 1966 und 1967 absolvierte Schwab ein akademisches Jahr an der Harvard Business School, das er mit einem Master of Public Administration (MPA) beendete. Hier lernte er einige Persönlichkeiten kennen, die auf seinen weiteren Lebensweg großen Einfluss nehmen sollten. Sein Professor Henry Kissinger, in den 1970er-Jahren als Nationaler Sicherheitsberater und Außenminister der USA eine der Schlüsselfiguren der Weltpolitik, zählt laut Schwabs eigenen Aussagen zu den Persönlichkeiten, die sein Denken im Laufe seines Lebens am meisten beeinflusst haben.

KAPITEL 2

Kaum weniger bedeutend dürften zwei weitere Harvard-Professoren gewesen sein: Kenneth Galbraith, weltbekannter Ökonom, Lehrbuchautor und Berater mehrerer US-Präsidenten; und Herman Kahn, Kybernetiker, Futurologe und als Nuklearstratege einer der Architekten des im Kalten Krieg entwickelten Konzepts der »nuklearen Abschreckung«. Alle drei sollten bei der Gründung von Schwabs Stiftung 1971 eine entscheidende Rolle spielen.

1967 kehrte Schwab nach Zürich zurück und arbeitete bis 1970 als Assistent des Verwaltungsratspräsidenten der Firma Escher Wyss, die sein Vater zuvor geleitet hatte. Escher Wyss war in den Jahren zuvor erneut in Schwierigkeiten geraten und nach erfolglosen Kooperationen mit Brown Boveri und der Maschinenfabrik Oerlikon 1966 mehrheitlich von der Winterthurer Sulzer AG übernommen worden.

Schwab half in den folgenden drei Jahren in leitender Position mit, die vollständige Fusion mit der Firma Sulzer zu organisieren. Hierbei zeigten sich einige seiner Stärken, nämlich das frühe Erkennen technologischer und marktwirtschaftlicher Trends und ihre Umsetzung in die unternehmerische Praxis. Bereits bei Antritt seiner Arbeit 1967 sagte er die Bedeutung des Einsatzes von Computern im modernen Maschinenbau voraus. In den darauffolgenden drei Jahren nutzte er diese Erkenntnis und sorgte dafür, dass das in Sulzer AG umbenannte Maschinenbauunternehmen zu einem modernen Technologiekonzern ausgebaut wurde.

1969 übernahm er eine Teilzeitprofessur am Centre d'Études Industrielles (CEI), einem internationalen Managementinstitut, das mit der Universität Genf verbunden war und später in das IMD in Lausanne, Schweiz, überging.

3

Drei Entscheidungen mit großen Folgen

1970 traf Schwab drei Entscheidungen, die nicht nur sein Leben von Grund auf verändern sollten: Er gab seinen Job auf, vollendete ein Buch und bereitete eine erste große internationale Konferenz vor.

Nach der Kündigung seiner Festanstellung gründete er ein Drei-Personen-Büro in Genf. Die erste Mitarbeiterin, die er einstellte, war Hilde Stoll, die er im folgenden Jahr heiratete und die bis heute an seiner Seite ist. Im selben Jahr stellte er ein Buch mit dem Titel *Moderne Unternehmensführung im Maschinenbau* fertig, das er auf Wunsch seines ehemaligen Arbeitgebers, des Verbandes Deutscher Maschinen- und Anlagenbau (VDMA), verfasst hatte und das 1971 in Frankfurt veröffentlicht wurde.

Dieses Buch enthält einen wichtigen Schlüssel zum Verständnis von Schwabs großem Erfolg. Darin umriss er nämlich die Grundlagen seiner politischen und wirtschaftlichen Philosophie und benutzte als einer der Ersten den Begriff des *stakeholder capitalism* (Kapitalismus der Anspruchsberechtigten). Schwab setzte sich damit bewusst vom neoliberalen Konzept des *shareholder capitalism* (Kapitalismus der Aktionäre) ab. Für dessen damals populärsten Vertreter Milton Friedman sollte das Hauptziel von Konzernlenkern darin bestehen, die Erträge zu maximieren, um die Rendite für die Aktionäre zu erhöhen (Friedman-Doktrin).

KAPITEL 3

Dieser provokativ-zynischen Definition stellte Schwab seine Vision von einem Kapitalismus entgegen, bei dem es auch um die Interessen und das Wohl von Mitarbeitern, Kunden, Lieferanten, der Regierung, der gesamten Gesellschaft und darüber hinaus auch um den Schutz der Umwelt gehen sollte. Dabei übernahm er allerdings nur die gängige, meist von der politischen Linken geäußerte Kritik am Kapitalismus, ohne die Gesetze des Marktes infrage zu stellen, die politische Ordnung anzuzweifeln oder konkrete Handlungsanweisungen zur Durchsetzung seiner Ziele zu geben. Im Grunde war und ist die Ideologie des *stakeholder capitalism* nichts anderes als ein rückhaltloses Bekenntnis zur Marktwirtschaft und zu den bestehenden politischen und gesellschaftlichen Strukturen, verbunden mit einem (zumeist wirkungslosen) Appell an das Gewissen von Unternehmern und Politikern.

Für diese hat Schwabs Ideologie allerdings einen gewissen Reiz: Wer sich zu ihr bekennt, gibt einerseits zu verstehen, dass er mit Kritik vertraut und bestrebt ist, sozialverträglicher als die neoliberale Konkurrenz zu handeln. Bei jeder Abweichung von ihren Prinzipien kann er jedoch auf äußere Sachzwänge ökonomischer oder politischer Natur verweisen und sich so moralisch reinwaschen. Anders ausgedrückt: Das Konzept vom *stakeholder capitalism* ist ein Feigenblatt, hinter dem man sich gut verstecken kann, ohne seine Strategie grundlegend verändern zu müssen.

Schwabs Hauptaktivität als Selbstständiger bestand 1970 in der Vorbereitung und Organisation einer Konferenz, auf der er europäische Spitzenmanager mit amerikanischen Management-Methoden vertraut machen wollte, und das in großem Stil. Sein Ziel war es, im folgenden Jahr einige Hundert CEOs mit den führenden Lehrkräften europäischer und US-amerikanischer Business-Schulen zusammenzubringen.

Da Schwab zu diesem Zeitpunkt erst 32 Jahre alt war, gerade einmal fünf Jahre Berufserfahrung aufweisen und nicht mit einer außergewöhnlichen Erfolgsstory aufwarten konnte, fragt man sich: Waren das die Fieberträume eines an übersteigertem Selbstbewusstsein leidenden jungen Mannes oder gab es möglicherweise einflussreiche Kräfte, die ihn im Hintergrund unterstützten?

Zumindest eine solche Kraft wird sogar von Klaus Schwab selbst bestätigt. Nach seinen Aussagen gab es einen deutschen Industriellen, der ihm für sein Vorhaben 50.000 Franken lieh.[7] Dass er diesen Kredit für Schwab an die Bedingung knüpfte, das Geld entweder zurückzuzahlen oder in seine Firma einzusteigen, lässt vermuten, dass die beiden sich nahestanden. Es ist gut möglich, dass es sich bei dem Sponsoren um Gottlieb Stoll handelte, den Gründer des schwäbischen Unternehmens Festo und Vater von Schwabs späterer Ehefrau Hilde.

Aber auch 50.000 Franken hätten mit Sicherheit nicht ausgereicht, um Schwabs Pläne in die Tat umzusetzen. Wer also waren die weiteren Unterstützer? Die Antwort auf diese Frage dürfte ein Blick auf das Personal und die Umstände der ersten Konferenzen liefern.

4

Davos, 1971:

Das erste Treffen

Das erste von Schwab organisierte Treffen fand vom 24. Januar bis zum 7. Februar 1971 als *European Management Symposium* statt. Es erschienen 444 Teilnehmer aus 31 Ländern. Zu den Vorstandsvorsitzenden und leitenden Angestellten der führenden europäischen Unternehmen gesellten sich 50 Dozenten der damals führenden Business Schools in den Vereinigten Staaten und in Europa, Vertreter der EG-Kommission und einige mehr oder weniger prominente Vordenker und Strategen der Zeit.

Thema der ersten Woche war »Die Herausforderung der Zukunft«. In der zweiten Woche ging es um »Unternehmensstrategie und -struktur«. Geleitet wurde das Treffen von George Pierce Baker, der von 1962 bis 1969 Dekan der Harvard Business School gewesen war. Schwab hatte ihn während seines Studienaufenthaltes kennengelernt und offensichtlich durch seine Zielstrebigkeit beeindruckt (Schwab hatte seine Kurse so gewählt, dass er nur ein Jahr statt zwei Jahre für seinen Abschluss brauchte).

Hauptredner des Treffens war Otto von Habsburg, der älteste Sohn von Karl I., dem letzten Kaiser von Österreich und König von Ungarn, ebenfalls ein Harvard-Absolvent. Zu den Rednern zählten auch Kenneth Galbraith und der Futurologe und Nuklearstratege Herman Kahn, der 1961 den Thinktank Hudson Institute gegründet und sich von 1966 bis 1968 als Berater des US-Verteidigungsministeriums für eine militärische Eskalation des Vietnamkrieges eingesetzt hatte.

Weitere prominente Redner und Diskussionsteilnehmer waren Jacques Maisonrouge und Barbara Ward, Professorin für Geisteswissenschaften an der Columbia University und Ehrendoktorin der Harvard University, die unter anderem den Weltbank-Präsidenten und Ex-US-Verteidigungsminister Robert McNamara (ebenfalls Harvard-Absolvent) und Präsident Lyndon B. Johnson beraten hatte. Sie sprach über die angespannte Lage zwischen West und Ost und das globale Gefälle zwischen Nord und Süd.

Maisonrouge, Präsident der International Business Machines Corporation (IBM), referierte über die Auswirkungen von Computern auf die Privatsphäre des Einzelnen. Sein Vortrag fand besondere Beachtung, denn das Symposium erstellte nicht nur eine Datenbank mit Informationen über das Programm und die Teilnehmer, um für eine effiziente Organisation von Arbeitsgruppen und Panels zu sorgen, sondern setzte insgesamt auf modernste Informations- und Kommunikationstechnologie. So ließ Schwab in Anlehnung an die Missionskontrolle der US-Raumfahrtbehörde ein geschlossenes Fernsehsystem einrichten, um die Sitzungen zu übertragen und die Interaktion zwischen den Teilnehmern zu erleichtern.

Darüber hinaus wurden die Auswirkungen der diskutierten Strategien mithilfe von Computermodellen analysiert, unter anderem, um die Folgen einer bestimmten Ressourcenverteilung auf Konzerne und Umwelt vorherzusagen. Das Symposium dürfte damit einer der Pioniere bei der Einführung visuell unterstützter Planspiele gewesen sein, die seither in der politischen und wirtschaftlichen Entscheidungsfindung eine immer größere Rolle spielen.

KAPITEL 4

Auf jeden Fall endete das Symposium als Erfolg. Klaus Schwab reagierte umgehend und gründete am 8. Februar 1971, also nur einen Tag nach Ende des Symposiums, in Chur, der Hauptstadt des Kantons Graubünden, unter der Aufsicht der Schweizerischen Eidgenossenschaft eine Stiftung mit dem Namen »European Management Forum« (EMF). Als Grundkapital zahlte er 25.000 Schweizer Franken ein, die das Treffen seinen Angaben nach als Gewinn abgeworfen hatte.

Bedenkt man, welche Top-Speaker der damaligen Zeit auf dem Symposium gesprochen hatten und dass sich mehr als 400 Spitzenmanager zwei Wochen (!) lang aus ihrem Berufsalltag verabschiedet hatten, um der Veranstaltung beizuwohnen, und dass die von Schwab als Startkapital angegebenen 50.000 Schweizer Franken niemals auch nur annähernd ausgereicht hätten, um ein solches Event zu finanzieren, so kann man mit großer Sicherheit davon ausgehen, dass es mächtige Kräfte im Hintergrund gab, die ein Interesse an der Durchführung des Symposiums hatten und Schwab hilfreich zur Seite standen.

Die führende Rolle dürfte dabei die Harvard-Universität gespielt haben. Es war damals kein Geheimnis, dass John Kenneth Galbraith und Henry Kissinger, die beide bestens mit der finanziellen Elite der USA vernetzt waren, bereits seit einiger Zeit Pläne hegten, deren Einfluss auf Europa zu verstärken. Besonderen Druck verspürten sie vermutlich auch angesichts des 1968 erschienenen Bestsellers *Die amerikanische Herausforderung* des französischen Medienmoguls und Spitzenpolitikers Jean-Jacques Servant-Schreiber, der dringend vor einer Übernahme Europas durch US-Großkonzerne gewarnt hatte.

Es ist zwar nicht bewiesen, aber doch höchst wahrscheinlich, dass Kissinger, Galbraith und einige andere zusammen mit dem von Schwab beeindruckten Harvard-Dekan Baker auf die Idee kamen, den ehrgeizigen, gut ausgebildeten und offensichtlich überaus zielstrebigen jungen Mann für sich einzusetzen, um so den Einfluss der amerikanischen Finanzelite auf Europa nicht etwa in Eigenregie, sondern über einen Mittelsmann zu vertiefen und zu erweitern. Es war ein Plan, der aufging, wie bereits das zweite Forum zeigen sollte.

5

1972:
Das zweite Treffen –
Im Zeichen Europas

Das zweite Treffen des EMF fand vom 22. bis zum 31. Januar 1972 statt und schien zunächst unter keinen guten Vorzeichen zu stehen. Es gingen 150 Anmeldungen weniger als im Vorjahr ein, und Hermann-Josef Abs, der mächtige Aufsichtsratsvorsitzende der Deutschen Bank, der die Veranstaltung leiten sollte, sagte seine Teilnahme kurzfristig ab.

Klaus Schwab zeigte einmal mehr seine Beharrlichkeit und seine Entschlossenheit, das Forum zum Erfolg zu führen. Trotz des erheblichen Rückgangs der Teilnehmerzahl blieb er dem Prinzip treu, nur persönliche und nicht übertragbare Einladungen an die CEOs großer Unternehmen auszusenden und diese dafür bezahlen zu lassen. Als Abs' Absage eintraf, übernahm er kurzerhand selbst die Leitung der Veranstaltung, die diesmal unter der Schirmherrschaft der Kommission der Europäischen Gemeinschaft (EG), der Vorgängerin der EU-Kommission, stattfand.

Die EG-Delegation wurde von Vizepräsident Raymond Barre geleitet, der von 1976 bis 1981 unter Präsident Giscard d'Estaing französischer Premierminister und von 1976 bis 1978 zusätzlich Wirtschafts- und Finanzminister werden sollte. Schwab berief

Barre noch im selben Jahr in den Stiftungsrat, und Barre gehörte ihm anschließend fast 30 Jahre lang an.

Dieser geglückte Brückenschlag zwischen den politischen und wirtschaftlichen Eliten der USA und Europas war mit Sicherheit ein entscheidender Meilenstein für die weitere Entwicklung des Forums. Das Timing war perfekt: Am 22. Januar 1972, dem ersten Tag des Symposiums, unterzeichneten Dänemark, Irland und das Vereinigte Königreich einen Beitrittsvertrag zur Europäischen Gemeinschaft (EG) und erweiterten sie damit von sechs auf neun Mitglieder.

Mit Pierre Werner erschien zum zweiten Symposium der erste Regierungschef. Der luxemburgische Ministerpräsident, der auch das Finanzressort seines Landes leitete, erläuterte den Teilnehmern den »Werner-Plan«, den eine Experten-Kommission unter seiner Leitung erarbeitet hatte. Der Plan sah vor, in der EG bis 1980 eine Währungsunion einzurichten und eine einheitliche Währung einzuführen. Er scheiterte allerdings und es sollte noch fast 30 Jahre dauern, bis der Euro schließlich eingeführt wurde.

Zu den Rednern der Veranstaltung zählten auch Charles Levinson, der Generalsekretär der Internationalen Föderation der Chemie- und Allgemeinarbeiterverbände, und Wernher von Braun, einer der berühmtesten Raketenwissenschaftler der Welt, Direktor des Marshall Space Flight Center der NASA und Chefkonstrukteur der Saturn-V-Trägerrakete, die zur ersten Mondlandung beitrug.

Die *Neue Zürcher Zeitung* (NZZ) feierte das Symposium und nannte es den »Triumph einer Idee«. Die Redaktion störte sich offenbar ebenso wenig wie Schwab daran, dass sowohl der eigentlich vorgesehene Veranstaltungsleiter als auch der bekannteste

KAPITEL 5

Redner des Forums über eine äußerst zweifelhafte Vergangenheit verfügten.

Hermann Josef Abs hatte im Dritten Reich im Aufsichtsrat der IG Farben gesessen, an der »Arisierung« – also der Enteignung – von Vermögen jüdischer Deutscher mitgewirkt, als Vorstandsmitglied der Deutschen Bank Kriegskredite zur Finanzierung der nationalsozialistischen Rüstungspläne von neutralen Ländern eingeholt und war nach Kriegsende in Jugoslawien in Abwesenheit als Kriegsverbrecher verurteilt worden.

Wernher von Braun war 1937 in die NSDAP aufgenommen worden, 1940 der SS beigetreten und 1942 zum SS-Sturmbannführer ernannt worden. Als Raketeningenieur war er maßgeblich an der Entwicklung der V2-Rakete (auch Aggregat 4 genannt) für die deutsche Wehrmacht beteiligt gewesen, von der bis zum Kriegsende 1945 über 3.000 auf Ziele in England, Belgien und Frankreich abgefeuert worden waren und unzählige Zivilisten das Leben gekostet hatten.

Es wirft ein bezeichnendes Licht nicht nur auf die Organisatoren, sondern auch auf die Teilnehmer, dass offensichtlich niemand an diesen Lebensläufen Anstoß nahm.

6

1973: Unbeirrt voran

Schwab zeigte nach dem zweiten Symposium Kampfgeist, verstärkte seine Bemühungen und bereitete das dritte Treffen noch intensiver als die ersten beiden vor. So führte er einige Neuerungen ein, die weit über den Rahmen des Treffens hinausgingen. Mit »Synopsis« bot er den Teilnehmern einen Dokumentationsdienst an, der europäischen Managern Informationen über öffentliche Politik und Regierungsstrategien lieferte. Mit dem »Europäischen Club für kooperatives Management« schuf er das erste hochrangig besetzte internationale Netzwerk.

Die wichtigste Initiative dürfte die Organisation zweier Round-Table-Gespräche gewesen sein: eines zum Thema »Europa« bei der Europäischen Kommission in Brüssel im Mai 1973 und ein weiteres zum Thema »Deutschland« in der damaligen deutschen Hauptstadt Bonn im November 1973. Mit diesen Treffen schuf Schwab die Grundlage für eine dauerhafte Vernetzung von Wirtschaft und Regierungen, einschließlich der an Bedeutung zunehmenden EG-Kommission.

Motto des dritten Symposiums war »Die Gestaltung Ihrer Zukunft in Europa«. Die Schirmherrschaft der Veranstaltung übernahm erneut die EG-Kommission, die Ehrenpatenschaft wurde Prinz Bernhard der Niederlande übertragen, der als ehemaliges Mitglied der NSDAP und der Reiter-SS ebenfalls über eine zweifelhafte Vergangenheit verfügte und wenige Jahre später wegen seiner Verwicklung in den Lockheed-Bestechungsskandal von allen öffentlichen Ämtern zurücktreten musste.

Meistbeachteter Redner der Veranstaltung war der italienische Industrielle Aurelio Peccei, einer der Gründer der Fluggesellschaft Alitalia. Peccei fasste in seiner Rede die Kernthesen des Buches *Die Grenzen des Wachstums* des Thinktanks »Club of Rome« zusammen, den er 1968 mitgegründet hatte und den er bis zu seinem Tod 1984 leiten sollte.

Der Weltbestseller basiert auf einer von der Volkswagenstiftung finanzierten Studie des Massachusetts Institute of Technology (MIT) und enthält ein Planspiel, in dem die Auswirkungen von fünf Tendenzen mit globaler Wirkung ermittelt werden: Industrialisierung, Bevölkerungswachstum, Unterernährung, Ausbeutung von Rohstoff-Reserven und Zerstörung von Lebensraum. In seiner Rede thematisierte Peccei die globale Überbevölkerung als größtes Menschheitsproblem und leitete daraus die Forderung nach einer Reduktion der Weltbevölkerung ab. Zudem schlug er zur Bewältigung der Globalisierung vor, die Welt in zehn miteinander verbundene wirtschaftlich-politische Regionen aufzuteilen.

Vor allem die These von der notwendigen Reduktion der Weltbevölkerung war in der Öffentlichkeit höchst umstritten. Es verwundert daher nicht, dass die Konferenz – sozusagen als Gegengewicht gegen die zu erwartende Kritik – mit einem eigenen Ethik-Code aufwartete. Das von allen Teilnehmern am Ende des Symposiums einstimmig verabschiedete »Davoser Manifest« enthielt allerdings nichts anderes als die leicht ausgeschmückten Plattitüden Schwabs zum *stakeholder capitalism*. Dennoch erfüllte die Imagepflege ihren Zweck. Trotz der erheblichen Vorbehalte sowohl gegen die Großkonzerne als auch gegen die Politik, also genau die Kräfte, die im

Forum zusammenkamen, fiel die Berichterstattung der Medien darüber weitgehend positiv aus.

7

Der wirtschaftliche und politische Hintergrund der Anfangsjahre

Dass sich das EMF trotz aller Anlaufprobleme schnell etablieren und an Einfluss gewinnen konnte, erklärt sich nicht nur aus den Charaktereigenschaften seines Gründers. Dessen Hartnäckigkeit und Zielstrebigkeit waren sicher hilfreich, aber nicht entscheidend. Entscheidend waren die wirtschaftlichen und geopolitischen Umstände und die Art, wie Schwab sie nutzte, um der weltweiten Elite zu helfen, ihre Macht und ihren Einfluss unter erschwerten Umständen zu erhalten und sogar auszubauen.

Die 1970er-Jahre waren eine Zeit des Umbruchs. Die 1950er- und 1960er-Jahre waren wirtschaftlich vom Nachkriegsboom geprägt gewesen, aber dessen Ende zeichnete sich bereits seit der zweiten Hälfte der 1960er-Jahre ab. Damals zeigten sich auch die negativen Auswirkungen der 1944 in Bretton Woods beschlossenen Bindung des US-Dollars an Gold.

Da die US-Zentralbank Federal Reserve die Welt mit immer mehr frisch geschöpften US-Dollars überflutete, die Goldmenge aber wesentlich langsamer wuchs, entwickelte sich zwischen beiden ein zunehmendes Missverhältnis. Das machte viele Investoren stutzig. Sie begannen, ihre US-Dollars in immer größeren Mengen in Gold zu tauschen, sodass das Gold knapp wurde. Als dann auch noch die französische Regierung ihre Goldvorräte, die wegen eines befürchteten möglichen Angriffs der Sowjetunion auf Westeuropa in New York gelagert waren, zurückforderte, drohte ein Run auf die Banken. Aus diesem Grund zog die US-Regierung unter Präsident Nixon am 15. August 1971 die Notbremse und entkoppelte den US-Dollar vom Gold.

Die entstehende Unsicherheit an den Devisenmärkten zwang zahlreiche Zentralbanken zu immer höheren Stützungskäufen und sorgte schlussendlich dafür, dass die feste Bindung der Wechselkurse an den US-Dollar 1973 aufgegeben wurde. Damit endete aber nicht nur das Bretton-Woods-System, sondern auch die Rolle des US-Dollars als erster offizieller globaler Leitwährung.

Es dürfte auch diese für Fachleute bereits Jahre vorher absehbare Unsicherheit um den US-Dollar gewesen sein, die Männer wie Kissinger, Galbraith und Kahn zu Beginn der 1970er-Jahre bewogen hat, stärkeren Einfluss auf die europäische Wirtschaft auszuüben und eine Organisation wie das EMF ins Leben zu rufen, zu unterstützen und zu fördern.

Ein weiterer Meilenstein der geopolitischen Entwicklung in der ersten Hälfte der 1970er-Jahre waren der Jom-Kippur-Krieg mehrerer arabischer Staaten unter Führung Ägyptens und Syriens gegen Israel, der wegen der in die Höhe schießenden Ölpreise für eine globale Energiekrise sorgte. Sie sollte für die USA einen unerwarteten Nebeneffekt haben, denn sie brachte US-Außenminister Henry Kissinger auf eine Idee, die die finanzielle Vorherrschaft des US-Dollars auch nach der Abkoppelung vom Gold auf Jahrzehnte hinaus garantieren sollte.

Kissinger schloss damals ein zunächst geheim gehaltenes Abkommen mit Saudi-Arabien, das dem Königreich Waffenlieferungen und Schutz vor seinem Erzfeind Israel garantierte. Saudi-Arabien

musste sich im Gegenzug verpflichten, die Organisation erdölex-
portierender Länder (OPEC) dazu zu bewegen, Öl ab sofort nur
noch in US-Dollar zu handeln. Da Öl die meistgehandelte Ware
der Welt ist, verschaffte das Ersetzen der Goldbindung durch die
Ölbindung dem US-Dollar den erneuten – diesmal informellen –
Status der globalen Leitwährung.

Im September 1973 richteten sich die Augen der Welt nach
Chile. Dort übernahm nach einem vom amerikanischen Geheim-
dienst CIA unterstützten blutigen Militärputsch gegen den sozialistischen Präsidenten Allende eine Militärjunta unter General
Augusto Pinochet die Macht. Zur Reorganisation (vor allem zur
Reprivatisierung) der Wirtschaft holte Pinochet ein Team von
Ökonomen der von Milton Friedman geleiteten *Chicago School
of Economics* ins Land. Die bekennenden Neoliberalen ergriffen
umgehend Maßnahmen, die die soziale Ungleichheit im Land
drastisch verschärften und international für viel Kritik sorgten.

Klaus Schwab reagierte mit einem überaus geschickten Schachzug. Zum Symposium von 1974 lud er Dom Hélder Câmara, einen
römisch-katholischen Erzbischof aus Brasilien, ein. Câmara, ein
scharfer Kritiker multinationaler Unternehmen, bezeichnete sich
selbst als »Sprecher jener zwei Drittel der Menschheit, die unter
der ungerechten Verteilung der Ressourcen der Natur leiden«[8]. In
seiner Ansprache forderte er eine größere soziale Verantwortung,
eine gerechtere Verteilung des Reichtums und eine Neubewertung
»der falschen Werte einer Verschwendungsgesellschaft«[9]. Mit der
Einladung Câmaras begründete Schwab eine Tradition, die er bis
heute beibehalten hat – soziale Proteste nicht etwa zu ignorieren,
sondern sie aufzugreifen, zu thematisieren und in Form von mora-
lischen Appellen in die eigene Agenda zu integrieren.

Es ist eine der unverkennbaren Stärken Schwabs, die Zeichen der Zeit rechtzeitig zu erkennen. Als – auch aufgrund des Buches *Die Grenzen des Wachstums* – das Thema Umwelt immer häufiger mit einer scharfen Kritik an der Großindustrie verbunden wurde, lud er 1974 den damals weltberühmten Meeresforscher Jean-Jacques Cousteau nach Davos ein.

Cousteau wetterte in seinem Vortrag gegen die Untätigkeit der Regierungen, warf ihnen »politische Unreife«[10] vor und forderte die führenden Industrienationen auf, endlich Maßnahmen zum Schutz der Meere zu ergreifen. Die Verantwortlichen sollten »ihre Bemühungen mit dem Ziel koordinieren, die Ozeane zu erhalten«, oder »eine länderübergreifende Behörde schaffen, der sie die entsprechenden Souveränitätsrechte übertragen würden«.[11] Zwar wurden Cousteaus Forderungen ebenso wenig wie die Câmaras erhört, aber sein Auftritt erfüllte – aus seiner Sicht sicherlich unfreiwillig – seinen Zweck: Er gab dem Symposium nach außen den Anschein einer Organisation, die die Probleme der Zeit ernst nahm, sie offen ansprach und lösungsorientiert diskutierte.

8

1974 – 1976:
Das Forum gewinnt
an Einfluss und Macht

Nach dem Ende des Nachkriegsbooms stürzte die Welt 1974 und 1975 in eine Rezession. Während die Wirtschaft unter den Folgen ächzte, konnte das EMF sogar davon profitieren und in den Folgejahren erheblich an Einfluss und Macht gewinnen. 1975 stieg die Besucherzahl in Davos auf 860.

Im selben Jahr veröffentlichte das EMF eine Broschüre, in der es seine Ziele für die kommenden Jahre formulierte. Darin hieß es: »Das EMF ist eine unabhängige, sich selbst finanzierende, gemeinnützige Stiftung, die auf die strategischen Bedürfnisse der Top-Entscheidungsträger der europäischen Wirtschaft ausgerichtet ist.«[12] Zudem wurden sieben Ziele angegeben, von denen zwei wegweisend sein sollten. Zum einen wolle man »Kontakte auf dem höchsten Level«[13] ermöglichen, zum anderen »führende Persönlichkeiten aus der Geschäftswelt und der Politik zusammenbringen«.[14]

Genau das tat Schwab. Er erweiterte die 1973 begonnene Organisation von Round-Table-Gesprächen zunächst auf sieben, später auf neun. Künftig konnte man sich nicht nur in Brüssel und Bonn, sondern auch in Paris, Rom, Den Haag, Luxemburg, Kopenhagen, Dublin und Athen treffen.

1975 begrüßte Schwab mit dem mexikanischen Handelsminister und seiner Delegation die erste offizielle Vertretung eines außereuropäischen Landes. Im selben Jahr schloss das EMF das erste Kooperationsabkommen mit einer UN-Organisation, der UNIDO (Industrielle Entwicklungsorganisation der Vereinten Nationen), und eröffnete damit die Einbeziehung von Regierungen in die Davoser Agenda.

1976 erschienen 26 hochrangige Delegationen aus Entwicklungs- und Schwellenländern, darunter Bolivien, Iran, Nigeria, Thailand, den Philippinen und der Elfenbeinküste. Sie trafen unter anderem auf Edward Heath, der 1974 als Premierminister des Vereinigten Königreichs und im Jahr darauf als Vorsitzender der britischen Konservativen Partei zurückgetreten war, und auf François Mitterrand, den Generalsekretär der Sozialistischen Partei Frankreichs, der 1981 Präsident seines Landes werden sollte.

Für den sozialen Touch sorgte im selben Jahr der Auftritt des damals überaus populären US-amerikanischen Verbraucheranwalts und Umweltschützers Ralph Nader, der die Politik der großen Konzerne scharf kritisierte – mit dem Ergebnis, dass diese, wie im Fall Cousteau, zwar zuhörten und der Kritik sogar teilweise zustimmten, anschließend aber nichts zur Beseitigung der Missstände unternahmen.

Im Oktober 1976 machte das Forum einen Quantensprung in seiner Entwicklung. Schwab organisierte in Montreux das erste »Arabisch-Europäische Symposium für wirtschaftliche Zusammenarbeit«. Drei Jahre nach der globalen Ölkrise erschienen mehr als 1.500 Führungskräfte, darunter 400 aus der arabischen Welt, die drei Tage lang an Plenarsitzungen, Seminaren und privaten

Gesprächen teilnahmen. Die Veranstaltung war so gefragt, dass Schwab nach eigenen Aussagen mehreren Hundert Teilnahmewilligen Absagen erteilen musste.

Im selben Jahr nahm das EMF als erste Nichtregierungsorganisation der Welt eine Partnerschaft mit Chinas Wirtschaftsentwicklungskommissionen auf. Außerdem führte Schwab ein Mitgliedschaftssystem für »die 1.000 führenden Unternehmen der Welt« ein, wobei denen, die regelmäßig an den Veranstaltungen des EMF teilnahmen, ein Sonderstatus gewährt wurde.

Spätestens Ende 1976 war damit klar: Klaus Schwab und sein EMF waren auf dem Weg, zu einer einflussreichen und immer mächtigeren transnationalen Organisation zu werden. Das Erfolgsrezept war dabei recht simpel: Gute Beziehungen zu den Mächtigen zu pflegen, ihre Vormachtstellung und ihre Vergangenheit nicht infrage zu stellen und ihnen durch die Zulassung von Kritik ein Feigenblatt zur besseren Selbstdarstellung in der Öffentlichkeit zu liefern.

9

1977 – 1980:

Der Durchbruch

1977 wurde die Organisation für wirtschaftliche Zusammenarbeit und Entwicklung (OECD), ein 1961 gegründeter Zusammenschluss von entwickelten Ländern mit hohem Pro-Kopf-Einkommen, Sponsor und damit zahlendes Mitglied des EMF.

Für das soziale Image des Treffens sorgte in diesem Jahr ein Auftritt von Kardinal Franz König, dem römisch-katholischen Erzbischof von Wien, der seine Besorgnis über das egoistische Streben der Menschen nach materiellem Reichtum und Komfort äußerte und zu einer Erneuerung der Gesellschaft aufrief, in deren Mittelpunkt nicht das Geld, sondern die beiden Säulen des Glaubens und der Liebe stehen sollten.

Noch mehr Aufmerksamkeit zog ein Auftritt des sowjetischen Dissidenten Wladimir Bukowski auf sich, der nach zwölf Jahren Haft im Austausch gegen einen chilenischen Kommunisten freigelassen worden war, über »die weltweite Bedrohung der Bürgerrechte und die Verantwortung der Industrieführer«[15] sprach und an die Teilnehmer des Symposiums appellierte, jegliche Unterstützung für das sowjetische Regime zu unterlassen. Bukowskis Einladung durch Schwab war ein klares Signal an US-amerikanische Förderer des Forums, denen die wirtschaftliche Annäherung zwischen Europa und der Sowjetunion, insbesondere die »neue Ostpolitik« der deutschen Regierung unter Willy Brandt, ein Dorn im Auge war.

1977 fügte das EMF seinem Logo das Motto »Committed to improving the state of the world« (der Verbesserung des Zustands der Welt verpflichtet) hinzu und organisierte im selben Jahr das erste Round-Table-Gespräch außerhalb Europas in der US-Hauptstadt Washington. Nach dem Erfolg des Arabisch-Europäischen Symposiums im Jahr zuvor veranstaltete das EMF im Oktober 1977 das erste »Symposium zur Förderung der Zusammenarbeit zwischen Lateinamerika und Europa« unter der Schirmherrschaft der Interamerikanischen Entwicklungsbank, der Weltbank und der Wirtschaftskommission für Lateinamerika (ECLA).

Zum Vorsitzenden des Davoser Treffens im Jahr 1978 bestimmte Klaus Schwab den deutschen Topmanager Hanns-Martin Schleyer. Es störte ihn offensichtlich nicht, dass auch Schleyers Biografie sehr dunkle Flecken aufwies. Der mächtige Vorsitzende des Bundesverbandes der Deutschen Industrie (BDI) und der Bundesvereinigung der deutschen Arbeitgeberverbände (BDA) war 1933 der SS beigetreten, 1937 Mitglied der NSDAP geworden und hatte als führendes Mitglied des »Centralverbandes der Industrie« im sogenannten »Protektorat Böhmen und Mähren« tschechische Zwangsarbeiter im Panzerbau einsetzen lassen.

Zu einer Veranstaltung unter Schleyers Leitung kam es jedoch nicht, da er im Oktober 1977 von der links-anarchistischen Terrorgruppe Rote-Armee-Fraktion (RAF) ermordet wurde. Schleyers gewaltsamer Tod sorgte dafür, dass das gesamte Treffen im Zeichen extremer Sicherheitsmaßnahmen stand, da man einen Anschlag auf die Teilnehmer befürchtete.

Neben neun weiteren Round-Table-Gesprächen fand im Mai in Montreux das zweite Arabisch-Europäische Symposium für

Unternehmenskooperation statt, an dem wiederum über 1.500 Personen teilnahmen. Das in Schwabs Augen wichtigste Ereignis dürfte allerdings die im Dezember 1978 abgehaltene Plenarsitzung des Zentralkomitees der Kommunistischen Partei Chinas gewesen sein. Auf ihr leitete Deng Xiaoping die Abkehr von der zentralistischen Planwirtschaft und die Hinwendung der chinesischen Führung zum Kapitalismus ein.

Schwab reagierte prompt und lud Deng Xiaoping umgehend zum nächsten Davoser Symposium ein. Deng erschien zwar nicht, schickte aber eine erste offizielle und hochrangig besetzte chinesische Delegation zu dem vom ehemaligen britischen Premierminister Edward Heath geleiteten Treffen im Januar 1979.

Auf Einladung der chinesischen Seite besuchten im folgenden Halbjahr zunächst Schwab und kurz darauf eine Forumsdelegation von 20 europäischen CEOs China. Das chinesische Ministerium für Wirtschaftsbeziehungen mit dem Ausland und das EMF schlossen ein Vereinbarungsprotokoll, das die Einrichtung eines regelmäßigen Austauschs und die Abhaltung eines jährlichen Treffens in Peking in Zusammenarbeit mit der neu gegründeten China Enterprise Management Association (CEMA) vorsah. Außerdem verpflichtete sich das Forum dazu, chinesische Ministerdelegationen in Genf zu empfangen, um sie dort mit Vertretern relevanter Firmen und Unternehmen zusammenzubringen.

Ein weiteres zukunftsweisendes Ereignis des Jahres 1979 war die Veröffentlichung des ersten »Berichtes über die Wettbewerbsfähigkeit der europäischen Industrie«. Nach Schwabs Worten handelte es sich um eine »Kombination aus streng wirtschaftlichem und statistischem Material mit Stellungnahmen von Unternehmensleitern sowie von Wirtschafts- und Sozialexperten aus ganz Europa. Ergänzt wurde dies durch die Erfahrungen und Kenntnisse, die die Mitarbeiter des Forums in den letzten 10 Jahren erworben haben«[16]. Diese Zusammenstellung wertvoller Insiderinformationen legte die Grundlage für den alljährlich erscheinenden »Bericht über die globale Wettbewerbsfähigkeit« zunächst des EMF und später des WEF, der vielen bis heute als dessen wichtigste Publikation gilt.

10

Im Hintergrund: Digitalisierung und Finanzialisierung nehmen ihren Lauf

Während das EMF sein Netzwerk von Jahr zu Jahr weiter ausbaute, setzten in der Mitte der 1970er-Jahre zwei Prozesse ein, die das Gesicht der Welt nachhaltig verändern und für die weitere Entwicklung von Schwabs Stiftung von entscheidender Bedeutung sein sollten: die Finanzialisierung und die Digitalisierung der Weltwirtschaft.

Die Finanzialisierung war das Ergebnis des ungeheuren Machtzuwachses der Finanzindustrie während des Nachkriegsbooms, von dem insbesondere die Großbanken der Wall Street profitierten. Als der Boom 1973 endete und der Kreditbedarf der produzierenden Industrie nachließ, wandten sich die Banken an die Politik und forderten sie auf, ihnen zusätzliche Möglichkeiten des Geldverdienens zu eröffnen. Die Politik reagierte, indem sie zu deregulieren begann.

Nach und nach wurden immer mehr Regeln und Gesetze abgeschafft, die die Banken bis dahin in die Schranken gewiesen hatten. Hedgefonds wurden zugelassen; neue, immer riskantere Finanzprodukte wurden entwickelt und fast ungeprüft auf den Markt gebracht. Zudem wurden bis dahin verbotene Geschäftspraktiken wie Aktienrückkäufe und Leerverkäufe erlaubt. Von der internationalen Öffentlichkeit kaum bemerkt, verstärkte der Prozess von Jahr zu Jahr die Bedeutung des Finanzsektors und damit die Macht seiner Vertreter, sowohl in der Weltwirtschaft als auch im Rahmen des EMF.

Eine weitere bahnbrechende Umwälzung nahm ab Mitte der 1970er-Jahre ihren Lauf: die Digitalisierung der Welt im Rahmen der dritten industriellen Revolution, die mit der Einführung des Personal Computers einsetzte und damit den Startschuss für einen völlig neuen Geschäftsbereich abgab – die IT-Branche.

Am 4. April 1975 erschienen in Albuquerque im US-Bundesstaat New Mexico zwei junge Männer namens Paul Allen und Bill Gates jr. bei einer Registrierungsbehörde und meldeten ein Unternehmen mit dem Namen Microsoft an. Fünf Jahre später erkundigte sich der Technologiegigant IBM bei Microsoft nach einem Betriebssystem für den geplanten Personal Computer. Microsoft kaufte blitzschnell ein Programm namens MS-DOS zu, erhielt dafür den Zuschlag und erlebte anschließend einen phänomenalen Höhenflug.

Nicht viel anders erging es drei jungen Männern, die am 1. April 1976 im kalifornischen Los Altos eine Garagenfirma zur Herstellung von Personal Computern gründeten. Steve Wozniak, Steve Jobs und Ron Wayne nannten es wegen Jobs' Begeisterung für Apfel-Diäten »Apple« und machten es mit der Entwicklung der Computer Macintosh und Lisa innerhalb weniger Jahre zu einem Weltkonzern.

Die Geburt der ersten Giganten der IT-Industrie läutete zugleich eine neue historische Phase in der Geschichte der Weltwirtschaft ein. Hatte bis dahin der Satz »Geld regiert die Welt« gegolten, so begann nun eine Ära, in der die Daten nach und nach gleichzogen und für die Machtausübung eine genauso große Bedeutung erlangten wie das Geld.

11

Die erste Hälfte der 1980er-Jahre – Baustein auf Baustein

Klaus Schwabs technologisches und politisches Gespür zeigte sich darin, dass er beide Prozesse nicht nur klar erkannte, sondern von Anfang an gezielt zugunsten des EMF nutzte. Zum einen wurden bei den EMF-Treffen immer die neuesten Errungenschaften der Technologie eingesetzt, zum anderen aber auch die wichtigsten Player der Finanzindustrie miteinander vernetzt.

So lud Schwab 1981 die Präsidenten der Zentralbanken Deutschlands, der Schweiz und der Niederlande sowie Jacques de Larosière de Champfeu, den Chef des Internationalen Währungsfonds (IWF), und Jelle Zijlstra, den Chef der Bank für Internationalen Zahlungsausgleich (BIZ), nach Davos ein und brachte sie mit dem damaligen saudischen Wirtschafts- und Finanzminister zusammen. Eines der Hauptthemen der hochrangigen Runde war die Angst vieler Industrienationen vor wirtschaftlichem Machtverlust. Da sie aufgrund ihres hohen Ölverbrauchs Geld von den OPEC-Staaten leihen wollten, fürchteten sie deren zunehmende Finanzkraft und ihren eigenen dadurch sinkenden Einfluss auf internationale Finanzorganisationen wie den IWF.

Am Ende ihrer Unterredungen gaben Saudi-Arabien und der IWF in einer gemeinsamen Erklärung bekannt, dass das arabische Königshaus der weltgrößten internationalen Finanzorganisation einen milliardenschweren Kredit zugesagt hatte. Welche Bedeutung diese Abmachung für das globale Finanzgefüge hatte, zeigte sich vier Monate später: Im Mai 1981 wurde bekannt, dass es sich um eine Summe von über 8 Milliarden Sonderziehungsrechten[17] (SZR) (rund 10 Milliarden US-Dollar) und damit um eines der bis dahin höchsten in der gesamten Wirtschaftsgeschichte vergebenen Darlehen handelte.

Ein weiterer Trend zu Beginn der 1980er-Jahre, dem Schwab folgte, war die steigende Attraktivität Chinas für westliche Investoren, der er durch ein erstes in China abgehaltenes Treffen Rechnung trug. Die wichtigste Neuerung von 1982 dürfte die Einführung des »Informal Gathering of World Economic Leaders« (IGWEL), einer informellen Zusammenkunft globaler Wirtschaftsführer, gewesen sein. Dabei handelte es sich um ein hinter verschlossenen Türen abgehaltenes und für die Öffentlichkeit unzugängliches Zusammensein, das offiziell dem »besseren Kennenlernen« diente und an dessen Ende es keine Kommuniqués oder Pressekonferenzen gab.

Tatsächlich war die Einrichtung von IGWEL nichts anderes als die Bereitstellung eines Hinterzimmers, in dem auf höchster Ebene und ohne jede öffentliche Kontrolle Absprachen getroffen werden konnten. Sein Konzept widersprach in eklatanter Weise der Offenheit und der Transparenz, deren sich das Forum immer rühmte.

Bezeichnend für die Ausblendung der Wirklichkeit war auch die per Satellit übertragene Ansprache des damaligen US-Präsidenten Reagan an die Konferenzteilnehmer. Reagan sprach von einer

»historischen Wende«[18] der US-Wirtschaftspolitik, sparte nicht mit Selbstlob, kündigte weitere Reformen und »die beste Sammlung von Anreizen seit 50 Jahren«[19] an, »um den Amerikanern zu helfen, unsere Wirtschaft wieder aufzubauen und ihre finanzielle Sicherheit wiederherzustellen«.[20]

Keiner der Anwesenden fragte nach, wie denn diese Äußerungen zu den Anweisungen passten, die Reagan ein halbes Jahr zuvor in den USA gegeben hatte. Im August 1981 hatte der US-Präsident ein halbes Jahr nach seinem Amtsantritt einen Streik von 11.000 Fluglotsen beendet, indem er sie samt und sonders vor die Alternative gestellt hatte: Rückkehr an die Arbeit oder fristlose Entlassung, begleitet von lebenslangem Berufsverbot. So radikal war in der gesamten US-Geschichte noch kein nationaler Streik gebrochen worden.

Dass man diese Tatsachen in Davos überging, machte deutlich, wessen Interessen man vertrat und dass die Einladung von Gewerkschaftern, politischen Dissidenten oder religiösen und wissenschaftlichen Politkritikern keineswegs einem Interessenausgleich diente, sondern nur der kosmetischen Aufbesserung des eigenen Images in der Öffentlichkeit.

1983 schickten die USA mit Handelsminister Baldrige die erste offizielle Regierungsdelegation nach Davos und begründeten damit eine Tradition, die bis heute beibehalten wurde. Klaus Schwab sprach im selben Jahr in seiner Eröffnungsrede von der »wichtigsten jährlichen Zusammenkunft von Entscheidungsträgern der Weltwirtschaft«[21]. Das war keine Übertreibung, denn Schwab lud in diesem Jahr die zuständigen Minister der zwölf wichtigsten Handelsnationen und den Vorsitzenden des globalen Handelsabkommens GATT zu einem informellen Treffen nach Lausanne ein. Dort entstand im kleinen Kreis die Idee für eine neue Handelsrunde. Dass diese nach einigen weiteren Treffen schlussendlich 1995 zur Gründung des GATT-Nachfolgers World Trade Organisation (WTO) führen sollte, zeigt, welch enorme Bedeutung die IGWEL und das EMF für die internationale Politik und die Weltwirtschaft bekommen hatten.

Eine Rede von General Bernard W. Rogers, dem obersten Befehlshaber der Alliierten in Europa, enthüllte einmal mehr die Doppelzüngigkeit, mit der man auf dem Forum sprach. Er begann seine Rede mit der Aussage, man habe »nur eine Option: erfolgreiche Abrüstungsverhandlungen mit fairen und überprüfbaren Kontrollmaßnahmen«[22], endete dann aber mit den Worten: »Das Einzige, was die Russen beeindruckt, ist eine starke und entschlossene Haltung«[23], was einem klaren Bekenntnis zur Fortsetzung des Rüstungswettlaufs gleichkam.

Ein weiterer Höhepunkt des Treffens von 1983 war eine von dem im Jahr zuvor gestürzten deutschen Kanzler Helmut Schmidt geleitete Diskussion der Regierungschefs Neuseelands, Dänemarks, Finnlands, Norwegens und der Philippinen, bei der es vor allem um wirtschaftspolitische Themen ging. Wichtiger noch war der im selben Jahr unter Schmidts Nachfolger Helmut Kohl vom bayerischen Ministerpräsidenten Franz-Josef Strauß mit der Ostberliner Führung ausgehandelte Milliardenkredit an die DDR, die ohne das Geld ihren Staatsbankrott hätte erklären müssen und deren finaler Zusammenbruch so um mehrere Jahre aufgeschoben wurde.

1984 bestätigte sich Schwabs Einschätzung von der wirtschaftlichen Bedeutung Chinas, als die Führung der Kommunistischen Partei bekannt gab, 1 Milliarde US-Dollar in westliche Technologie investieren zu wollen. Im selben Jahr streckte das EMF auch seine Fühler nach Indien aus und organisierte in Zusammenarbeit

mit der Konföderation indischer Industrie den ersten Wirtschaftsgipfel in Neu-Delhi, der ein Jahr später stattfand. Im Rahmen des
immer wichtiger werdenden informellen Treffens der Weltwirtschaftsführer IGWEL gab es ebenfalls eine Neuerung: das World
Economic Brainstorming, bei dem die Teilnehmer sich in wech-
selnden Gruppen mit hochrangigen Politikern (darunter Premierminister und Wirtschafts- und Finanzminister) und den Vorstän-
den internationaler Organisationen austauschen konnten.

1985 führte der rasche Fortschritt der Computertechnologie und
der Aufstieg der IT-Branche zu den ersten industriespezifischen
Treffen im Rahmen des EMF, bei denen sich die CEOs der Tele-
kommunikationskonzerne mit den für sie zuständigen Ministern
und Behördenvertretern trafen.

12

1985 – 1988:

Der Aufstieg in den

politischen Olymp

1986 nahm die Sowjetunion unter dem im Vorjahr an die Macht gekommenen Michael Gorbatschow zum ersten Mal an einem Treffen in Davos teil. Gorbatschow verdankte seinen Aufstieg vor allem der Tatsache, dass die alte Führung seines Landes wegen zunehmender wirtschaftlicher Probleme unter Druck geraten war. Auslöser war in erster Linie das Fallen des Ölpreises, da die UdSSR finanziell vor allem von Ölexporten abhängig war. Die zunehmend schwierigere Lage des Landes machte es für den Kreml notwendig, sich nach ausländischen Investoren umzusehen. Der internationalen Öffentlichkeit wurde der neue Kurs beschönigend als »Glasnost und Perestroika«, zu Deutsch »Offenheit und Umgestaltung«, verkauft.

Im selben Jahr gelang Schwab auch ein öffentlichkeitswirksamer Coup, indem er die Regierungschefs Griechenlands und der Türkei in Davos an einen Tisch brachte. Das erste hochrangige Treffen zwischen beiden Ländern nach der türkischen Invasion Zyperns von 1974 wurde von den Medien als großer Erfolg und als ein Beweis für den »Geist von Davos« gefeiert, verhinderte allerdings nicht, dass der Konflikt zwischen beiden Ländern in den kommenden Jahren bis an den Rand eines offenen Krieges eskalierte.

Ein Auftritt von Preston Martin, dem stellvertretenden Vorsitzenden der Federal Reserve, lieferte ein weiteres Beispiel dafür, welch tiefe Kluft zwischen den Reden am EMF und der harten Wirklichkeit in der realen Finanzwelt bestand. Im Januar 1986 forderte Preston alle Länder auf, »geeignete Maßnahmen zu treffen, um die Märkte zu kontrollieren und zu regulieren«.[24]

Genau zehn Monate später wurde unter Margaret Thatcher der »Financial Services Act« verabschiedet und damit der größte Schritt in Richtung Deregulierung in der britischen Finanzgeschichte vollzogen. Nachdem zuvor bereits Devisenkontrollen und die staatliche Überwachung von Kapitalbewegungen abgeschafft worden waren, wurde das in den 1930er-Jahren zugunsten der Sicherheit von Bankkunden eingeführte Trennbankensystem (die Einteilung der Banken in Investmentbanken, die mit Kundengeldern spekulieren dürfen, und Geschäftsbanken, denen das untersagt ist) beendet.

Zudem verloren traditionelle Bausparkassen ihren Sonderstatus und wurden von großen Banken geschluckt. Zahlreiche ausländische Banken (darunter auch die Deutsche Bank) ließen sich aufgrund der gelockerten Bestimmungen in der Londoner City nieder, die Transaktionen wurden immer riskanter, die Gewinne immer höher und die Boni der Banker trieben das soziale Gefälle in der britischen Hauptstadt auf immer neue Rekordwerte. Das EMF lud zwar auch weiterhin Redner ein, die dieses Gefälle beklagten, aber es gab niemanden, der der Ursache, nämlich der Explosion des Finanzsektors aufgrund der Deregulierung, ernsthaft nachging oder sie auch nur als Kern des Problems benannte.

1987 wurde der Name der Stiftung in »World Economic Forum« (WEF) geändert und der Leitspruch »Committed to improving the state of the world« (der Verbesserung des Zustands der Welt verpflichtet) zu ihrem offiziellen Motto erklärt. In diesem Januar erschien auch die erste offizielle Delegation aus der Sowjetunion in Davos. Der deutsche Vizekanzler und Außenminister Genscher hielt eine Rede, in der er Gorbatschow und seine Politik der Perestroika in den höchsten Tönen lobte. Hinter dem Lob verbarg sich die Erkenntnis, dass der Zerfall der Sowjetunion an Fahrt aufgenommen hatte und sich damit für das westliche Kapital ein riesiger Markt und ganz neue Chancen im Osten eröffneten.

Zum informellen Treffen der Weltwirtschaftsführer IGWEL kamen 1987 mehr als 50 Regierungschefs, Minister und CEOs. Außerdem erweiterte das WEF seine Industriegipfel um Veranstaltungen in den Bereichen Lebensmittel, Automobil, Energie, Maschinenbau und Bauwesen, Gesundheit und Informationstechnologien, zu denen ebenfalls die höchsten Vertreter der jeweiligen Branchen und die dafür zuständigen Politiker wie zum Beispiel die Energieminister erschienen. Eine wichtige Neuerung war die Herausgabe der auf die Bedürfnisse der globalen Elite maßgeschneiderten Zeitschrift *World Link*. Durch umfangreiche Untersuchungen hatte das Forum die 33.333 »wichtigsten Entscheidungsträger der Welt« ermittelt, denen diese Zeitschrift zunächst monatlich, später dann zweimonatlich zugestellt wurde.

1987 und 1988 zeigte sich einmal mehr, wie viel Wert Schwab auf technische Innovation legte. Um die Interaktionsmöglichkeiten der Teilnehmer zu verbessern, hatte das Forum von Anfang an auf den Einsatz von Fernsehübertragungen gesetzt. Im Jahr 1987 wurden im Kongresszentrum Videotelefone zur Verfügung gestellt, sodass die Teilnehmer nicht nur miteinander sprechen, sondern sich auch gleichzeitig sehen konnten.

Zudem arbeitete Klaus Schwab bereits damals an der Schaffung einer vernetzten »digitalen Gemeinschaft«. In Zusammenarbeit mit der europäischen Niederlassung des US-Unternehmens Digital Equipment Corporation International unternahm er als einer der Ersten den Versuch, eine globale »Social Community« auf hohem Niveau zu schaffen. Das Projekt scheiterte zwar, da das Unternehmen in Schwierigkeiten geriet (und später von Compaq übernommen wurde), zeigt aber deutlich, dass Schwab in Fragen der Technologie immer am Puls der Zeit war.

Höhepunkt des Treffens von 1988, zu dem mehr als 62 Regierungschefs, Minister und CEOs anreisten, war die erneute Zusammenführung der griechischen und türkischen Regierungschefs. Nach zweijährigen immer intensiveren Spannungen gelang es Schwab, die Kontrahenten erneut medienwirksam nach Davos zu holen und sie vor Ort die »Erklärung von Davos« unterzeichnen zu lassen, in der sie sich zu dauerhaft friedlichen Beziehungen verpflichteten.

Der Erfolg war allerdings nur von kurzer Dauer, denn zwei Jahre später flammte der Konflikt ein weiteres Mal auf, als Zypern, unterstützt von Griechenland, einen Antrag zum Beitritt zur Europäischen Union stellte, gegen den die Türkei umgehend scharf protestierte.

Für den sozialen Touch sorgte 1988 Carl Sagan, der berühmte amerikanische Professor für Astronomie und Weltraumwissenschaften. Er wies auf die Risiken für die Umwelt und die Lebenssysteme hin, die von den technologischen Entwicklungen der Zeit ausgingen, erntete dafür Beifall – und bewirkte nichts. Für einen Eklat sorgte dagegen der amerikanisch-schweizerische Finanzier Asher Edelman, der offensichtlich eine besonders empfindliche Seite der versammelten Geschäftselite traf, als er ihr vorwarf, »nicht nur unethisch, sondern unmoralisch«[25] zu sein, und der für seine Ausführungen kräftig ausgebuht wurde.

Dass Edelmans Anschuldigungen nicht aus der Luft gegriffen waren, zeigte sich im folgenden Jahr. Trotz der blutigen Niederschlagung der Studentenproteste auf dem Platz des Himmlischen Friedens in Beijing am 4. Juni wurde das für den Herbst geplante Jahrestreffen des »Business Leaders Symposium« weder abgesagt noch in ein anderes Land verlegt, sondern unter dem Vorwand, man brauche schließlich ein Forum für eine »offene Diskussion«, in China abgehalten.

13

1989 – 1990: Der endgültige Zerfall des Ostblocks

In der zweiten Hälfte der 1980er-Jahre zeichnete sich immer deutlicher ab, dass es nicht nur in der Sowjetunion, sondern auch in den von ihr nach dem Zweiten Weltkrieg ins Leben gerufenen Staaten des Ostblocks ganz erheblich brodelte.

Ein erstes großes Aufbegehren hatte es bereits 1980 in Polen gegeben. Eine Streikwelle hatte zur Gründung der unabhängigen Gewerkschaft Solidarność geführt, in die innerhalb weniger Monate fast 10 Millionen Bürger eintraten. Die Bewegung war jedoch durch die Verhängung des Kriegsrechtes von 1981 bis 1983 gewaltsam unterdrückt worden.

Als 1985 der drastische Fall des Ölpreises zum Wechsel an der Spitze der Sowjetunion führte, wurden fast alle Regimes des Ostblocks gleichzeitig von einer Schockwelle erfasst. Der Grund: Um seine Kassen zu füllen und den eigenen Kopf aus der Schlinge zu ziehen, zwang der Kreml seine sozialistischen »Bruderstaaten«, die mit ihm zusammen im »Rat für gemeinsame Wirtschaftshilfe« (RGW) organisiert und vertraglich an ihn gebunden waren, sein Öl zu stark überhöhten Preisen zu kaufen. So kam es, dass ein Regime nach dem anderen zu taumeln begann, bis der Zerfall

1989 seinen Höhepunkt erreichte. Die ungarische Führung entschied im September, die Grenze nach Österreich zu öffnen, und leitete damit einen Massenexodus nach Westen ein. Verhandlungen mit der Opposition führten zu den ersten freien Wahlen im März 1990.

In der DDR inszenierte sich die Führung der SED noch am 7. Oktober 1989 mit einer aufwendigen Feier zum 40. Jahrestag der Staatsgründung. Angesichts der Massenauswanderung und immer größerer Demonstrationen musste Staats- und Parteichef Erich Honecker elf Tage später zurücktreten. Am 9. November kam es dann in Ostberlin zur historischen Pressekonferenz, auf der Günter Schabowski, Mitglied des Politbüros der SED, in einem Nebensatz die Reisefreiheit verkündete und damit den Fall der Berliner Mauer auslöste.

In Bulgarien wurde der Parteichef und Vorsitzende des Staatsrates, Todor Schiwkoff, im November 1989 gestürzt. In der Tschechoslowakei wurde die Parteiführung im November vom Zentralkomitee aufgrund von Massendemonstrationen, an denen sich Hunderttausende beteiligten, gefeuert. In Rumänien kam es im Dezember zu Massenprotesten in Temeswar, die von der Geheimpolizei niedergeschlagen wurden. Die Proteste weiteten sich daraufhin aus und griffen auf die Hauptstadt Bukarest über. Der langjährige Diktator Ceausescu versuchte zu fliehen, wurde aber gestellt und zusammen mit seiner Ehefrau von einem Militärgericht in einem Schnellverfahren wegen Völkermords zum Tode verurteilt und erschossen.

Für die Sowjetunion traf der Untergang der verbündeten Regimes mit einem Einbruch der Wirtschaftsleistung zusammen: Die Importe sanken zwischen 1985 und 1991 um fast 45 %, Exporte um mehr als 25 %, die Ölförderung fiel um 50 %, das Bruttosozialprodukt um 10%. Gorbatschow reagierte mit Verzweiflungstaten wie dem Verkauf von 90% der sowjetischen Goldvorräte, doch seine Mühen waren vergebens.

Zusammen mit den Ausgaben für den Rüstungswettlauf mit den USA und den Afghanistankrieg brachen ihm die massiven wirtschaftlichen Probleme schlussendlich politisch das Genick. Nach dem Putsch einiger konservativer Kommunisten am 19. August 1991 trat er als Generalsekretär der Kommunistischen Partei zurück. Nachfolger und starker Mann der Folgezeit wurde Boris Jelzin, der an der Niederschlagung des Putsches maßgeblich beteiligt war. Am 21. Dezember unterzeichneten die Führer der Sowjetrepubliken in Alma-Ata den Vertrag zur Auflösung der UdSSR. Vier Tage später trat der inzwischen völlig kaltgestellte Gorbatschow auch vom Amt des Präsidenten zurück. Am 31. Dezember 1991 wurde offiziell das Ende der 1922 von Lenin und den Bolschewisten gegründeten Union der Sozialistischen Sowjetrepubliken verkündet.

Für das WEF sollte zunächst das Ende der DDR Folgen haben. Im Januar 1990 fand in Davos ein historisches Treffen statt – die von Klaus Schwab organisierte erste offizielle Begegnung zwischen dem westdeutschen Kanzler Helmut Kohl und dem frisch gewählten Vorsitzenden des Ministerrats der DDR, Hans Modrow. Der Begegnung waren hektische diplomatische Auseinandersetzungen vorangegangen, denn seit dem Mauerfall stand die Frage der deutschen Wiedervereinigung international im Brennpunkt. Während sich US-Präsident Bush zurückhielt, sprachen sich die britische Premierministerin Thatcher und der französische Präsident Mitterand zunächst vehement dagegen aus.

Als Helmut Kohl am 28. November im Bundestag einen Zehn-Punkte-Plan zur Wiedervereinigung vorstellte, erklärte sich das Weiße Haus in Washington im Gegensatz zu den Regierungen in

London und Paris bereit, den neuen Staat zu akzeptieren, sofern er die Außengrenzen nicht veränderte und der NATO beitrat.

Das war nicht unproblematisch, denn die DDR war seit 1955 Mitglied des Warschauer Paktes, der unter sowjetischer Dominanz stehenden Gegenkraft zum NATO-Bündnis. Noch Mitte Januar 1990 wich Kohl, in einem Interview auf den NATO-Beitritt angesprochen, einer Antwort aus. Nach dem vom WEF arrangierten Treffen mit Modrow, der dort noch ein neutrales Gesamtdeutschland forderte, sah das allerdings anders aus. Kohl erklärte Deutschlands Bereitschaft, als wiedervereinigtes Land in der NATO zu bleiben. Am 24. September 1990 trat die DDR offiziell aus dem Warschauer Pakt aus, am 3. Oktober wurde die deutsche Wiedervereinigung formell vollzogen und die ehemalige DDR damit Teil der NATO.

Im Grunde bestand das Ergebnis des Treffens zwischen Modrow und Kohl darin, dass Deutschland sich, wie seit dem Zweiten Weltkrieg üblich, den Wünschen der USA fügte, diesmal allerdings mit Klaus Schwab als Mittelsmann, der offensichtlich bereits weiterdachte. Er organisierte nämlich beim selben Treffen eine informelle Zusammenkunft zwischen ost- und westdeutschen Parlamentariern und Wirtschaftsführern unter der Leitung von Otmar Franz, dem Vorsitzenden der Arbeitsgruppe »Europäische Währung« im Europäischen Parlament.

Auch diesmal war Schwab erfolgreich, und das in doppelter Hinsicht: Bereits am 7. Februar 1990 kündigte Kanzler Kohl im Bundestag mit der deutschen Währungsunion die Einführung der D-Mark auf dem Gebiet der ehemaligen DDR an, und im Juni, vier Monate vor der offiziellen Wiedervereinigung, organisierte das WEF in einem Ostberliner Hotel das erste West-Ost-Wirtschaftstreffen.

14

Die Neunzigerjahre – Digitalisierung und Finanzialisierung nehmen Fahrt auf

Der Zusammenbruch des Ostblocks und das Auseinanderfallen der Sowjetunion ließen weltweit Hoffnungen auf eine Zukunft aufkeimen, in der es keine totalitären Regimes mehr geben und daher auch der Grund für ein weiteres Wettrüsten entfallen würde. In seinem Weltbestseller *Das Ende der Geschichte* verstieg sich der US-amerikanische Politikwissenschaftler Francis Fukuyama zu der These, mit dem Sieg des Liberalismus habe sich die Demokratie als Ordnungsmodell durchgesetzt, und mit dem Ende des Kampfes unterschiedlicher Systeme entfalle fortan das Antriebsmoment der Geschichte.

Tatsächlich aber wirkten im Hintergrund mit der Finanzialisierung und der Digitalisierung der Weltwirtschaft zwei Antriebsmomente, die das Schicksal der Menschheit nachhaltig beeinflussen sollten und die von Jahr zu Jahr an Fahrt aufnahmen.

Die Digitalisierung wurde vor allem von Apple und Microsoft vorangetrieben. Apple führte die Maus und die grafische Benutzeroberfläche ein und legte mit den phänomenalen Verkaufszahlen der Computer Lisa und Macintosh die Grundlage für den Aufstieg zum Weltkonzern. Microsoft brachte nach dem Betriebssystem MS-DOS für IBM 1985 die erste Version des Betriebssystems Windows heraus, das sich schnell zum Marktführer entwickelte. 1990 erhielt die Digitalisierung einen historischen Schub, als das Internet zum massentauglichen Medium wurde. Waren 1990 noch ganze 313.000 Rechner ans Internet angeschlossen, waren es 1995 bereits 6,5 Millionen und 2000 93 Millionen. Die IT-Branche und die Plattform-Ökonomie erlebten einen Aufstieg, den keine Branche je zuvor erlebt hatte.

1994 gründete der Softwareentwickler Jeff Bezos den Buchversand Amazon, der sich innerhalb weniger Jahre zur weltgrößten Handelsplattform entwickeln sollte. Im September 1998 gründeten Sergey Brin und Larry Page das Unternehmen Google, das Yahoo und Lycos in kurzer Zeit überholte und für Millionen von Nutzern schnell zur universellen Suchmaschine wurde.

Auch die Finanzialisierung der Weltwirtschaft machte in den 1990er-Jahren riesige Fortschritte. Waren zu Beginn der Deregulierung die Investmentbanken immer stärker geworden, so waren es in den Neunzigern vor allem die Hedgefonds, die das Marktgeschehen immer stärker beherrschten. Im Hintergrund lauerte allerdings schon eine weitere Kraft, die ab der Jahrtausendwende zur finanziellen Großmacht werden sollte: die Vermögensverwalter mit BlackRock und Vanguard an der Spitze.

Kennzeichnend für die 1990er-Jahre war vor allem die Flut an immer neuen und immer riskanteren Finanzprodukten, die auf den Markt geworfen wurden. Die exponentielle Zunahme von Derivaten, bei denen es sich um nichts anderes als Wetten auf zukünftige Preise, Kurse oder Zinssätze handelt, verwandelten das Weltfinanzsystem nach und nach in ein Casino.

KAPITEL 14

Hinzu kam die Verbriefung von Schulden, also das Sammeln, Bündeln und Weiterverkaufen von Schulden, unter anderem im Immobilienbereich, das sich schlussendlich als Tretmine erweisen und zur Weltfinanzkrise von 2007/2008 führen sollte. Es war eine Zeit, in der Investoren in Windeseile riesige Gewinne einstreichen, aber auch extreme Verluste erleiden konnten.

15

1991 – 1992:

Das WEF wird zur

Kaderschmiede der Elite

Zum Jahrestreffen 1991 kamen nur etwa 80 % der geladenen Gäste, da die USA Mitte Januar ihre »Operation Desert Storm« zur Vertreibung der irakischen Truppen aus Kuwait begonnen und viele Konzerne ein Flugverbot für Geschäftsreisen erlassen hatten.

Der wichtigste Auftritt vor reduziertem Publikum dürfte der des amtierenden sowjetischen Premierministers Valentin Pawlow gewesen sein, der im Namen seiner Delegation erklärte, dass die Reformen in seinem Land auf direktem Wege in eine Marktwirtschaft nach westlichem Vorbild führen würden. Er versprach »die Entwicklung einer Infrastruktur für Außenwirtschaftsbeziehungen, rechtliche und praktische Kanäle für den Privatisierungsprozess, die Übertragung von Eigentum vom Staat auf private Unternehmen, die Entmonopolisierung der Wirtschaftstätigkeit und die Förderung des Wettbewerbs sowie die Mobilisierung inländischer Ersparnisse und ausländischer Investitionen«.[26]

Die Anwesenden waren von den für sie entstehenden Geschäftsaussichten offensichtlich so angetan, dass 150 von ihnen umgehend ein Treffen in Moskau im September vereinbarten und daran festhielten, obwohl Pawlow im August zusammen mit einigen hochrangigen Funktionären der Kommunistischen Partei vergeblich versuchte, den noch amtierenden Präsidenten Gorbatschow abzusetzen und das Land unter die eigene Kontrolle zu bringen, und sie von der sowjetischen Seite wegen der instabilen Lage im Land um einen Aufschub gebeten wurden.

Die Aufdringlichkeit der Davoser Delegation hatte ihren Grund. Am Ende der dreitägigen Sitzung in Moskau verfasste Klaus Schwab einen sechsseitigen Brief, den er nicht nur an den politisch schwer angeschlagenen Gorbatschow, sondern auch an den plötzlich als neuen Helden gefeierten Boris Jelzin richtete und in dem er zwölf wesentliche Punkte eines umfassenden Umgestaltungsplans für die Sowjetunion darlegte. Das Schreiben endet mit folgendem Satz: »Wir halten es (...) für wichtig, Ihnen das Engagement der Teilnehmer unseres Treffens und die Ideen aus der Sicht einer außenstehenden Gemeinschaft zu vermitteln, die das aufrichtige Ziel verfolgt, einen Beitrag zu der sehr heiklen Aufgabe zu leisten, die Sie mit dem Übergang zur Marktwirtschaft vor sich haben.«[27]

Sah man von der verschrobenen Sprache und den Höflichkeitsfloskeln ab, so enthielt das Schreiben nichts anderes als die Bedingungen, die das westliche Kapital an die sowjetische Führung stellte – und zwar in einer Situation, in der sie wusste, dass es für die andere Seite nur eine Möglichkeit des Überlebens gab: sämtliche Forderungen widerspruchslos zu erfüllen.

Ein weiteres Ereignis des Jahres 1991, das vordergründig nichts mit dem WEF zu tun hatte, seine weitere Entwicklung aber wesentlich beeinflussen sollte, war das Erscheinen des Buches *The First Global Revolution*[28] des Club of Rome. Die Organisation war in den achtzehn Jahren seit dem ersten Auftritt ihres Gründers in Davos immer wieder wegen ihrer umstrittenen Forderung nach einer Reduzierung der Weltbevölkerung kritisiert und der Verbreitung eugenischen und neo-malthusianischen[29] Gedankenguts bezichtigt worden.

In dem neuen Buch nahm man die alte Forderung nicht nur auf, sondern ging sogar einen Schritt weiter und argumentierte, dass man sie sogar mit Unterstützung der Bevölkerung durchsetzen könne. Man müsse die Mehrheit zu diesem Zweck nur dafür gewinnen, in einem existenziellen Kampf gegen einen gemeinsamen Feind anzutreten. Unter der Überschrift »Der gemeinsame Feind der Menschheit ist der Mensch« findet man eine Passage mit folgendem Wortlaut: »Auf der Suche nach einem gemeinsamen Feind, gegen den wir uns vereinigen können, kamen wir auf die Idee, dass Umweltverschmutzung, die drohende globale Erwärmung, Wasserknappheit, Hungersnöte und Ähnliches dazu passen würden. In ihrer Gesamtheit und ihren Wechselwirkungen stellen diese Phänomene tatsächlich eine gemeinsame Bedrohung dar, der wir uns alle gemeinsam stellen müssen.« Ersetzt man das Wort »Ähnliches« durch »Pandemien«, so scheint es fast, als hätte das Buch auf hellseherische Weise bereits damals die Grundlagen für die Agenda zur Corona-Politik und zur Bekämpfung des Klimawandels vorweggenommen.

Das Treffen von 1992 stand ganz im Zeichen des Besuches von Nelson Mandela. Er war zwei Jahre zuvor von Willem de Klerk, dem Staatspräsidenten des rassistischen Apartheid-Regimes Südafrikas, nach 30-jähriger Haft freigelassen worden und ein Jahr zuvor zum Präsidenten des ebenfalls wieder zugelassenen African National Congress (ANC) gewählt worden.

Die Veranstaltung wurde weltweit medial als eine Verneigung des WEF vor einem Freiheitskämpfer gefeiert. Tatsächlich hatte sie einen völlig anderen Hintergrund. Bei seiner Entlassung hatte

Mandela nämlich angekündigt, Minen, Banken und Monopolindustrien verstaatlichen zu wollen, und das westliche Kapital damit in Aufruhr versetzt. Es hatte jahrelang – oft hinter dem Rücken der Öffentlichkeit – mit dem Apartheid-Regime zusammengearbeitet, dabei glänzend verdient und war keineswegs bereit, Mandelas Forderungen kampflos hinzunehmen.

Das war auch nicht nötig, denn genau hier kam Klaus Schwab ins Spiel: Er umgarnte Mandela und brachte ihn unter anderem mit Funktionären der Kommunistischen Parteien Vietnams und Chinas zusammen, die gerade dabei waren, ihre Planwirtschaften in Marktwirtschaften umzuwandeln. Sie beschworen ihn, von seinen Vorstellungen Abstand zu nehmen und auf die Verstaatlichungen zu verzichten.

Es ist nicht bekannt, mit welchen weiteren Mitteln[30] Mandela dazu gebracht wurde, seine Position aufzugeben. Auf jeden Fall änderte er in Davos seine Meinung, bekannte sich sowohl zum Kapitalismus als auch zur Globalisierung, reichte dem ebenfalls nach Davos eingeladenen Willem de Klerk am Ende der Veranstaltung symbolisch die Hand und wurde dafür überschwänglich gefeiert.

Im Schatten des Wirbels um Mandela startete das WEF in diesem Jahr ein Programm, von dem damals niemand wissen konnte, welch gewaltige Bedeutung es einmal bekommen und welche Auswirkungen auf die politische und wirtschaftliche Entwicklung der Welt es haben sollte. Unter der Leitung von Schwabs Tochter Nicole wurden die »Global Leaders for Tomorrow« gegründet. Im ersten Jahrgang, der »class of 93«, wurden 200 Personen aus den Bereichen Wirtschaft, Politik, Wissenschaft, Kunst und Medien zusammengefasst, die unter 43 Jahre alt sein und sich selbst um einen Platz bewerben mussten.

Es war ein weltweit einmaliges Projekt: Zum ersten Mal begann die Elite, ihren eigenen Nachwuchs gezielt auszuwählen, ihn systematisch heranzuziehen, auf seine Aufgaben vorzubereiten und miteinander zu vernetzen. Wie sensationell erfolgreich das Projekt war, zeigen einige Namen aus dem ersten Jahrgang[31], die sich wie ein Who's Who der politischen und korporativen Elite späterer Jahre lesen. Dort finden sich unter anderen Angela Merkel, Nicolas Sarkozy, Tony Blair, Gordon Brown, José Maria Aznar, Richard Branson und Bill Gates. Der Portugiese Juan Manuel Barroso schaffte es, bereits während der Ausbildung zum Außenminister seines Landes gekürt zu werden.

Nie zuvor war ein ähnlicher Versuch unternommen worden, zukünftige korporative und politische Führungskräfte auf diese Weise zusammenzufassen. Wie die folgenden 30 Jahre gezeigt haben, wurde damit die Grundlage für ein eng verknüpftes Netzwerk von Politikern, Wirtschaftsführern und Medienprofis gelegt, das den Lauf der Welt entscheidend beeinflussen sollte.

16

1993 – 1995:
Von niemandem gewählt,
aber einflussreicher
denn je

1993 kamen unter dem Motto »Alle Kräfte für den globalen Aufschwung bündeln« 800 Führungskräfte aus der Wirtschaft, 150
Spitzenpolitiker, darunter 25 Regierungschefs, und 200 Intellek-
tuelle aus den verschiedensten Bereichen in Davos zusammen.

Der Jahresbericht hob den elitären Charakter der Veranstaltung
hervor. Man wolle in Zukunft »ranghöchste Politiker vor allem als
Einzelpersonen und ohne Delegationen einladen (...) sehr selektiv
bei der Teilnahme sein und strenge Kriterien anwenden, aber die
›Global Leaders for Tomorrow‹ als eine besonders hervorgehobene
Gruppe willkommen heißen«.[32] Auf diese Weise wolle man sicher-
stellen, dass »die Begegnung zwischen Politik und Wirtschaft eine
echte Interaktion mit konkreten und positiven Auswirkungen auf
die Formulierung der Wirtschaftspolitik auf globaler Ebene ist«.[33]

Die selbstbewussten Formulierungen zeigen, dass neben der
positiven Außendarstellung vor allem konkretes Handeln gefragt
war und dass man dabei nicht etwa auf Parlamente und auf den

Willen von Wählern setzte, sondern gezielt auf die Beeinflussung einzelner Entscheider. In anderen Worten: Das WEF entwickelte sich immer mehr zu einer von niemandem gewählten, aber von wohlhabenden Sponsoren aus aller Welt finanzierten Institution, die direkten Einfluss auf die Weltpolitik ausübte.

Das Ziel galt nicht nur für die Politik, sondern gleichermaßen für die Wirtschaft und die Koordination zwischen beiden Bereichen. So wurde im selben Jahr neben den regionalen Gipfeltreffen der Wirtschaft in Ostasien und Südafrika zusammen mit der Harvard-Universität und dem Massachusetts Institute of Technology (MIT) auch ein Treffen in den USA abgehalten. Sein Ziel war es, »die Zusammenarbeit in strategischen (...) Bereichen zwischen den wichtigsten Entscheidungsträgern der Industrie, der internationalen Organisationen und der Regierungen sowie den herausragendsten Experten auf dem jeweiligen Gebiet zu fördern«. [34]

Zu einem für die Zukunft des WEF bedeutenden Ereignis kam es 1994 in den USA: Bill Gates übernahm überraschenderweise die William-H.-Gates-Stiftung seines Vaters. Dass er plötzlich ein philanthropisches Bedürfnis verspürte, ist angesichts seiner Vita kaum anzunehmen. Viel wahrscheinlicher ist, dass ihm seine Anwälte damals rieten, etwas für sein in der Öffentlichkeit schwer angeschlagenes Image zu tun. Gates war nämlich Anfang der 1990er-Jahre ins Visier der amerikanischen Justiz geraten, die ihm unter anderem Urheberrechtsverletzungen, geistigen Diebstahl und Betrug vorwarf. Viele der Vorwürfe wurden von ehemaligen Wegbegleitern bestätigt und führten dazu, dass das Bild vom genialen Computer-Nerd, der in der Garage seines Vaters begonnen hatte und aufgrund seiner eigenen Leistung zum Milliardär aufgestiegen war, immer stärkere Risse erhielt und es dringend erforderlich machte, ihn in ein besseres Licht zu rücken. Auf jeden

Fall sollte die Übernahme der Stiftung für das WEF in den Jahren nach der Jahrtausendwende gewaltige Folgen haben.

Zu Beginn des 1994er-Treffens nahm das WEF die Aufnahme des 1000. zahlenden Mitgliedsunternehmens zum Anlass für eine klare und deutliche Botschaft: Die Obergrenze war erreicht, diese Zahl sollte nicht mehr überschritten werden. Man wolle die Exklusivität wahren und in den kommenden Jahren die Qualität der Mitgliederleistungen und -dienste verbessern. Die Entscheidung war nicht nur ein eindeutiges Bekenntnis zur globalen Elite, sondern auch die endgültige Abfuhr für den Mittelstand, von dem einige – zumeist größere – Unternehmen sicherlich auch gern von den Serviceleistungen einer Mitgliedschaft profitiert hätten.

Im Mittelpunkt des medialen Interesses stand diesmal das Aufeinandertreffen des israelischen Außenministers Shimon Peres mit dem Chef der Palästinensischen Befreiungsorganisation PLO. Wie im Falle Mandela und de Klerk ließen sich das WEF und Klaus Schwab erneut als Friedensstifter feiern, schlugen aber gleichzeitig auch Kapital aus dem Ereignis und organisierten kurze Zeit später zugunsten der Elite den ersten Nahost- und Nordafrika-Wirtschaftsgipfel in Casablanca.

Die Aussicht auf einen wirtschaftlichen Neustart unter friedlichen Bedingungen zog mehr als 2.000 Teilnehmer an, darunter den US-Außenminister Warren Christopher, zwei Dutzend europäische Regierungschefs oder Außenminister, dazu die führenden Vertreter der EU-Kommission, des Internationalen Währungsfonds (IWF) und der Weltbank.

Der Erfolg führte dazu, dass das WEF ein Jahr später in Amman, Jordanien, unter der Schirmherrschaft von König Hussein den zweiten Wirtschaftsgipfel für den Nahen Osten und Nordafrika abhielt. Zu dem Treffen, das unter der Schirmherrschaft der USA und der Russischen Föderation mit Unterstützung Kanadas, Japans und der Europäischen Union stattfand, erschienen 2.000 Regierungs- und Wirtschaftsführer aus dem Nahen Osten, Nordafrika, Europa, Amerika und Asien.

Aus Anlass und zur Feier des 25. Geburtstages seiner Stiftung gab Klaus Schwab 1996 ein Buch mit dem Titel *Overcoming indifference* (Überwindung der Gleichgültigkeit) heraus. In den Beiträgen von Politikern, CEOs und Wissenschaftlern verschiedenster Disziplinen ging es um die »zehn wichtigsten Herausforderungen« der Zeit. Eines der Kapitel trug die Überschrift: »Die Sicherstellung der Nachhaltigkeit in einer überbevölkerten Welt«, die einmal mehr verriet, was Schwab und dem WEF offensichtlich als Ziel für die Zukunft vorschwebte: die Verringerung der Weltbevölkerung auf ein in ihren Augen nachhaltiges Maß.

Zu den interessantesten Personalien im Rahmen der »Global Leaders for Tomorrow« zählten in der »class of 94« die Teilnahme von Benazir Bhutto, der späteren pakistanischen Premierministerin, und die von Feng Yushu, einem ranghohen Kader der Kommunistischen Partei Chinas. Yushu arbeitete von 1991 bis 2000 im chinesischen Finanzministerium und war dort unter anderem für den Wirtschaftsdialog zwischen China und den USA und die Geschäfte der Weltbank in China zuständig.

Zur »class of 95« gehörten neben dem Ökonomen Jeffrey Sachs, der als Berater der Vereinten Nationen, des IWF und der Weltbank in Sachen Nachhaltigkeit auf sich aufmerksam machen sollte, der spätere EU-Kommissionschef Jean-Claude Juncker und der CDU-Politiker Christian Wulff, von 2010 bis 2012 zehnter Präsident der Bundesrepublik Deutschland.

17

1996 – 1998: Das WEF übernimmt nach und nach die globale Führung

Wie mächtig das WEF inzwischen geworden war und wie weit sein politischer Einfluss reichte, zeigte das Jahr 1996. Boris Jelzin war 1991 zum ersten Präsidenten der Russischen Föderation gewählt worden. Seine anfängliche Beliebtheit hatte in den folgenden fünf Jahren jedoch wegen der schlechten Wirtschaftslage dramatisch abgenommen. Bei den Wahlen zur Duma (dem russischen Parlament) musste er 1995 herbe Verluste hinnehmen, während die Kommunisten erheblich zulegen konnten.

Nach einer missglückten Befreiungsaktion im Zuge einer Geiselnahme mit 150 Toten Anfang 1996[35] sanken seine Chancen auf eine Wiederwahl weiter. Umfragen deuteten darauf hin, dass er nicht mehr als 5 % der Stimmen erhalten und dass Gennady Sjuganow, der Kandidat der Kommunisten, die Wahl gewinnen würde. Das allerdings war der neuen russischen Geschäftselite ein Dorn im Auge. Die Oligarchen mussten befürchten, dass man ihnen den Staatsbesitz, den sie sich nach 1990 angeeignet hatten, wieder wegnehmen würde. Um das zu vermeiden, verbündeten sich sieben der mächtigsten unter ihnen, die etwa die Hälfte des Oligarchen-Reichtums repräsentierten. Unter ihnen befanden sich Michail Chodorkowski, der spätere Chef des Ölkonzernes Jukos, der Medienmogul Wladimir Gussinski und der zwielichtige Hauptaktionär des größten russischen Fernsehsenders, Boris Beresowski. Sie und die übrigen vier taten sich im Rahmen des WEF zusammen und formten den »Pakt von Davos«.

Wie Jelzin in seinen Memoiren schrieb, suchten sie ihn Anfang Februar in Moskau auf, machten ihm unmissverständlich klar, dass er ohne ihre Rückendeckung keine Chance auf eine Wiederwahl haben würde und dass er Anatoli Tschubais, den Architekten des Privatisierungsprogramms, das den Oligarchen zu ihrem Reichtum verholfen hatte, unbedingt zu seinem Kampagnen-Manager machen sollte. Obwohl Jelzin Tschubais zuvor wegen der Unzufriedenheit der Bevölkerung als Finanzminister entlassen hatte, erklärte er sich mit ihren Plänen einverstanden und verkündete am 15. Februar seine erneute Kandidatur für das Amt des Präsidenten.

Was folgte, war eine in der Geschichte Russlands einmalige Medienkampagne, in der Jelzins Gegenkandidat Sjuganow nach allen Regeln der Kunst demontiert, Ängste vor einer Rückkehr zu sowjetischen Verhältnissen systematisch geschürt und Jelzin als Retter der Demokratie dargestellt wurden.

Diese mit dem Geld der Oligarchen erfolgte massive Manipulation der Öffentlichkeit führte schlussendlich zum Erfolg. Im Juni 1996 wurde Jelzin wiedergewählt. Damit wurden die Weichen für die Zukunft Russlands gestellt, allerdings nicht aufgrund des Willens der russischen Bevölkerung, sondern aufgrund der Manipulation durch eine Gruppe von Oligarchen, die ihr Bündnis am WEF in Davos geschmiedet hatten.

Ein weiterer Höhepunkt des Jahres 1996, dessen Bedeutung erst Jahre später klar wurde, war ein Zusammentreffen zwischen Michael Bloomberg, dem Gründer des IT-Giganten Bloomberg, Microsoft-Gründer Bill Gates und Lou Dobbs vom TV-Sender CNN, auf dem die drei die Auswirkungen und Möglichkeiten der dritten industriellen Revolution besprachen. Der Inhalt der privaten Gespräche zwischen Gates und Bloomberg ist nicht bekannt, aber die beiden scheinen ähnliche Schlussfolgerungen aus den Entwicklungen gezogen und bereits vier Jahre vor der Jahrtausendwende die für sie nützliche Bedeutung von Spenden und dem Stiftungswesen erkannt zu haben.

Während Bill Gates bereits im zweiten Jahr an seiner Stiftung arbeitete, hatte Bloomberg schon erste Spendenzahlungen an die Johns-Hopkins-Universität geleistet. Deren 2016 nach Bloomberg benannte »Johns Hopkins Bloomberg School of Public Health« sollte die Welt in der Coronakrise mit Daten versorgen und konnte 2021 auf Spendeneingänge in Weltrekord-Höhe von 3,55 Milliarden US-Dollar aus Bloombergs Tasche zurückblicken.

Nachdem Schwab das WEF 1996 als www.weforum.org mit eigener Website ins Internet gebracht hatte, stand das Jahrestreffen von 1997 unter dem Thema »Aufbau der Netzwerkgesellschaft«. In mehr als 270 Einzelveranstaltungen ging es vor allem darum, welche Auswirkungen der technologische Fortschritt zusammen mit der Globalisierung auf Konzerne, Gesellschaften und den einzelnen Menschen haben und wie die entstehenden Plattformunternehmen das Gesamtbild der Wirtschaft verändern würden.

Im Mai 1996 wurde mit José Maria Aznar ein »Global Leader für Tomorrow« des ersten Jahrgangs zum spanischen Ministerpräsidenten gewählt.

1997 schuf Schwab den Status des »Strategischen Partners«[36]. Zu den Konzernen, die sich diesen Titel und den Zugang zu nicht für die Öffentlichkeit gedachten Informationen für einen sechsstelligen Jahresbeitrag sicherten, zählten bis zur Jahresmitte unter anderen die weltweit führenden Wirtschaftsprüfer Arthur Andersen, Deloitte und PricewaterhouseCoopers sowie DHL, Volkswagen und Swiss Telekom.

In einem im Januar 1997 in der *International Herald Tribune* veröffentlichten Artikel mit der Überschrift »Mit vereinten Kräften die Gleichung zwischen Aktionär und Stakeholder lösen« sprachen Schwab und sein Co-Autor auch die wichtigste Entwicklung der 1990er-Jahren an – die endgültige Ablösung des Produktionskapitalismus durch den Finanzkapitalismus als Folge der seit 20 Jahren anhaltenden Deregulierung.

Der Artikel war einmal mehr symptomatisch für den Feigenblattcharakter der Öffentlichkeitsarbeit des Forums. Während die Probleme wie die wachsende Schere zwischen Reich und Arm und das zunehmende globale Diktat der Finanzmärkte klar und deutlich benannt wurden, verloren die Autoren kein Wort über die Verursacher der Krise, sondern endeten mit einigen nebulösen Empfehlungen, sich doch der auf die Menschheit zukommenden Gefahren bewusst zu werden. Die Botschaft dahinter war dieselbe wie seit einem Vierteljahrhundert: Wir kennen die Probleme, die uns in Zukunft erwarten, und wir sind es, die sie für die Welt lösen werden.

Wie diese Lösung aussah, zeigte sich 1998, als der New Yorker Hedgefonds Long Term Capital Management in eine bedrohliche Schieflage geriet. Seine Insolvenz hätte die Großbanken der Wall Street insgesamt rund 1 Billion US-Dollar gekostet, was viele von ihnen in existenzielle Schwierigkeiten gebracht und möglicherweise den gefürchteten Dominoeffekt im Finanzsystem ausgelöst hätte. Unter der Führung der FED taten sich die betroffenen Banken zusammen, hielten den Hedgefonds am Leben und entgingen um einen Preis von ca. 4 Milliarden US-Dollar der Katastrophe. Alle Beteiligten sorgten dafür, dass die Weltöffentlichkeit so gut wie nichts von den Vorgängen erfuhr, und das aus gutem Grund: Man wollte auf jeden Fall verhindern, dass Regierungen eingreifen und die fortschreitende und äußerst profitable Deregulierung aufgrund des Drucks der Bevölkerung zurückschrauben würden.

Genau diesem Wunsch entsprach auch das WEF, dessen Antwort darin bestand, eine neue supranationale Instanz ins Leben zu rufen – die G20. Zwar wurde die Organisation offiziell erst im September 1999 gegründet, aber das erste Treffen fand 1998 auf Initiative des WEF in Davos statt. Es ging darum, die Finanzminister der wichtigsten Industrienationen mit denen der wichtigsten Schwellenländer zusammenzuführen, um im Krisenfall schnell und effektiv im Interesse der globalen Elite eingreifen zu können.

Wie gut Klaus Schwab die weitere Entwicklung bereits damals voraussah, sollten die folgenden Jahre zeigen. Immer wieder drängte er in seinen Reden darauf, die G20 zum entscheidenden globalen Organ für die Steuerung des Weltfinanzsystems zu machen. Es dauerte jedoch bis 2009, dass sich die politischen Führer bei einem Treffen der G20 im amerikanischen Pittsburgh der Welt darauf einigten, die G8 seinem Rat entsprechend als entscheidendes Instrument zur Koordinierung der globalen Wirtschaftspolitik durch die G20 ablösen zu lassen.

Weitere wichtige Ereignisse des Jahres 1998 waren die Gründung der »Schwab Foundation for Social Entrepreneurship« (Schwab-Stiftung für soziales Unternehmertum), die von Schwabs Ehefrau Hilde geführt wurde und in dessen Stiftungsvorstand unter anderen der US-Musikproduzent Quincy Jones und der brasilianische Bestsellerautor Paulo Coelho berufen wurden.

Sie waren nicht die einzigen Prominenten, mit denen sich das WEF in diesem Jahr schmückte. Auf dem südafrikanischen Wirtschaftsgipfel des WEF in Windhoek in Namibia trat niemand Geringerer als Michael Jackson auf, der in diesem Jahr zusammen mit Amazon-Gründer Jeff Bezos seine einjährige Ausbildung zum »Global Leader for Tomorrow« beendete.

Am 1. November 1998 bezog das WEF mit 73 Vollzeit- und 26 Teilzeitbeschäftigten sein neues Hauptquartier, das vor allem Hilde Schwab in den Jahren davor für einen Etat von 30 Millionen Franken hatte errichten lassen.

Zu einem für die Zukunft des WEF entscheidenden Ereignis kam es in den USA: Bill Gates, dessen Image in der Öffentlichkeit sich trotz der Übernahme der Stiftung seines Vaters kaum gebessert hatte, änderte deren Namen in »Bill-und-Melinda-Gates-Stiftung« und überließ die Außendarstellung der Organisation fortan weitgehend seiner Frau. Der Schachzug erwies sich als überaus erfolgreich. In den kommenden drei Jahren wurden fast alle gegen Gates anhängigen Verfahren gegen Zahlungen in Milliardenhöhe außergerichtlich beigelegt, sodass er sich fortan PR-wirksam als geläuterter Philanthrop und Menschenfreund präsentieren konnte, dessen Hauptanliegen die Gesundheitsförderung vor allem der ärmsten Teile der Weltbevölkerung war.

18

1999 – 2000: Proteste, Jahrtausendwende und eine Gründung mit Folgen

Die Jahrtausendwende stand vor allem im Zeichen der immer offensichtlicheren Probleme im globalen Finanzsystem. Zentrales Thema des Davoser Treffens von 1999, das unter dem Motto »Responsible Globality« (verantwortungsbewusste Globalität) stand, war die Reform des internationalen Finanzsystems. In Übereinstimmung mit den G7 forderten zahlreiche Redner, unter ihnen Staats- und Regierungschefs, grundlegende Reformen. Damit meinten sie allerdings nicht etwa eine Eingrenzung der ausufernden Risiken, sondern eine weitere Liberalisierung und Deregulierung der Märkte, also genau der Prozesse, die ins Chaos geführt hatten. Am weitesten ging die US-Regierung unter Präsident Clinton, die im November 1999 das Trennbankengesetz[37] abschaffte und damit einer noch hemmungsloseren Spekulation Tür und Tor öffnete.

Ganz anders sah das eine große Zahl von Menschen, die mit der Entwicklung nicht einverstanden waren und deren Proteste sich wie ein Flächenbrand über mehrere Länder ausweiteten. Die größte Aufmerksamkeit erlangte die Demonstration von ca. 40.000 Globalisierungsgegnern gegen die Ministerkonferenz der Welthandelsorganisation in Seattle im US-Bundesstaat Washington, deren Bilder als »Battle of Seattle« (Schlacht von Seattle) um die Welt gingen.

Schwab und das WEF reagierten auf diese für die Elite bedrohliche Entwicklung, indem sie sie nicht etwa ignorierten oder gar verurteilten, sondern für sich nutzten. Auf welcher Grundlage, erklärt sich aus einem Interview, das Schwab dem amerikanischen Nachrichtenmagazin *Newsweek* am Rande des Treffens von 1999 gab. Dort sagte er: »Das WEF war ursprünglich die globale Schnittstelle zwischen Unternehmen und Regierungen. Aber heute (...) ist die Zivilgesellschaft, vertreten durch ihre eigenen Institutionen wie die NGOs (...) zum dritten Bein unserer globalen Gemeinschaft geworden. So wird das Forum zu einer echten Partnerschaft zwischen Wirtschaft, Politik, Intellektuellen und anderen führenden Vertretern der Zivilgesellschaft.«[38]

Das Prinzip war so einfach wie erfolgreich: Man erklärte das Führungspersonal solcher NGOs, die gegen die Welthandelsorganisation, den IWF oder die G7 protestierten, zu Repräsentanten der Zivilgesellschaft, lud sie ab 2000 regelmäßig nach Davos ein, bot ihnen eine Bühne, umwarb und umgarnte sie – und schaffte es auf diese Weise, sie nach und nach der eigenen Basis zu entfremden und für die Interessen der globalen Elite einzuspannen.

Im Juni 1999 endete die Präsidentschaft Nelson Mandelas in Südafrika. Da die anfängliche Begeisterung und der Rückhalt der Regierung im Volk wegen zahlreicher Korruptionsvorwürfe (auch gegen Mandela selbst) stark abgenommen hatte, sah sich das WEF gezwungen, schnell zu reagieren. Es organisierte im selben Monat ein Treffen internationaler Investoren mit Mandelas Nachfolger Thabo Mbeki, um sicherzustellen, dass auch die neue Regierung ausländischem Geld keine Hindernisse in den Weg legen würde.

Im Januar 2000 fand das 30. Treffen des WEF in Davos unter dem Motto »New Beginnings: Making a Difference« (neue Anfänge: Veränderung bewirken) statt. Zum ersten Mal in der Geschichte der Organisation erschien mit Bill Clinton ein amtierender US-Präsident, begleitet von fünf Ministern, zahlreichen Kongressabgeordneten und mehreren Wirtschaftsführern. Ohne auf die weltweiten Proteste gegen die Globalisierung einzugehen, machte Clinton deutlich, dass es für die Elite nun vor allem darauf ankomme, das Vertrauen in die Politik und die gesellschaftlichen Institutionen zurückzugewinnen.

Dass inzwischen auch das WEF ins Visier der Demonstranten geraten war, zeigten nicht nur die Verstärkung des Polizeischutzes durch das Schweizer Militär in Davos, sondern auch die Vorfälle beim Asiatisch-Pazifischen Wirtschaftsgipfel im australischen Melbourne, wo etwa 200 Teilnehmer gewaltsam daran gehindert wurden, den Tagungsort zu erreichen.

Welche Seite in der Auseinandersetzung zwischen Globalisierungsgegnern und dem WEF die katholische Kirche einnahm, machte Papst Johannes Paul II. in einer Grußadresse an die in Davos Versammelten klar, in der er sie »aller meiner Gebete für den Erfolg ihrer Beratungen« versicherte und ihnen seinen Segen erteilte.

Ein zentrales Thema der Veranstaltung, zu der man das Führungspersonal von fünfzehn NGOs eingeladen hatte, war die »ökologische Nachhaltigkeit«. Zusammen mit einer Grundsatzerklärung über »globalen Wohlstand durch nachhaltige Reise- und Tourismusentwicklung« wurde ein Index, der die ökologische Verantwortung in über 100 Ländern erfasste, veröffentlicht. Um ein öffentlichkeitswirksames Zeichen zu setzen, ließ das WEF, dessen Besucher fast ausschließlich in Privatjets angereist waren, zur »Kompensierung« der durch die Jahrestagung verursachten Treibhausgasemissionen durch die Zertifizierungseinrichtung »Green Globe 21« Bäume in Mexiko pflanzen.

Das mit Abstand wichtigste Ereignis beim ersten Treffen im neuen Jahrtausend war die Gründung der »Global Alliance for Vaccination and Immunization« (Globale Allianz für Impfung und Immunisierung), kurz GAVI, einer Stiftung nach Schweizer Recht mit Sitz in Genf, die es in den zwei Jahrzehnten nach ihrer Gründung zu weltweiter Bedeutung bringen sollte.

Initiatoren der Gründung waren die Weltgesundheitsorganisation (WHO), das Kinderhilfswerk der Vereinten Nationen (UNICEF), die Weltbank und die Bill-und-Melinda-Gates-Stiftung (BMGS), zu denen sich im Rahmen der vom WEF propagierten »öffentlich-privaten Partnerschaft« Unternehmen der Impfstoffindustrie sowie Vertreter der Zivilgesellschaft und der Wirtschaft hinzugesellten. Die Bill-und-Melinda-Gates-Stiftung versorgte die Allianz mit einer Anschubfinanzierung von 750 Millionen US-Dollar, die über einen Zeitraum von fünf Jahren ausgezahlt wurden.

Bedenkt man die Höhe dieser Spende und die Tatsache, dass Bill Gates zwei Wochen zuvor seinen Posten als Vorstandsvorsitzender von Microsoft an den seit 1998 als Präsidenten eingesetzten Steve Ballmer abgegeben hatte, um sich fortan hauptsächlich um seine Stiftung zu kümmern, so fragt man sich: Wieso entdeckt ein für seine rüden Methoden berüchtigter Geschäftsmann so plötzlich sein Herz für Kinder in Entwicklungsländern und sieht sein Ziel darin, sie vor ansteckenden Krankheiten zu schützen?

Ein Blick auf das Geschäftsmodell der GAVI zeigt, dass das Projekt nicht ganz so uneigennützig war, wie es in den Mainstreammedien dargestellt wurde. Die Organisation sollte nämlich in den kommenden Jahren mithilfe der Weltbank zwei Finanzierungsmechanismen[39] schaffen, die vor allem der Pharmaindustrie zugutekamen. Für deren Konzerne endete die Entwicklung neuer Impfstoffe bis dahin häufig in einer Sackgasse und damit in finanziellem Verlust.

Die GAVI sah eine ihrer ersten Aufgaben darin, die Impfhersteller gegen derartige Verluste abzusichern. Darüber hinaus garantierte sie ihnen auch noch die Abnahme bestimmter Mengen, sodass die Hersteller nicht fürchten mussten, auf ihren Beständen sitzen zu bleiben. Zudem gelang es in den Folgejahren, durch die Spenden von Regierungen Steuergelder in Milliardenhöhe in die Kassen der Impfhersteller fließen zu lassen.

Finanzieller Hauptprofiteur der Gründung der GAVI war also die Pharmaindustrie. Das allerdings wirft eine weitere Frage auf. Zwar ist bekannt, dass die Bill-und-Melinda-Gates-Stiftung auch in Pharmakonzerne investiert ist, doch macht der Impfsektor im Gesamtbudget der Branche nur einen geringen Teil aus. Wieso also gab Bill Gates gerade in diesem Bereich so viel Geld aus? Wieso folgten von ihm und anderen Geldgebern innerhalb der nächsten fünf Jahre finanzielle Zusagen in Höhe von mehr als 8 Milliarden US-Dollar?

Noch undurchsichtiger wird die Sachlage, wenn man einen Blick auf das Führungspersonal von GAVI wirft. Wer dort medizinisches Fachpersonal vermutet, erlebt bei genauerem Hinsehen eine gewaltige Überraschung: Von 2002 bis 2005 wurde GAVI von

Jens Stoltenberg, dem ehemaligen norwegischen Premierminister und seit 2015 amtierenden NATO-Generalsekretär, geleitet; seit 2020 steht der ehemalige portugiesische Premier und Ex-EU-Kommissionschef Juan Manual Barroso an der Spitze der Organisation.

Licht in das Dunkel dieser ungewöhnlichen Zusammenhänge dürfte ein Ereignis vom 19. Juni 2017 in New York bringen.[40] Dort wurde an diesem Tag die Organisation ID2020 gegründet, deren Tätigkeit in der Entwicklung digitaler Identifikationsformen mit dem Endziel der biometrischen Erfassung der gesamten Menschheit besteht. Gründungsmitglieder waren die Rockefeller-Stiftung, Microsoft, das vor allem im US-Gesundheitswesen tätige IT-Beratungsunternehmen Accenture, die Designfirma IDEO.org und – die Impfallianz GAVI.

Da die biometrische Erfassung seit den 1990er-Jahren zu den wichtigsten langfristigen Zielen der IT-Branche gehört und man Bill Gates unterstellen kann, dass er aufgrund seiner Insider-Kenntnisse einen besseren Einblick in die Zukunft der digitalen Entwicklung hat als die meisten von uns, muss man kein Verschwörungstheoretiker sein, um einen Zusammenhang zwischen der Gründung der GAVI und ihrer Beteiligung am Projekt ID2020 zu vermuten. Das aber bedeutet nichts anderes, als dass hier eine Agenda verfolgt wird, die der internationalen Öffentlichkeit seit mehr als zwei Jahrzehnten absichtlich vorenthalten wird.

19

2001 – 2003: Terror und Krieg als Wirtschaftstreiber

2001 wurde George W. Bush zum 43. Präsidenten der USA ernannt und China trat der Welthandelsorganisation bei. In Davos kam es auf der Jahrestagung zu einem Eklat, der einmal mehr zeigte, welche Bedeutung das WEF für die internationale Politik gewonnen hatte.

Das Forum gab Schimon Peres als Vertreter der israelischen Regierung zusammen mit seinem Gegenspieler Yassir Arafat, dem Führer der palästinensischen Befreiungsbewegung PLO, eine Bühne, die Arafat zu einem heftigen Angriff nutzte. Der von Schwab als »tiefe Enttäuschung« empfundene Auftritt verhärtete die Fronten im vermeintlichen »Friedensprozess« und dürfte dazu beigetragen haben, dass die nur zwei Wochen später abgehaltenen Wahlen in Israel den Hardliner Ariel Sharon an die Macht brachten.

Die Hoffnung auf eine Beilegung der Spannungen im Nahen Osten, die Sharons Vorgänger Ehud Barak geweckt hatte, waren damit beerdigt. Die eiserne Härte, die Sharon unmittelbar nach seiner Wahl an den Tag legte, führte dazu, dass bereits im September 2001 mit der Intifada der zweite große Palästinenseraufstand begann, der mehrere Tausend Menschenleben kosten und bis ins Jahr 2005 andauern sollte. Die internationale Elite dürfte sich indessen zufrieden die Hände gerieben haben, schließlich zählt ein kriselnder Naher Osten zu den wichtigsten Grundpfeilern ihrer geopolitischen Strategie.

Am 11. September 2001 kam es in New York zu den Anschlägen auf das World Trade Center. Klaus Schwab und seine Frau Hilde, die sich zu der Zeit in der Stadt aufhielten, waren am Abend zuvor mit UNO-Generalsekretär Kofi Annan zusammengetroffen. Am nächsten Morgen wollte Schwab nach eigener Aussage an einem Treffen mit Zeitungsredakteuren direkt gegenüber den Zwillingstürmen teilnehmen. »Der Zufall wollte es«, so erinnert sich Schwab, »dass das Treffen verschoben wurde und ich stattdessen auf dem Weg zur Upper East Side war.«[41]

Nach fünf Tagen, in denen sie ihr Hotel nicht verlassen konnten, reisten die Schwabs von Montreal aus mit einem Privatjet zurück nach Genf. Klaus Schwab kehrte zwei Monate später nach New York zurück, wo er bei einem Mittagessen an der Börse unter dem tosenden Beifall der Anwesenden verkündete, dass das WEF seine nächste Jahrestagung aus Solidarität mit den Opfern der Anschläge nicht in Davos, sondern in New York abhalten würde.

Unter dem Motto »Davos in New York« fand das Jahrestreffen 2002 im folgenden Januar im Waldorf Astoria Hotel in Manhattan statt. Unter strengsten Sicherheitsvorkehrungen trafen sich dort mehr als 2.700 Teilnehmer aus 102 Ländern. Die Medien bejubelten das Event überschwänglich; der ehemalige UN-Generaldirektor Maurice Strong nannte es »das erfolgreichste Treffen aller Zeiten für das Forum«.[42]

Wesentlich nüchterner beurteilte der ehemalige New Yorker Bürgermeister Rudolph W. Giuliani, der am 11. September für die Stadt verantwortlich gewesen war, das Event. Für ihn zeigte es der Welt ganz einfach, »dass New York wieder im Geschäft und der richtige Ort für internationale Führungskräfte und Entscheidungsträger ist«.[43]

Ähnlich sah es offensichtlich die Führung des WEF, die nach medienwirksamen öffentlichen Beileidsbekundungen schnell zur Tagesordnung überging und bei diesem Treffen den »International Business Council« (IBC) ins Leben rief. Dabei handelte es sich um eine interaktive Gemeinschaft von etwa 100 Wirtschaftsführern aller Branchen, die sich zukünftig mit global relevanten Wirtschaftsthemen befassen und der Führung des WEF fortan als beratendes Gremium zur Seite stehen sollten. Einer der Schwerpunkte ihrer Arbeit sollte in der Einschätzung des Potenzials aufstrebender Märkte bestehen.

Das bedeutendste Ereignis der New Yorker Tagung dürfte die Gründung der »Global Health Initiative« (GHI) durch UNO-Generalsekretär Kofi Annan gewesen sein, an der sich – wie im Falle GAVI – einige Forumsmitglieder wie die WHO, die Weltbank und die 1994 gegründete UN-Unterorganisation UNAIDS beteiligten. Zu den offiziellen Zielen der Organisation wurden die systematische Bekämpfung von Infektionskrankheiten, insbesondere HIV/Aids, Tuberkulose und Malaria, und die Stärkung der Gesundheitssysteme in Entwicklungs- und Schwellenländern in Afrika und Asien erklärt.

Tatsächlich wurde in den folgenden Jahren jedoch kein einziges Gesundheitssystem durch die Initiative gestärkt, im Gegenteil: Durch das Prinzip der öffentlich-privaten Partnerschaft flossen die Gelder wie im Falle der GAVI in die Kassen der Pharmaindustrie, stärkten so deren weltweiten Einfluss und verhinderten damit sogar den Ausbau nationaler Gesundheitssysteme, der in ärmeren Ländern so dringend benötigt worden wäre.

Die Gründung der GHI bewies einmal mehr, welch gewaltigen internationalen Einfluss das WEF auch im Bereich der Gesundheit gewonnen hatte. Nur ein Jahr später wurden in ihrem Rahmen unter US-Präsident George W. Bush der »President's Emergency Plan for Aids Relief« (Notfallplan des Präsidenten zur Aids-Bekämpfung, kurz PEPFAR 1) und acht Jahre später das als Obamacare bekannt gewordene PEPFAR 2 gestartet. Rückblickend lässt sich heute sagen, dass die Gründungen von GAVI und GHI entscheidend dazu beigetragen haben, Wirtschafts- und Gesundheitspolitik eng miteinander zu verknüpfen und sie zur Grundlage für weitreichende politische Maßnahmen zu machen.

Zum Jahrestreffen 2003, das wieder in Davos abgehalten wurde, erschienen die Präsidenten Brasiliens, Argentiniens, Chiles, Mexikos und Perus, die direkt vom 3. Weltsozialforum[44] in Porto Alegre anreisten, das mit fast 130.000 Teilnehmern alle Rekorde gesprengt hatte. Die fünf Regierungschefs beklagten sich erwartungsgemäß über die neoliberale Politik der USA, insbesondere die Verschuldungsstrategie der Weltbank und des IWF.

Das WEF war bestens vorbereitet und fing die Kritik geschickt auf, indem es das »Open Forum Davos« einführte, eine Reihe öffentlicher und für jedermann zugänglicher Veranstaltungen, in denen NGOs, Gewerkschaften, Kirchen und Fair-Trade-Organisationen ihrem Ärger Luft machen konnten. Zudem organisierte man eine Podiumsdiskussion zum Thema Globalisierung, die mit einem Aufruf zur Verknüpfung der »Leidenschaft von Porto Alegre mit der Rationalität von Davos« endete.[45]

Die Veranstaltung zeigte einmal mehr, wie geschickt Schwab es verstand, Proteste nicht etwa zu ignorieren, sondern zu benut-

zen, um ihnen durch die gezielte Auswahl gemäßigter Gesprächs-
partner die Schärfe zu nehmen und sie so für sich zu instrumen-
talisieren.

Am 20. März 2003 begannen die USA, Großbritannien und
eine »Koalition der Willigen« im Irak den Dritten Golfkrieg, der
zur Eroberung der Hauptstadt Bagdad und zum Sturz von Staats-
chef Saddam Hussein führen sollte. In einem Memorandum an
seinen Stab wartete Schwab mit seiner Sichtweise des Gesche-
hens auf. »Wir respektieren a priori alle, die nach ihren Werten
handeln (…) auch diejenigen, die der Meinung sind, dass wir kein
Risiko eingehen dürfen, wenn es um Massenvernichtungswaffen
und Terrorismus geht.«

Schwab übernahm damit kritiklos die von US-Außenminister Colin Powell am 5. Februar 2003 vor dem UN-Sicherheitsrat
verbreiteten und später als Lügen entlarvten Vorwürfe, der Irak
besitze Massenvernichtungswaffen. Er ging sogar noch weiter und
nutzte den Krieg und die Spannungen im Nahen Osten für einen
ungewöhnlichen Schachzug: Unter dem Vorwand, globale Kooperation sei noch nie wichtiger gewesen und es sei an der Zeit, den
Geist von Davos in den Nahen Osten zu tragen, berief er im Juni
in Jordanien ein außerordentliches Jahrestreffen ein.

Mit der Begründung, Wachstum trage zur Linderung der Armut
bei und ausländische Direktinvestitionen seien für seine Ankurbe-
lung unerlässlich, wurden am Toten Meer die Weichen für Investitionen in der Region gestellt. In Kooperation mit der jordanischen
Regierung und Forumspartnern aus dem IT-Bereich wurde zudem
die »Jordan Education Initiative« (Jordanische Erziehungsinitia-
tive) ins Leben gerufen. Medienwirksam wurde erklärt, dass man
so die Erziehung als Katalysator für gesellschaftliche und wirtschaftliche Entwicklung fördern wolle. Tatsächlich allerdings half

die hierzu eingegangene öffentlich-private Partnerschaft vor allem den IT-Konzernen, in Jordanien und später auch darüber hinaus im Nahen Osten Fuß zu fassen.

Ebenfalls im Juni 2003 fand im südafrikanischen Durban der Afrikanische Wirtschaftsgipfel statt, bei dem der Startschuss für eine Zusammenarbeit zwischen der 1999 in Genf gegründeten Stiftung »Medicines for Malaria Venture« und dem US-Pharmariesen GlaxoSmithKline bei der Arzneimittelentwicklung gegeben wurde.

20

2004 – 2006:
Die Ruhe vor dem Sturm

Zum Jahrestreffen 2004 erschien US-Vizepräsident Dick Cheney zusammen mit vier Kabinettsmitgliedern und fünfzehn Kongress-abgeordneten. Knapp sechs Wochen nach der Verhaftung Saddam Husseins bekannte er sich vor dem WEF ausdrücklich zur Bereitschaft, militärische Gewalt anzuwenden, »wenn die Diplomatie versagt«.[46]

Klaus Schwab verkündete das Ende der »Global Leaders for Tomorrow« und die Gründung der »Young Global Leaders«. Das Prinzip der Schulung einer globalen korporativen, politischen und medialen Elite blieb bestehen, aber das Eintrittsalter änderte sich aufgrund des demografischen Wandels. Hatte es vorher bei 43 Jahren gelegen, so wurden von nun an nur noch Bewerber akzeptiert, die unter 38 Jahre alt waren. Die Anschubfinanzierung von 1 Million US-Dollar lieferte der Dan-Davis-Preis, den die Dan-Davis-Stiftung und die Universität Tel Aviv dem WEF im Vorjahr verliehen hatten. Für die Teilnahme am Auftaktkurs bewarben sich über 8.000 Kandidaten aus 69 Ländern, von denen ein Nominierungsausschuss des WEF 238 auswählte.

Einen Meilenstein in der Entwicklung des WEF markierte der Europäische Wirtschaftsgipfel in Polens Hauptstadt Warschau im

Mai 2004, der mit der Erweiterung der EU von 15 auf 25 Mitgliedsstaaten[47] zusammenfiel. Unter den 630 Gästen waren 20 Staats- und Regierungsoberhäupter. Eine Podiumsdiskussion der Veranstaltung wurde von der BBC ausgestrahlt und erreichte weltweit mehr als 250 Millionen Zuschauer.

Im Juni 2004 wurde in Mosambiks Hauptstadt Maputo der 14. Afrikanische Wirtschaftsgipfel abgehalten, auf dem der gastgebende Präsident Chissano das »Afrikanische Wasserprojekt« ins Leben rief. Klaus Schwab pries es mit folgenden Worten an: »Terrorismus und Massenvernichtungswaffen, globale Erwärmung und mögliche Wasserknappheit sind die drei großen globalen Herausforderungen unserer Zeit, aber von diesen drei Themen erhält Wasser die geringste öffentliche Aufmerksamkeit. Aus diesem Grund haben wir die Wasserinitiative ins Leben gerufen.«[48]

Das Ergebnis war verheerend. Die öffentlich-private Zusammenarbeit führte dazu, dass sich internationale Konzerne wie Nestlé, Coca-Cola oder Danone Wasserquellen aneigneten, das Wasser abfüllten, es der zum großen Teil unter der Armutsgrenze lebenden einheimischen Bevölkerung zum Kauf anboten und ihr so mit der Rückendeckung des WEF das Menschenrecht auf die Versorgung mit Trinkwasser nahmen.

Beim Jahrestreffen 2005 rückte das WEF ein weiteres Mal näher mit den G20 und der EU zusammen. Großbritannien hatte den Vorsitz der G20 übernommen und sollte in der zweiten Jahreshälfte auch den Vorsitz im Rat der EU übernehmen. Schwab nutzte die Gunst der Stunde, überließ dem seit acht Jahren amtierenden britischen Premier Tony Blair, Global Leader for Tomorrow der ersten Stunde, bei der Eröffnungssitzung das Podium und gab ihm ein Mitspracherecht beim Entwurf des Programms. Der Brauch wurde beibehalten, dieselben Privilegien wurden in den

Folgejahren stets denjenigen Regierungsvertretern gewährt, deren Länder den Vorsitz der G20 oder im EU-Rat hatten.

Auch andere Beziehungen wurden intensiviert, und zwar von beiden Seiten. China, dessen Im- und Exporte drei Jahre nach seinem Beitritt zur WTO etwa 30% des Welthandels ausmachte, entsandte in diesem Jahr 35 Offizielle, und damit eine der größten Delegationen, nach Davos.

Im Juni hielten die »Young Global Leaders« unter dem Motto »Die Welt im Jahr 2020« ihren ersten Gipfel im Schweizer Bergort Zermatt ab. Ebenfalls im Juni fand in Kapstadt der 15. Afrikanische Wirtschaftsgipfel statt, bei dem es vor allem um die Ziele der ein Jahr zuvor von Tony Blair gegründeten »Commission for Africa« (CfA) ging. Ihr waren zwar 16 afrikanische Staaten beigetreten, doch statt den Lebensstandard vor allem der ärmeren Schichten anzuheben, trieben sie und die CfA den Kontinent durch öffentlich-private Partnerschaften nur in eine noch größere Abhängigkeit von westlichen Konzernen.

Im September verbuchte Schwab einen spektakulären Triumph. Mit Angela Merkel wurde ein von ihm selbst handverlesenes Mitglied der »Global Leaders for Tomorrow« an die Spitze der viertgrößten Volkswirtschaft der Welt und des wichtigsten Landes innerhalb der EU gewählt – fast genau 15 Jahre, nachdem er Hans Modrow und Helmut Kohl in Davos an einen Tisch gebracht und die deutsche Wiedervereinigung in die Wege geleitet hatte.

Im Dezember gründete das WEF einen ersten Ableger außerhalb der Schweiz in den USA. In New York entstand das »World Economic Forum USA« als rechtlich selbstständige Einheit. Seine Gründung ging auf einen im Sommer gefassten Plan zurück, Industriekonzerne stärker in die Arbeit des WEF einzubinden und weltweit 300 Unternehmen dafür zu gewinnen.

Um Konzeption und Umsetzung des neuen Industriepartner-schaftsprogramms zu übernehmen, wurde das WEF USA als globaler Hauptsitz für das »Center for Global Industries« eingerichtet – und erzielte schnell den gewünschten Erfolg. Bereits drei Jahre später hatte es 310 Industriepartner gewonnen und konnte, als Non-Profit-Organisation von der Steuer befreit, Einnahmen in Höhe von 32 Millionen US-Dollar verbuchen.

Die Jahrestagung 2006, auf der Angela Merkel als frischgebackene deutsche Bundeskanzlerin die Eröffnungsrede hielt, stand vor allem im Zeichen des globalen Wachstums und der weiteren Finanzialisierung der Welt, insbesondere des Gesundheitswesens. Auf dem Treffen wurde ein Bericht vorgestellt, in dem vor den Auswirkungen der Vogelgrippe auf das gesellschaftliche und wirtschaftliche Leben gewarnt wurde. In drastischen Worten wurden die Folgen der Infektion mit denen der Pest in Europa am Ende des 14. Jahrhunderts verglichen. Wie sich später herausstellen sollte, handelte es sich um völlig überzogene Panikmache, die sich im Licht der weiteren Ereignisse allerdings als recht hilfreich erweisen sollte.

Auf dem Treffen stellten nämlich der nigerianische Präsident Obasanjo, der britische Schatzkanzler Gordon Brown und Bill Gates den »Global Plan to Stop Tuberculosis« vor, ein weiteres öffentlich-privates Unterfangen, mit dem in den nächsten zehn Jahren weltweit 50 Millionen Menschen behandelt und auf diese Weise 14 Millionen Tuberkulosetote verhindert werden sollten. Zur Finanzierung sollten über 56 Milliarden US-Dollar eingesammelt werden. Die Bill-und-Melinda-Gates-Stiftung verpflichtete sich, fünf Jahre lang jeweils 100 Millionen US-Dollar zu spenden. Außerdem forderte Gordon Brown die G8 auf, Tuberkulose auf ihrem nächsten Treffen im Juli zur obersten Priorität zu erklären und mindestens 60 % des benötigten Geldes zur Verfügung zu stellen.

Zudem gaben die GAVI und die Weltbank die ersten »Impf-Anleihen« heraus, mit denen das weltweite Geschäft mit der Gesundheit endgültig zum Spielball von Investoren gemacht wurde. Diese erwarteten natürlich Rendite – und die fiel umso höher aus, je mehr Dosen eines Impfstoffes hergestellt und gekauft wurden. Anders ausgedrückt: Es entstand ein sich selbst verstärkender Mechanismus, der nach immer mehr von der Krankheit Betroffenen verlangte. Die Impf-Anleihen vergrößerten die Probleme armer Länder sogar, da sie sie in eine noch stärkere Abhängigkeit von der Pharmaindustrie und darüber hinaus in eine noch höhere Verschuldung trieben.

Ab 2006 trug auch Deutschland als 16. Land zur Finanzierung der GAVI bei. Das Bundesministerium für wirtschaftliche Zusammenarbeit und Entwicklung zahlte 4 Millionen Euro und verpflichtete sich für 2007 zu einer Zahlung in gleicher Höhe. Die Beträge sollten sich in den kommenden Jahren gewaltig erhöhen. Zwischen 2015 und 2020 zahlte Deutschland bereits 600 Millionen Euro und verpflichtete sich, bis 2025 in gleicher Höhe weiterzuzahlen.

Das WEF setzte in diesem Jahr allerdings nicht nur auf Gesundheit, sondern auch auf Globalisierung. So eröffnete man im Juni 2006 die erste Vertretung in Beijing, die vor allem als »Center for Global Growth Companies« (Zentrum für globale Wachstumsunternehmen) dienen sollte.

21

2007 – 2008: Die Weltfinanzkrise ändert alles

Die rasant zunehmende Finanzialisierung der Weltwirtschaft brachte mit jedem Jahr höhere Risiken mit sich. Wie gefährlich das war, hatte sich 1998 zum ersten Mal gezeigt, als der New Yorker Hedgefonds Long Term Capital Management ins Trudeln geraten war. Wegen einiger im Rahmen der Deregulierung neu auf den Markt gebrachten hochspekulativen Finanzprodukte wie der Kreditausfallversicherung hätte sein Zusammenbruch mehrere Großbanken der Wall Street um Haaresbreite mit in den Abgrund gerissen. Von der internationalen Öffentlichkeit weitgehend unbemerkt hatten sich diese in einem Noteinsatz unter der Führung der Federal Reserve gerettet, indem sie den Hedgefonds für knapp 4 Milliarden US-Dollar aufkauften und über Wasser hielten. Wer allerdings damit gerechnet hatte, dass die Aufsichtsbehörden Konsequenzen ziehen und die Deregulierung einschränken würden, sah sich getäuscht. Das Gegenteil war der Fall. Die Risiken stiegen weiter, bis es 2006 erneut zu kriseln begann.

Auslöser der Krise war der US-Immobilienmarkt. Dort war ein jahrzehntelanger Boom durch ungehemmte Kreditvergabe an immer weniger kreditwürdige Hauskäufer künstlich in Gang gehalten worden. Um ihr fragwürdiges Handeln zu vertuschen, hatten die US-Banken die Schulden gebündelt und in Form hypothekenbesicherter Wertpapiere an ausländische Banken verkauft. Als der Boom endete und die Hauspreise ab 2006 einzubrechen begannen, offenbarte sich millionenfach die Zahlungsunfähigkeit vieler Kreditnehmer. Die Wertpapiere verwandelten sich nach und nach in »toxische« Vermögenswerte, zahlreiche Finanzinstitute rund um den Globus gerieten in immer größere Schwierigkeiten.

Auf der Jahrestagung 2007 warnte der bekannte New Yorker Professor Nouriel Roubini, Vorsitzender von Roubini Global Economics, die versammelte Elite vor dem Risiko eines »systemischen Schocks«. Wenige Wochen später schloss sich William Rhodes, Präsident der Citibank und führender Berater des WEF, Roubinis Befürchtungen an und veröffentlichte in der *Financial Times* eine eindrückliche Warnung. Zudem erschien im Frühjahr der globale Risiko-Report des WEF, in dem der Ernst der Lage eindrücklich beschrieben wurde.

Viele vermeintliche Experten und auch einige Insider taten die Warnungen dennoch ab. Der dauerhafte Aufschwung der zurückliegenden Jahre verleitete sie offensichtlich zu dem Glauben, dass die Verantwortlichen die Risiken im Griff hätten und ein Crash ausgeschlossen sei. Klaus Schwab dagegen ließ sich nicht täuschen und handelte rechtzeitig. Er schichtete die mittlerweile hohen Vermögenswerte der Stiftung um und legte das Geld hauptsächlich in Schweizer Staatsanleihen an. Wie vorausschauend das war, sollte sich in den nächsten zwei Jahren zeigen, in denen das globale Finanzsystem in seine bis dahin schwerste Krise geriet, während der inzwischen millionenschwere WEF seinen Siegeszug auch im Bereich der Finanzen fortsetzen konnte.

2007 zeigten sich einmal mehr die engen Verbindungen zwischen dem WEF und der politischen Führung Russlands. Dmitri Medwedew, Vorsitzender des Gazprom-Aufsichtsrates und enger Gefolgsmann von Wladimir Putin, trat nicht nur in Davos, sondern auch bei dem vom WEF organisierten runden Tisch russischer Wirtschaftsführer in St. Petersburg im Juni auf – knapp ein Jahr, bevor er im Mai 2008 das Amt des Präsidenten von Putin übernahm. Mit von der Partie in St. Petersburg waren Finanzminister Alexej Kudrin (»class of 98« der »Global Leaders for Tomorrow«) und Herman Gref, der vier Monate später Vorstandsvorsitzender der Sberbank, Russlands mit Abstand größtem Finanzinstitut, wurde und ein Jahr später in den »International Business Council« des WEF und 2011 in den Vorstand des WEF aufstieg.

Außer dem Treffen in St. Petersburg fanden 2007 zahlreiche weitere internationale WEF-Veranstaltungen statt. Während die Welt immer tiefer in die Finanzkrise rutschte, gab es Treffen in Jordanien, der Türkei, Südafrika, Chile, Indien und China, auf denen man unbeirrt an der eigenen Agenda festhielt.

In Jordanien gab Scheich Mohammed Bin Rashid Al Maktoum, der Herrscher von Dubai, die Gründung einer Stiftung bekannt, die zu einer bis heute währenden engen Zusammenarbeit mit dem WEF führen sollte – ungeachtet einer Verurteilung des Scheichs durch den Londoner High Court im März 2020 wegen Drohung, Entführung und Folter.

Das Treffen in Istanbul stand unter dem Motto »Regionen verbinden – neue Chancen schaffen«. In Kapstadt ging es vor allem um die »Allianz für eine grüne Revolution in Afrika«, deren offizielles Ziel darin bestand, »die Herausforderungen anzugehen, die Hunderte von Millionen von Kleinbauern behindern«. Dass diese Behinderungen zu einem erheblichen Teil durch das Preisdum-

95

ping genau jener Großkonzerne erzeugt wurde, die der WEF als seine strategischen Partner akzeptierte, kam nicht zur Sprache.

Auch die »Young Global Leaders« waren 2007 höchst aktiv. Unter anderem nahmen mehr als 100 von ihnen an einem runden Tisch mit führenden US-amerikanischen Politikern, darunter Außenministerin Condoleezza Rice und Finanzminister Hank Paulson, teil. Zudem wurde ein zweimal jährlich stattfindender zehntägiger Weiterbildungskurs an der Kennedy School of Government der Harvard-Universität zum Thema »Globale Führung und öffentliche Politik für das 21. Jahrhundert« eingerichtet.

Das wichtigste Ereignis des Jahres dürfte das Treffen von »Young Global Leaders«, Technologiekonzernen und der im Vorjahr gegründeten Gruppe von mittlerweile 125 »Globalen Wachstumskonzernen« (später auch »Global Champions« genannt) gewesen sein, das im September 2007 im chinesischen Dalian stattfand und als erstes »Sommer-Davos in Asien« in die Geschichte des WEF einging. Chinas Premierminister Wen Jiabao begrüßte 1.700 aus 90 Ländern angereiste Vertreter der globalen korporativen und politischen Elite, beschwor den Geist des WEF und sprach von dem Wunsch der Anwesenden nach einer »neuen internationalen Wirtschaftsordnung«.

Aus heutiger Sicht besonders interessant ist zum einen die zweitägige Teilnahme der WHO an einem der Treffen und zum anderen die Tatsache, dass die GHI mit Health@Dalian, einer Gesundheitsinitiative des chinesischen Staates in Kooperation mit der medizinischen Fakultät der Universität von Dalian, eine Reihe öffentlicher und privater Sitzungen mit dem Schwerpunkt »chronische und ansteckende Krankheiten« veranstaltete.

Auf dem Jahrestreffen 2008 stellte der japanische Premierminister Fukuda die »Cool Earth Partnership« vor, bei der es um die Einbeziehung von Entwicklungs- und Schwellenländern in den Kampf gegen die damals immer wieder thematisierte globale Erwärmung ging. Sein Auftritt war mit Sicherheit sorgfältig geplant, denn im Juli 2008 fand in Hokkaido der G8-Gipfel statt, bei dem der Klimawandel ganz oben auf der Tagesordnung stand. Klaus Schwab reiste zu dessen Vorbereitung extra nach Tokio, um Fukuda auf die Klimaagenda des WEF einzuschwören, die in einer immer engeren Zusammenarbeit von Regierungen und Großkonzernen – organisiert von Schwab selbst – bestand.

Das Treffen zeigte auch einmal mehr, dass russische Politik zumindest zu einem Teil nicht in Moskau, sondern in Davos gemacht wurde. Herman Gref, inzwischen Aufsichtsratsvorsitzender der Sberbank, traf sich mit den Spitzen der internationalen Wirtschaft, der Hochfinanz und den Vertretern einiger Schwellenländer und rief eine interaktive Gruppe von Führungskräften aus aller Welt ins Leben, die dem weiteren Aufbau der russischen Marktwirtschaft Impulse geben sollte.

Im Juni 2008 fand das 18. Afrikatreffen des WEF in Kapstadt statt, auf dem der »Africa Circle« gegründet wurde. Dabei handelte es sich um eine private Zusammenkunft derjenigen Mitglieder, die bereits an zehn oder mehr Treffen teilgenommen hatten. Während das WEF ständig davon redete, armen Ländern bei der Demokratisierung helfen zu wollen, wurde so hochrangigen politisch Verantwortlichen in Afrika die Möglichkeit gegeben, sich abseits von Öffentlichkeit und Parlamenten zu beraten, Vereinbarungen zu treffen und sich in heiklen Fragen auch ohne Legitimation durch ihre Wähler abzustimmen.

Im September 2008 kam es in den USA zum spektakulärsten Ereignis innerhalb der Weltfinanzkrise. Die US-Regierung ließ die Großbank Lehman Brothers zusammenbrechen – ohne

97

dass das globale Finanzsystem anschließend kollabierte. Die offizielle Argumentation, dass »systemisch relevante Finanzeinrichtungen« *too big to fail* (zu groß, um sie zusammenbrechen zu lassen) seien, wurde dadurch zwar ad absurdum geführt, doch das wurde sowohl von der Politik als auch von den Mainstreammedien stillschweigend übergangen. Proteste wie die der Occupy-Wall-Street-Bewegung breiteten sich zwar schnell aus, entpuppten sich jedoch schnell als Strohfeuer und blieben langfristig weitgehend wirkungslos.

Im selben Monat kam es im chinesischen Tianjin zum zweiten Treffen der »Global Champions«. Ungeachtet aller Probleme im globalen Finanzsystem stand die Veranstaltung unter dem Motto »Die nächste Welle des Wachstums«. Erneut erschien Premierminister Wen Jiabao, um die Eröffnungsrede zu halten. Medienwirksam unterstrichen wurden seine Worte vom technologischen Fortschritt Chinas durch den gleichzeitig stattfindenden ersten Weltraumspaziergang eines Chinesen.

Im November fand in Dubai das erste Treffen des auf dem Jahrestreffen in Davos gegründeten »Network of Global Agenda Councils« (Netzwerk globaler Agenda-Räte) statt. Dabei handelte es sich um zunächst 68 Thinktanks, bei denen jeweils 15 bis 30 Experten zusammenkamen, um unterschiedliche Probleme wie zum Beispiel die Zukunft der Arbeitswelt, neue Wachstumsmodelle oder die Migration aus verschiedenen Perspektiven zu beleuchten und WEF-gerechte Lösungen anzubieten. Die Ergebnisse dieser ersten Runde dienten zahlreichen Teilnehmern als Vorbereitung auf das nächste G20-Treffen, das nur wenige Tage später in Washington, DC, stattfand. Am Ende des Treffens erklärten die 700 Teilnehmer, dass es angesichts der aktuellen Probleme in der Weltwirtschaft dringend geboten sei, die globalen Abhängigkeiten vollkommen neu zu gestalten. Dabei sprachen sie zum ersten Mal von einem »fundamentalen Neustart«, dem Vorläufer des Great Reset. Die Bilanz der Weltfinanzkrise am Ende des Jahres 2008 war in der Tat verheerend. Allein in den USA kam es zu 8 Millionen Zwangsvollstreckungen von Häusern, es wurden 19,2 Billionen US-Dollar an Haushaltsvermögen vernichtet. Rund um den Globus wurden zahlreiche Giganten im Finanzsystem mit Steuergeldern vor dem Zusammenbruch gerettet, was riesige Löcher in die Staatshaushalte riss.

Um Staatsbankrotte zu vermeiden, wurden die Zentralbanken eingeschaltet, die das System durch die beiden Instrumente am Leben erhielten, die ihnen zur Verfügung stehen: Geldschöpfung und Leitzinssenkung. Damit aber begann ein Wettlauf gegen die Zeit, denn beide Mittel können nicht dauerhaft eingesetzt werden, ohne eine immer schneller anziehende Inflation in Gang zu setzen und das System so von innen her zu zerstören.

22

2009 – 2011:

Austerität um jeden Preis

Am 1. Januar 2009 trat ein Abkommen zwischen der Schweizer Regierung und GAVI in Kraft, das den Mitgliedern der Allianz teilweise Immunität und diplomatische Behandlung zusicherte und die Organisation von allen Steuerzahlungen freistellte. GAVI hatte zu diesem Zeitpunkt bereits mehr als 3 Milliarden US-Dollar ausgegeben und damit die Impfung von mehr als 250 Millionen Kindern finanziert – angesichts des Auftragsumfangs bei garantierten Abnahmequoten und Vorauszahlungen ein für die Pharmaindustrie und die hinter ihr stehenden Aktionäre lukratives Geschäft.

Zum Jahrestreffen, das dreieinhalb Wochen später unter dem Motto »Die Gestaltung der Nachkrisenwelt« stand, erschienen mit 40 Staats- und Regierungschefs und 100 Ministern außergewöhnlich viele Politiker in Davos. Das war kein Zufall, denn sie alle standen vor demselben Problem: Hatten sie ihren Wählern in der Vergangenheit noch das eine oder andere Zugeständnis machen können, war damit jetzt Schluss.

Die aufgrund der Weltfinanzkrise weitgehend leeren Staatskassen bedeuteten, dass von nun an gespart werden musste. Um Staatsbankrotte zu verhindern, mussten vor allem Kürzungen beim größten Posten, den Sozialausgaben, vorgenommen werden. Nach der überaus kostspieligen Rettung des Finanzsektors bestand die Aufgabe der Politik jetzt darin, den Lebensstandard der arbeitenden Bevölkerung zu senken.

Das WEF reagierte auf die neue Situation, indem es die »Global Redesign Initiative« (Globale Umgestaltungsinitiative) ins Leben rief. Unter der Schirmherrschaft der Sponsoren des Treffens (Schweiz, Katar und Singapur) sollten Fachleute herausfinden, auf welche Weise und mit welchen Partnern man die beschönigend als Austeritätspolitik bezeichnete Agenda am besten durchsetzen konnte. Eine der ersten Forderungen der Initiative war die Stärkung der G20, da diese, wie es offiziell hieß, eine »größere Diversität als die G8« aufwiesen. Der Gedanke dahinter hatte mit Vielfalt allerdings wenig zu tun: Die Elite sah sich gezwungen, zumindest die wirtschaftlich stärksten Schwellenländer in die Agenda der Austeritätspolitik einzubinden, da mit erheblichem sozialen Widerstand zu rechnen war.

Zu den Hauptrednern der Veranstaltung zählten der russische Präsident Putin und Chinas Premierminister Wen Jiabao. Beide übten zunächst heftige Kritik an der Globalisierung und am »blinden Streben nach Profit«[49], erklärten sich dann aber dennoch bereit, mit den großen Industrienationen des Westens zusammenzuarbeiten, um »gemeinsame Wirtschaftsprobleme zu lösen«.[50]

2009 war das 30. Jahr, in dem eine chinesische Delegation am Davoser Treffen teilnahm. Rückblickend war es eine aus Sicht beider Partner überaus fruchtbare Zusammenarbeit gewesen. Mittlerweile hatten so gut wie alle Staats- und Parteichefs Chinas dem WEF ihre Aufwartung gemacht. Die WEF-Niederlassung in Beijing arbeitete eng mit der »Chinesischen Nationalen Kommission für Entwicklung und Forschung«, mit dem chinesischen

Außenministerium und einer Reihe chinesischer Großkonzerne zusammen, von denen einige inzwischen zu Mitgliedern des WEF geworden waren.

Im September 2009 fand in Dalian das dritte »Sommer-Davos« mit 1.300 Teilnehmern statt, bei dem Wen Jiabao erneut die Eröffnungsrede hielt. Zwei Monate später wurde in Dubai der zweite »Gipfel zur globalen Agenda« abgehalten, zu dem 750 Fachleute aus aller Welt eingeladen waren, die ihre Ideen zur »globalen Umgestaltungsinitiative« vorbringen und zur Diskussion stellen sollten. Ebenfalls eingeladen waren die 25 Präsidenten der weltweit führenden Universitäten, die das WEF bereits 2006 im »Global University Leaders Forum« zusammengefasst hatte.

Trotz der allgemein schwierigen Finanzlage sah es in den Kassen des WEF zu dieser Zeit gut aus. Allein das WEF Schweiz verbuchte im Geschäftsjahr 2009/2010 Einnahmen von 143 Millionen Franken.[51] Ein Großteil des Geldes stammte von den »Strategischen Partnern«, deren Zahl 2009 auf 100 begrenzt und seitdem auch nicht mehr erhöht wurde. Ihr Jahresbeitrag betrug damals 500.000 Franken, während die 250 Industriepartner pro Jahr 250.000 Franken und die 650 Stiftungsmitglieder jeweils 50.000 Franken zahlten.

2010 entsandte China mit insgesamt 54 Wirtschaftsführern und Regierungsvertretern seine bisher größte Delegation zum Weltwirtschaftsforum. Anstelle von Wen Jiabao nahm dessen Nachfolger Li Keqiang an dem Treffen teil und kündigte an, dass China von seiner bis dahin betriebenen exportorientierten Wirtschaftsstrategie abweichen, den Binnenmarkt fördern und westlichen Unternehmen daher neue Absatzchancen bieten werde.

Hauptthema der Veranstaltung waren einmal mehr die angespannte globale Wirtschafts- und Finanzlage und die zunehmende

Ablehnung, auf die die Banken in der Bevölkerung stießen. Mehrere der anwesenden 235 Banker und einige Spitzenpolitiker wie der französische Präsident Nicolas Sarkozy warnten vor einer möglichen »populistischen Offensive« gegen das Bankgewerbe. Das WEF reagierte, indem es eine private Zusammenkunft der Chefs der etwa 30 größten Banken der Welt organisierte. Offiziell hieß es, man wolle besprechen, wie man seinen Einfluss bei Regulierungsbehörden und Regierungen geltend machen könne. Wenig später organisierte man ein zweites Treffen, an dem auch Finanzminister, Zentralbanker und Vertreter der Regulierungsbehörden teilnahmen. Wie zu erwarten kam es anschließend zu keinerlei Regulierung. Dafür aber hatte man der Öffentlichkeit einmal mehr den Eindruck vermittelt, dass die Banken ein Interesse an der Eingrenzung der eigenen Macht hätten.

Auf der Tagung meldeten sich auch zwei Stiftungen zu Wort. Die Bill-und-Melinda-Gates-Stiftung verpflichtete sich, in den kommenden 10 Jahren 10 Milliarden US-Dollar für die Impfung von mehr als 8 Millionen Kindern bereitzustellen. Die Clinton Global Initiative des US-Präsidenten Bill Clinton kündigte an, zusammen mit dem WEF und den Vereinten Nationen für den Wiederaufbau Haitis zu sorgen, das wenige Tage vor dem Treffen von einem schweren Erdbeben heimgesucht worden war.

Im April trafen sich in der katarischen Hauptstadt Doha 450 Teilnehmer aus 60 Ländern zum nächsten »Globalen Umgestaltungsgipfel«. Das WEF veröffentlichte dazu einen Report mit dem Titel »Jedermanns Sache: Stärkung der internationalen Zusammenarbeit in einer zunehmend von gegenseitiger Abhängigkeit geprägten Welt«. Seine Essenz bestand in der Erkenntnis, dass die G8 unbedingt durch die G20 ersetzt werden sollten. Hintergrund war die Tatsache, dass sich bei den Vereinten Nationen die G192 (sämtliche dort vertretene Länder) zusammengetan und heftige Kritik an der elitären Politik der G8 geübt hatten.

Im Mai fand unter dem Motto »Afrikas Wachstumsstrategie neu denken« das 20. Afrika-WEF statt, das in Daressalam und damit zum ersten Mal in Ostafrika abgehalten wurde. Im Juni folgte das Ostasien-WEF, das zum ersten Mal in Vietnam ausgerichtet wurde, wo es in den vorangegangenen zwei Monaten zu heftigen Protesten der Bevölkerung gegen die Regierung gekommen war. Als Antwort schlossen sich zwölf multinationale Konzerne, vor allem aus dem Bereich der Agro-Chemie, mit der vietnamesischen Regierung zusammen und gründeten eine öffentlich-private Taskforce zur Förderung eines nachhaltigen landwirtschaftlichen Wachstums. Das langfristige Ziel bestand darin, die eigenen Investitionen auf der Grundlage der vom WEF ins Leben gerufenen »Initiative Neue Vision für die Landwirtschaft«[52] zu koordinieren – mit der absehbaren Folge, dass die vietnamesischen Kleinbauern ihre Existenzgrundlage verlieren würden.

Im September hielt das WEF in Tianjin seine erste gemeinsame Veranstaltung mit dem chinesischen Ministerium für Wissenschaft und Technologie ab. Unter dem Motto »Innovation und nachhaltiges Wachstum« wurden Mittel und Wege diskutiert, wie Politik und Großkonzerne gemeinsam dafür sorgen konnten, grüne Strategien effizient umzusetzen. Im Oktober fand in Marrakesch das WEF-Forum für den Nahen Osten und Nordafrika statt, wo es auch um nachhaltiges Wirtschaften ging – genau zwei Monate, bevor es zu den ersten Hungeraufständen im Rahmen des Arabischen Frühlings kommen sollte.

Die letzte bedeutende Großveranstaltung des Jahres 2010 fand in Dubai statt, wo das WEF im Rahmen des Globale-Agenda-Gipfels die Einführung des »Risk Response Network« (Krisenreaktionsnetzwerk) ankündigte. Ziel war es, die führenden Köpfe aus verschiedenen Disziplinen, darunter auch die Mitglieder des Netzwerkes globaler Agenda-Räte des WEF, mit den wichtigsten politischen Entscheidern zusammenzubringen, um so außerhalb aller Parlamente »tragfähige Lösungen für die großen globalen Herausforderungen zu entwickeln und umzusetzen«.[53]

Zur 41. Jahrestagung unter dem Motto »Geteilte Normen für die neue Realität« erschienen 2011 35 Staats- und Regierungschefs, außerdem waren alle G20-Nationen auf Ministerebene vertreten. Das Treffen stand zum einen unter dem Eindruck des Arabischen Frühlings, der mit dem Rücktritt der tunesischen Regierung sein erstes politisches Opfer gefordert hatte. Zum anderen nahm die Eurokrise immer bedrohlichere Formen an.

Der griechische Premierminister Papandreou sprach in seiner Rede davon, dass es auch in Europa langfristig zu sozialen Unruhen kommen könne. Tony Blair, damals Repräsentant des sogenannten Nahost-Quartetts, bestehend aus den USA, der EU, Russland und den Vereinten Nationen, befürchtete einen möglicherweise »gewaltigen Gegenschlag in der Bevölkerung«, und die deutsche Kanzlerin Merkel warnte eindringlich vor dem Risiko einer weiteren Finanzkrise.

Die Stimmung verriet Nervosität und ein hohes Maß an Unsicherheit und Zukunftssorgen, die alle auf dieselbe Ursache zurückzuführen waren: Das globale Finanzsystem hatte in der Weltfinanzkrise nur durch eine extreme Vermögensumverteilung von unten nach oben am Leben gehalten werden können, was die soziale Ungleichheit rund um den Globus verschärft und zu erheblichen Spannungen innerhalb aller Gesellschaften geführt hatte. Zudem hatte die Rettungsaktion Mittel und Methoden erfordert, von denen man wusste, dass sie nicht auf Dauer beibehalten werden konnten. Da es keinerlei Erfahrungswerte gab, auf die man zurückgreifen konnte, war niemand in der Lage abzuschätzen, wie lange das historische Experiment gut gehen und wann das Ende des Weges in absolutes Neuland erreicht sein würde.

Klaus Schwabs Reaktion auf die Krise zeigte einmal mehr, wie gut er es verstand, schwierige Situationen zugunsten der Elite zu nutzen. Für ihn bestand das größte Problem ganz offensichtlich nicht im Zerfall des globalen Finanzsystems, sondern im zunehmenden Kontrollverlust der Mächtigen. Also galt es, diese zu stärken. Aber wie?

Der wichtigste Beitrag, den das WEF in den zwei Jahrzehnten zuvor geliefert hatte, war mit Sicherheit die Ausbildung und Vernetzung der korporativen und politischen Elite im Rahmen der »Global Leaders for Tomorrow« und der »Young Global Leaders«, von denen viele inzwischen an den weltweiten Schaltstellen der Macht saßen und unter denen ein eindeutiger Trend zu erkennen war: Ihr Durchschnittsalter sank von Jahr zu Jahr. Das WEF hatte diesen Prozess bewusst eingeleitet, indem es das Eintrittsalter für seine Kaderschmiede von 43 auf 38 Jahre gesenkt hatte – ein Zugeständnis an den weltweiten demografischen Wandel.[54]

Für Schwab war die Zeit gekommen, einen Schritt weiterzugehen: eine neue Gruppe zu gründen, das Eintrittsalter auf 30 zu senken und durch Regionalisierung näher an die Basis zu rücken. Genau dieser Gedankengang dürfte die Grundlage für die Gründung der »Young Global Shapers« (Junge Weltgestalter) geliefert haben, deren Aufstieg sich schnell zur nächsten Erfolgsgeschichte des WEF entwickelte.

Innerhalb weniger Jahre entstand ein Netzwerk sogenannter »Local Hubs« (Lokale Knotenpunkte), an denen sich aufstrebende Führungskräfte aus Wirtschaft und Politik, darunter viele Startup-Gründer, zusammenfanden, sich organisierten und zudem vollständig in alle internationalen Aktivitäten des WEF eingebunden wurden. Bereits drei Jahre später gab es 355 Hubs und mehr als 4.000 Shapers, 2020 waren es nach Angaben des WEF 437 Hubs mit 9.646 Shapers in 150 Ländern.[55]

Im September 2011 fand das fünfte »Sommer-Davos« im chinesischen Dalian statt, bei dem Premier Wen Jiabao verkündete, dass China seine Aktivitäten auf dem afrikanischen Kontinent in Zukunft verstärken werde. Im Oktober organisierte das WEF noch ein Spezialtreffen unter dem Motto »Wirtschaftswachstum und Arbeitsplatzschaffung in der arabischen Welt«, bei dem es nach dem Zusammenbruch der Herrschaft von Ben Ali in Tunesien, Mubarak in Ägypten und Gaddafi in Libyen vor allem um die Anpassung seiner strategischen Partner an die neuen politischen Verhältnisse in diesen Ländern ging.

23

2012 – 2014: Gesundheit, Klima und die Ukraine rücken in den Fokus

Das Jahrestreffen 2012 stand unter dem Eindruck gewaltiger sozialer Turbulenzen, einerseits wegen des syrischen Bürgerkriegs und des Arabischen Frühlings, andererseits wegen der sich verschärfenden Eurokrise. Das Motto der Veranstaltung, zu der 2.600 Teilnehmer, darunter 40 Regierungschefs, erschienen, lautete: »Der große Wandel – Neue Modelle gestalten«.

Die mit dem Leitspruch beabsichtigte Aufbruchstimmung wollte sich jedoch nicht einstellen. Zwei Monate zuvor hatten die Regierungen in Italien und Griechenland aufgrund der Erschütterungen im Finanzsystem die Technokraten Mario Monti und Loukas Papadimos zu Premierministern gemacht. Deren umgehend eingeleitete Austeritätspolitik war auf heftigen Widerstand der Bevölkerung gestoßen, Massenproteste waren an der Tagesordnung.

Vor allem ein Problem rückte immer mehr in den Fokus des öffentlichen Interesses: die durch die einschneidenden Sparmaßnahmen bedingte explodierende Jugendarbeitslosigkeit in Südeuropa und Nordafrika. In einem Bericht warnte das WEF vor einer »dystopischen Zukunft für einen Großteil der Menschheit«, falls die Grundprobleme, nämlich die Einkommensunterschiede sowohl innerhalb einzelner Länder als auch zwischen verschiedenen Nationen, nicht angegangen würden.

2012 zeigte sich einmal mehr, welchen Einfluss das WEF mittlerweile auf die Welthandelspolitik ausübte. Hinter verschlossenen Türen trafen sich hochrangige Vertreter der USA und der EU mit Repräsentanten des »Transatlantic Business Dialogue« (TABD; Transatlantischer Wirtschaftsdialog), einer Unternehmervereinigung, die sich für ein »Freihandelsabkommen« zwischen den USA und der EU einsetzte. Das Treffen endete mit der Empfehlung, eine »CEO Taskforce« einzurichten, die direkt mit Handelsministern und Technokraten zusammenarbeiten sollte, um das Projekt voranzutreiben.

Kurz vor der nächsten Jahrestagung schloss sich der TABD mit einem anderen Unternehmensnetzwerk zum »Transatlantic Business Council« (TBC; Transatlantischer Wirtschaftsrat) zusammen, einer Interessenvertretung von mehr als 70 multinationalen Unternehmen mit Hauptsitz in den USA oder in Europa. Das Ziel des neuen Bündnisses bestand darin, entweder in Davos oder anderswo Treffen zwischen US-Regierungsvertretern und EU-Kommissaren zu organisieren.

Nur wenige Wochen später gab das Bündnis einen Bericht heraus, in dem es ein umfassendes Handels- und Investitionsabkommen zwischen den USA und Europa empfahl. Ganze zwei Tage nach der Veröffentlichung des Berichtes gaben US-Präsident Obama, der Präsident des Europäischen Rates, Herman van Rompuy, und der Präsident der EU-Kommission, Juan Manuel Barroso, eine gemeinsame Erklärung ab, in der sie ankündigten, dass ihre

Länder die notwendigen internen Verfahren einleiten würden, die für die Aufnahme von Verhandlungen über eine transatlantische Handels- und Investitionspartnerschaft (TTIP) erforderlich seien.

Auf der Jahrestagung 2012 gab die Bill-und-Melinda-Gates-Stiftung bekannt, dass sie den Globalen Fonds zur Bekämpfung von Aids, Tuberkulose und Malaria mit weiteren 750 Millionen US-Dollar unterstützen würde. Enthüllenderweise sprach Bill Gates bei der Ankündigung nicht von einer Spende, sondern nannte den Globalen Fonds »eine der effektivsten Möglichkeiten, wie wir unser Geld jedes Jahr investieren«.

Ein weiteres lohnendes Investitionsobjekt spielte ein Jahr später auf dem Davoser Treffen 2013 eine wichtige Rolle: die *Better Than Cash Alliance* (Besser-als-Bargeld-Allianz). Sie war im Jahr zuvor von der Bill-und-Melinda-Gates-Stiftung, der Citibank, der Ford-Stiftung, dem Omidyar-Netzwerk, dem Kapitalentwicklungsfonds der Vereinten Nationen (UNCDF), der US-Behörde für Entwicklungszusammenarbeit USAID und dem Finanzdienstleister Visa gegründet worden. Ihr erklärtes Ziel besteht in der weltweiten Abschaffung des Bargeldes.

Im Rahmen einer Podiumsdiskussion sprachen Regierungsvertreter südamerikanischer und asiatischer Staaten sich für das Projekt aus und unterstützten damit die Agenda der Gründerfirmen. Sie sieht vor, das Bargeld zunächst in Entwicklungs- und Schwellenländern zurückzudrängen und diese dabei als Testlabore für die Industriestaaten zu nutzen. Begleitet wird diese Strategie von einer ideologischen Kampagne unter dem Motto der »Inklusion«: Man beruft sich auf die etwa 2,5 Milliarden Menschen, die kein Bankkonto besitzen, und gibt vor, sie aus sozialer Fürsorge in die Gemeinschaft derer einschließen zu wollen, die als Kontoinhaber am internationalen Finanzgeschehen teilnehmen können.

Eines der Hauptthemen der Jahrestagung, die unter dem Motto »Resiliente Dynamik« stand, war die Führungsschwäche, die viele Regierungen in den vorangegangenen Jahren gezeigt hatten. Besonders interessant war die Offenheit, mit der das Grundproblem angesprochen wurde. So sagte der israelische Präsident Shimon Peres: »Die Regierungen sind arbeitslos geworden, weil die Wirtschaft global geworden ist, während die Regierungen national bleiben.«[56] Peres präzisierte seine Aussage mit der Bemerkung: »Vierzig globale Unternehmen verfügen über mehr Vermögen als alle Regierungen der Welt.«[57]

Was er nicht erwähnte, war die Tatsache, dass die meisten von ihnen zu den strategischen Partnern des WEF gehören und dass es auf drei im weiteren Verlauf des Jahres 2013 abgehaltenen Treffen deren Interessen vertrat: dem 8. Südamerikatreffen in Perus Hauptstadt Lima, dem Ostasientreffen in Nay Pyi Taw, der Hauptstadt Myanmars, und dem Jahrestreffen der »New Champions« in Dalian, zu dem erneut der chinesische Premier Li Keqiang erschien.

Drei aus heutiger Sicht besonders wichtige Ereignisse des Jahres 2013 betreffen die globale Impfallianz GAVI, die Klima-Agenda und die Ukraine. Hier zeichneten sich schon frühzeitig drei Bereiche ab, in denen der Lauf der Welt – wenn auch zum Teil erst Jahre später – entscheidende Wendungen nehmen sollte.

Die GAVI prüfte im Rahmen ihrer alle fünf Jahre überarbeiteten Impfstoff-Investitions-Strategie, welche Impfstoffe für das kommende halbe Jahrzehnt ein gutes Preis-Leistungs-Verhältnis bieten und die größten Auswirkungen auf Krankheiten haben würden. Auf einer Konferenz in Kambodscha im November 2013 erklärte der Verwaltungsrat der Organisation, dass man sich für orale Choleraimpfstoffe, saisonale Grippeimpfungen für Schwangere und Tollwut- und Gelbfieberimpfstoffe entschieden habe.

Ebenfalls im November veranstaltete das WEF seinen ersten strategischen Dialog über die Zukunft der Ukraine, an dem hochrangige politische Entscheidungsträger aus der Ukraine, den Nachbarländern und internationalen Organisationen teilnahmen. Das WEF sprach von einer »nie da gewesenen Gelegenheit für fast 200 Teilnehmer aus der internationalen Geschäftswelt, darüber zu diskutieren, wie das wirtschaftliche Potenzial der Ukraine am besten erschlossen werden kann«[58]. Nur wenige Wochen später wurde die Ukraine wegen der Forderung nach einem Assoziierungsabkommen mit der EU in heftige Turbulenzen gestürzt. Sie führten im Februar 2014 zum Sturz des Präsidenten Viktor Janukowitsch und seiner Ersetzung durch den prowestlichen Milliardär Petro Poroschenko und leiteten eine historische Phase ein, in der es in der Tat zu einer »nie da gewesenen« Einflussnahme westlicher Konzerne auf die ukrainische Wirtschaft kam.

Das dritte wichtige Ereignis war die Veröffentlichung eines Berichtes über grüne Investitionen mit dem Titel »Wege und Mittel zur Erschließung privater Finanzmittel für grünes Wachstum«. Darin hieß es, dass der Klimawandel die größte Bedrohung für die Weltwirtschaft darstelle und man zu seiner Bekämpfung insgesamt etwa 700 Milliarden US-Dollar benötige. Zudem wurde vorgerechnet, wie durch ein Aufstocken der öffentlichen Investitionen auf 130 Milliarden US-Dollar der Anteil privater Investitionen auf 570 Milliarden US-Dollar angehoben werden könne.

Im Jahr darauf erschienen in Davos neben 40 Staats- und Regierungschefs zahlreiche Vertreter aus dem Finanzbereich, darunter die Zentralbanker Mario Draghi und Mark Carney sowie die IWF-Chefin Christine Lagarde und Weltbankpräsident Jim Yong Kim. Zwar wurde der Öffentlichkeit der zunehmende Graben zwischen Arm und Reich als Hauptthema der Veranstaltung präsentiert, aber hinter verschlossenen Türen dürfte es vor allem um die Frage gegangen sein, wie die seit 2008 anhaltende Geldschwemme einzudämmen sei.

Unter dem Motto »Die Neugestaltung der Welt: Konsequenzen für Gesellschaft, Politik und Wirtschaft« drehten sich 2014 mehr als 50 Einzelveranstaltungen um die Themen Gesundheit und Klimawandel. Bei Letzterem ging es hauptsächlich um extreme Wetterlagen, Nahrungsmittelkrisen und Wasserknappheit. Al Gore, Ex-US-Vizepräsident und seit 2003 Mitglied des Aufsichtsrates von Apple, forderte dazu auf, »endlich entschieden zu handeln«. Das WEF folgte seinem Rat und gab bekannt, die öffentlich-private Partnerschaft im Bereich des Klimawandels zusammen mit Klima-Initiativen der Vereinten Nationen im Vorfeld des im September in New York stattfindenden Klimagipfels zu fördern.

Im Bereich der Gesundheit kam es zum ersten Gipfeltreffen, an dem Regierungschefs, Führungskräfte aus der Wirtschaft, Wissenschaftler und Nobelpreisträger teilnahmen. Dabei ging es vor allem um psychische Probleme, die die Weltwirtschaft einschlägigen Studien zufolge in den vorangegangenen 20 Jahren mehr als 16 Billionen US-Dollar gekostet hatten.

Im Juni fand in Berlin das Event »Meet the Government« (Triff die Regierung) statt, bei dem WEF-Insider in informellem Rahmen mit Kanzlerin Merkel diskutieren und zu Abend essen konnten. Einen Tag vor Weihnachten kam es zu einer für viele überraschenden Personalie: Philipp Rösler, der ehemalige deutsche Vizekanzler und Bundesminister für Wirtschaft und Technologie, wurde von Klaus Schwab zum Managing Director und Mitglied des Managing Board des WEF berufen. Er sollte den Job bis zu seinem Wechsel zum chinesischen Großkonzern HNA im November 2017 ausüben.

24

2015 – 2017: Vierte industrielle Revolution und Transhumanismus

Noch vor dem Davoser Jahrestreffen 2015 richtete Deutschland unter der Schirmherrschaft von Bundeskanzlerin Merkel die GAVI-Geberkonferenz in Berlin aus. Auf Drängen mehrerer NGOs im Vorfeld der Konferenz kündigte Merkel an, ihre Regierung werde bis 2020 jährlich 100 Millionen Euro für die GAVI bereitstellen. Insgesamt kamen bei der Konferenz 7,54 Milliarden US-Dollar zusammen, für die weltweit mehr als 300 Millionen Kinder geimpft werden sollten.

Ebenfalls vor dem Treffen, das unter dem Motto »Der neue globale Rahmen« stand, eröffneten die Global Shapers in Anchorage im US-Bundesstaat Alaska ihre 400. Regionalgruppe. In Davos unterzeichneten Klaus Schwab und Vertreter der Schweizer Regierung ein Abkommen, das dem WEF Sonderrechte einräumte, die bis dahin nur Organisationen wie dem Internationalen Roten Kreuz oder den Vereinten Nationen gewährt worden waren. So durfte das WEF von nun an »jede Art von Guthaben, sämtliche Devisen, Barbeträge, Gold und andere Effekte in Empfang nehmen, verwahren, konvertieren, transferieren und darüber sowohl in der Schweiz als auch in seinen Beziehungen zum Ausland frei verfügen«[59]. Außerdem wurden seine Mitarbeiter von allen Einschränkungen gegenüber Ausländerinnen und Ausländern freigestellt.

Auf der Jahrestagung, die mit 2.500 Teilnehmern aus 140 Ländern den bis dahin größten Zulauf hatte, gab das WEF die Einrichtung der »Global Strategic Foresight Community« (Globale Gemeinschaft für strategische Vorausschau) bekannt. 32 Experten sollten Trends und Veränderungen analysieren, die künftige globale, regionale und branchenspezifische Agenden prägen würden. Außerdem wurde das Projekt der »Known Traveller Digital Identity« (Digitale Identität bekannter [gemeint ist: datenmäßig erfasster] Reisender) ins Leben gerufen. Sein Ziel besteht darin, die weltweite digitale Erkennung von Reisenden auf Flughäfen, Bahnhöfen und in Hotels auf der Grundlage von Biometrie, Blockchain, Kryptografie und mobilen Endgeräten zu ermöglichen.

Zu den Beteiligten an dem Projekt zählen neben dem WEF die Regierungen Kanadas und der Niederlande, die Fluggesellschaften Air Canada und KLM sowie die Flughäfen Montréal-Trudeau International, Toronto Pearson International und der Amsterdamer Flughafen Schiphol. Unterstützt werden sie von der Unternehmensberatung Accenture sowie den Technologiefirmen Vision Box und Idemia.

Zu den beratenden Kräften gehören neben Google, Visa, Marriott, SAP und der Zurich Insurance Group das US-Ministerium für Innere Sicherheit, das US-Handelsministerium, Interpol, die mexikanische Migrationsbehörde, die Nationale Verbrechensbekämpfungsbehörde Großbritanniens und das Exekutivdirektorat der Vereinten Nationen für Terrorismusbekämpfung.

Der neu gewählte ukrainische Präsident Petro Poroschenko erklärte auf der Jahreskonferenz, dass die Ukraine nach dem schwierigsten Jahr seiner Geschichte »europäischer als zuvor« geworden sei. Das WEF reagierte, indem es im Mai 2015 eine Initiative unter dem Motto »Neue wirtschaftliche Vision für die Ukraine« ins Leben rief. Das Ziel bestand darin, führende Regierungsvertreter mit internationalen Geschäftsleuten zusammenzubringen und ihnen zu ermöglichen, von der wirtschaftlichen Entwicklung eines Landes zu profitieren, das mit dem Staatsbankrott kämpfte und nur durch einen auf vier Jahre angelegten 17,5-Milliarden-Dollar-Kredit des IWF über Wasser gehalten wurde, dessen Rahmenbedingungen es zwangen, ausländischen Investoren einen Großteil seiner Ressourcen zu überlassen.

Neben der Ukraine standen vor allem zwei Themen im Fokus des Treffens: der Klimawandel und die technologischen Umwälzungen im Zuge der vierten industriellen Revolution. Wie sehr der Klimawandel auch in der internationalen Politik Einzug hielt, zeigte sich unter anderem auf der dritten Internationalen Konferenz über Entwicklungsfinanzierung in Addis Abeba im Juli, beim Gipfel für nachhaltige Entwicklung in New York im September und der Pariser Klimakonferenz im Dezember, die alle drei von den Vereinten Nationen ausgerichtet wurden.

Das WEF reagierte, indem es mit Al Gore nicht nur eines der bekanntesten Gesichter der Klima-Agenda in sein Führungsgremium aufnahm, sondern auch einen Geschäftsmann, der mit seinem 2004 gegründeten Unternehmen »Generation Investment Management« gezeigt hatte, wie man als gut informierter Insider aus dieser Agenda Profit schlagen kann.

Im Oktober fand das 8. Gipfeltreffen zur Globalen Agenda in Abu Dhabi in den Vereinigten Arabischen Emiraten statt. Der Schwerpunkt lag auf den immer deutlicher zutage tretenden Folgen der vierten industriellen Revolution. In mehr als 80 Arbeitsgruppen wurden der Einsatz der künstlichen Intelligenz, der Bio- und Nanotechnologie sowie von Industrierobotern und 3-D-Druckern und die Konsequenzen für den Arbeitsmarkt der Zukunft diskutiert.

Das Thema faszinierte WEF-Chef Klaus Schwab offensichtlich so sehr, dass er die folgenden drei Monate damit verbrachte, mithilfe eines Teams von Experten ein Buch mit dem Titel *Die vierte industrielle Revolution* zu verfassen und das nächste Davoser Treffen unter das Motto »Die Bewältigung der vierten industriellen Revolution« stellte.

Schwabs Buch wurde rechtzeitig zum Jahrestreffen 2016 veröffentlicht und später in 30 Sprachen übersetzt. Seine grundlegende Botschaft lautete, dass die Verschmelzung von Technologien der physischen, digitalen und biologischen Welt völlig neue Möglichkeiten schaffe und dramatische Auswirkungen auf politische, soziale und wirtschaftliche Systeme haben werde. Vor allem der globale Arbeitsmarkt stehe wegen des Wegfalls von Hunderten Millionen Arbeitsplätzen vor einer gewaltigen Belastungsprobe.

Das Buch und Schwabs spätere Äußerungen zum Thema offenbarten aber auch ein erschreckendes Menschenbild und Gefahren von nie gekanntem Ausmaß. Trotz seiner Warnungen vor den Risiken der Entwicklung bekannte sich Schwab nämlich in zahlreichen Interviews[60] offen zum Transhumanismus und bezeichnete die Verschmelzung menschlicher Körper mit der digitalen Sphäre (auch biodigitale Konvergenz genannt) als evolutionären Fortschritt.

Da dieser an sich schon fragwürdige Prozess in den Händen einer winzigen Minderheit hoch qualifizierter Experten liegt, deren Finanziers fast ausschließlich zum WEF oder zu seinem Einflussbereich gehören, eröffnen sich hier ganz neue, nie da gewesene Möglichkeiten der Manipulation und der Unterwerfung der Massen unter das Diktat des digital-finanziellen Komplexes.

Wie groß die Versuchung war, diese Techniken tatsächlich anzuwenden, sollte sich schon bald zeigen. Im September kündigte das WEF an, ein neues Netzwerk ins Leben zu rufen. Die »Global Future Councils« (Globale Zukunftsräte) sollten die »Global Agenda Councils« ersetzen und ihre Arbeit auf die vierte industrielle Revolution konzentrieren. In 25 verschiedenen Gremien sollten jeweils 35 anerkannte Führungskräfte aus Regierungen, Wissenschaft, Wirtschaft und Zivilgesellschaft, die für jeweils zwei Jahre bestellt wurden, Analysen anfertigen und Ideen entwickeln, wie den Herausforderungen der neuen technologischen Epoche zu begegnen sei.

Einen Monat später wurde der Beschluss gefasst, in San Francisco ein Zentrum für die vierte industrielle Revolution als Ausgangspunkt für ein internationales Netzwerk einzurichten. Seine Eröffnung im April 2017 löste einen wahren Erdrutsch aus: 2018 wurden Zentren in Japan und Indien eröffnet, 2019 folgten die Vereinigten Arabischen Emirate. Bis 2022 wurden weitere Zentren in Aserbaidschan, Brasilien, China, Kolumbien, Norwegen, Israel, Kasachstan, Ruanda, Saudi-Arabien, Serbien, Südafrika und der Türkei eröffnet.

Ein aus heutiger Sicht besonders wichtiger Meilenstein war der auf dem Jahrestreffen 2016 gefasste Beschluss, eine Initiative zur Impfstoffentwicklung zu gründen. Hierzu wurden mehrere Expertenteams gebildet, die den Auftrag erhielten, anhand der Unterlagen der WHO Lücken in der Impfstoffentwicklung zu identifizieren und die Bildung von Partnernetzwerken vorzubereiten, um bei neu auftretenden Epidemien rasch und koordiniert handeln zu können.

Beim Jahrestreffen 2017, das unter dem Motto »Reaktionsschnelle und verantwortungsvolle Führung« stand, wurde dann auch gehandelt: Die Regierungen Deutschlands, Norwegens, Indiens, der britische Wellcome Trust, die Bill-und-Melinda-Gates-Stiftung und das WEF gründeten am 19. Januar 2017 in Davos die internationale Non-Profit-Organisation CEPI (Coalition for Epidemic Preparedness Innovations; Koalition für Innovationen bei der Epidemievorsorge) und luden Privatunternehmen ein beizutreten.

Mehr als 80 Organisationen und über 200 Privatpersonen bekundeten ihr Interesse. Es wurde ein vorläufiges Sekretariat mit Büros in Norwegen, Großbritannien und Indien gegründet. Ein erster Geschäftsplan sah für die ersten fünf Jahre ein Budget von 1 Milliarde US-Dollar vor.

Bill Gates leitete in Davos ein Planspiel, das zur Gründung des »Epidemics Readiness Accelerators« (Epidemie-Bereitschaftsbeschleunigers) führte. Dabei handelt es sich um eine öffentlich-private Plattform, die sich mit der Bereitschaft in Bereichen wie Reise und Tourismus, Lieferketten und Logistik, Recht und Regulierung, Kommunikation und Dateninnovationen befasst.

Zwei weitere richtungsweisende Ereignisse fanden im April in Frankreich und im Juni in New York statt. Im April wurde Emanuel Macron nur ein Jahr, nachdem er vom WEF in die Reihen der »Young Global Leaders« aufgenommen worden war, zum Staatspräsidenten gewählt. Im Juni rief die Impfallianz GAVI zusammen mit dem IT-Konzern Microsoft, der Rockefeller-Stiftung, der

Hilfsorganisation CARE, der Unternehmensberatung Accenture[61] sowie der gemeinnützigen Designfirma IDEO.org die ID2020 ins Leben. Deren erklärtes Ziel besteht darin, auf der Grundlage der Biometrie- und Blockchain-Technologie weltweit digitale Identifikationsformen zu schaffen. Zu ihren Kooperationspartnern zählen die US-Regierung, die EU-Kommission und das UN-Flüchtlingshilfswerk UNHCR.

Das Jahrestreffen 2017 stand unter dem Eindruck der Amtseinführung von Donald Trump und den Folgen des im Juni 2016 von der Mehrheit der Briten beschlossenen Brexits, die beide als eine Bedrohung der vom WEF gepriesenen Globalisierung gesehen wurden. Die viel beachtete Eröffnungsrede hielt Chinas Präsident Xi Jinping, der jede Verantwortung der wirtschaftlichen Globalisierung für die Probleme der Welt in Abrede stellte. Die britische Premierministerin Theresa May stärkte ihm den Rücken, indem sie erklärte, dass Großbritannien trotz des Austritts aus der EU an der Politik der Globalisierung festhalten werde.

Alle weiteren Aktivitäten des WEF waren vom Grundthema der vierten industriellen Revolution geprägt. Im März wurde in San Francisco das im Vorjahr geplante Zentrum im Beisein des Bürgermeisters, des Gouverneurs von Kalifornien und der Präsidenten von fünf weltweit führenden Forschungsuniversitäten eingeweiht. Im April fand des Südamerika-Treffen des WEF in Buenos Aires statt, im Mai wurde das Afrika-Treffen im südafrikanischen Durban abgehalten. Dort wurde beschlossen, Millionen Südafrikaner in ländlichen Gebieten mit einem Internetzugang zu versorgen.

Das Asien-Treffen im Mai stand unter dem Motto »Jugend, Technologie und Wachstum« und auf dem Nahost- und Nordafrika-Treffen am Toten Meer am Ende des Monats brachte der privatwirtschaftliche Arm der Weltbankgruppe 100 Start-ups aus der arabischen Welt zur Gestaltung der vierten industriellen Revolution zusammen. Die mit 2.000 Teilnehmern aus 80 Ländern zum wiederholten Mal größte Veranstaltung war das 11. Jahrestreffen der »New Champions« im chinesischen Dalian, das von Premierminister Li Keqiang eröffnet wurde und unter dem Motto »Achieving Inclusive Growth in the Fourth Industrial Revolution« (Die Erreichung integrativen Wachstums in der vierten industriellen Revolution) stand.

Die für die Zukunft des WEF vermutlich wichtigste Entscheidung fiel im Oktober, als die »Globale Plattform für geostrategische Zusammenarbeit« ins Leben gerufen wurde. Dabei handelt es sich um eine Informationsplattform, die Inhalte zu einem breiten Spektrum globaler Themen sammelt und analysiert und sich dabei auf die Beiträge von Experten und Institutionen aus dem Umfeld des WEF stützt. Zu diesen zählen unter anderen der Atlantic Council, die International Crisis Group, die RAND Corporation oder das Stockholmer Internationale Friedensforschungsinstitut, aber auch Thinktanks aus China, Japan, Korea oder Russland.

Das Produkt dieser Arbeit sind mithilfe künstlicher Intelligenz hergestellte sogenannte Transformation Maps (Transformations-Karten), die strategische Planungs- und Ausführungsprozesse visuell darstellen. Diese wurden der Öffentlichkeit im November 2017 zugänglich gemacht und bis 2020 bereits von einer Viertelmillion Usern benutzt.

25

2018 – 2019: Das Finanzsystem ist am Ende, was nun?

Auf seinem 48. Jahrestreffen in Davos stellte das WEF einen neuen Rekord auf. Unter dem Motto »Eine gemeinsame Zukunft in einer zerrissenen Welt schaffen« versammelten sich 3.000 Teilnehmer, darunter 70 Staats- und Regierungschefs und 38 Führungskräfte internationaler Organisationen.

Wie zerrissen die Welt war, zeigte sich beim Auftritt von Donald Trump, der als zweiter amtierender US-Präsident nach Bill Clinton in Davos sprach – wenige Tage, nachdem seine Administration die ersten Strafzölle gegen China erhoben und damit einen Wirtschaftskrieg entfacht hatte. Es verwunderte wohl kaum jemanden, dass im jährlichen WEF-Bericht unter dem Titel »Umfrage zur globalen Risikowahrnehmung« 93 % der fast 1.000 befragten Experten eine Verschärfung der politischen oder wirtschaftlichen Konfrontationen zwischen den Großmächten erwarteten.

Bestimmendes Thema des Jahres 2018 war erneut die vierte industrielle Revolution. Klaus Schwab stellte sein mit dem australischen Professor Nicholas Davis verfasstes Buch *Shaping the Fourth Industrial Revolution* (Die Gestaltung der vierten industriellen Revolution) vor, dessen Botschaft eindeutig war: Die technologischen Neuerungen wurden nicht mehr infrage gestellt, sondern als unvermeidliche Weiterentwicklung hingenommen. Es kam aus Schwabs Sicht nur darauf an, sie zu verstehen, ihre Anwendungsmöglichkeiten zu erkennen und sie in den Dienst der globalen Elite zu stellen. Die Einführung einer »Systemführung« sei notwendig, sagte er auf dem Forum.

Als ein erster praktischer Schritt in diese Richtung wurde das Known-Traveller-Digital-ID-Projekt in einem 43 Seiten langen Bericht[62] detailliert vorgestellt. Reisenden, die der zeitraubenden Abfertigung auf Flughäfen entgehen wollen, wird darin empfohlen, sich auf freiwilliger Basis eine TruID-App herunterzuladen, um auf dem Smartphone oder Tablet ein chiffriertes biometrisches Profil von sich selbst zu erstellen und bei Grenz- oder Sicherheitskontrollen nachweisen zu können, dass sie eine »niedrige« Gefahr für die Sicherheit des Gastlandes darstellen. Ihre ganze Reise-Historie soll dabei, wie im Fall der Bitcoins, im Blockchain-Verfahren gespeichert werden.

Im Februar 2018 startete das WEF in der kanadischen Provinz Ontario zusammen mit einer Koalition aus 70 Vertretern des Gesundheitswesens und der Boston Consulting Group ein Pilotprojekt zur Reduzierung negativer Auswirkungen von Typ-2-Diabetes. Ziel des Projektes war es, die Rate der Komplikationen bei Typ-2-Diabetes innerhalb von drei Jahren auf das Durchschnittsniveau der 38 Mitgliedsländer der OECD (Organisation für wirtschaftliche Zusammenarbeit und Entwicklung) zu senken, um auf diese Weise bis zu 1,9 Milliarden US-Dollar an Kosten zu sparen.

Im März kündigte das WEF zusammen mit der US-Großbank Citigroup, der Zurich Insurance Group, Hewlett Packard und dem Finanzdienstleister Kabbage die Gründung eines Konsortiums zur Stärkung der Cybersicherheit für Finanztechnologieunternehmen an. Im Juni wurde in Südafrika ein runder Tisch organisiert, bei dem das WEF Wirtschaftsführer aus aller Welt mit dem neu gewählten Präsidenten Cyril Ramaphosa zusammenbrachte.

Am 18. Juli veröffentlichte das WEF auf seiner Website einen von der breiten Öffentlichkeit kaum beachteten Hinweis auf ein bereits am 15. Mai mit seiner Unterstützung abgehaltenes Planspiel der Johns-Hopkins-Universität. Aufbauend auf den Daten der SARS-Epidemie von 2003 und der H1N1-Grippewelle von 2009 war dort unter dem Titel »Clade X«[63] eine durch Bioterroristen mit dem Ziel der Bevölkerungsreduktion ausgelöste Pandemie mit weltweit 150 Millionen Toten, wirtschaftlichen Zusammenbrüchen und gesellschaftlichen Umwälzungen durchgespielt worden.

Das Planspiel, an dem Konzern- und Regierungsvertreter vor allem aus den Bereichen Innere Sicherheit und Gesundheit teilnahmen, war bereits das dritte seiner Art. Vorangegangen waren im Jahr 2001 »Dark Winter«, in dem ein bioterroristischer Pockenangriff auf die USA simuliert worden war, und im Jahr 2005 »Atlantic Storm«, bei dem ein solcher weltweiter Angriff durchgespielt worden war.

Im September fand im vietnamesischen Hanoi das 27. Asien-Treffen des WEF statt. Zu der Veranstaltung unter dem Motto »Unternehmertum und die vierte industrielle Revolution« erschienen acht Staats- und Regierungschefs. Im selben Monat trafen sich in Tianjin zum zwölften Mal die New Champions. Thema der Veranstaltung, bei der Premier Li Keqiang erneut als Hauptredner auftrat, war »Die Gestaltung innovativer Gesellschaften in der vierten industriellen Revolution«.

Ebenfalls im September wurde der zweite Jahresgipfel für nachhaltige Entwicklung in New York abgehalten, den Klaus Schwab mit einer Rede eröffnete, die er mit dem denkwürdigen Satz »The thinking has been done, now is the time to implement«[64] (»Die Überlegungen sind abgeschlossen, jetzt ist es an der Zeit, sie umzusetzen«) beendete. Den Jahresabschluss bildete das Jahrestreffen der Globalen Zukunftsräte in Dubai, das im November 2018 stattfand.

Vor dem nächsten Treffen in Davos im Januar 2019 kam es zu einer tiefgreifenden Veränderung im Finanzsektor. Im Dezember 2018 fielen die Kurse an der New Yorker Aktienbörse so stark wie in keinem Dezember seit der Großen Depression. Der rasante Abwärtstrend sandte Schockwellen durch das globale Finanzsystem, die Welt schien plötzlich vor der nächsten großen Finanzkrise zu stehen. Dann kam es zwischen Weihnachten und Neujahr zu einer dramatischen Kehrtwende: Die Kurse begannen eine rasante Aufholjagd und bescherten dem Dow Jones einen Börsenjanuar, wie man ihn seit Jahrzehnten nicht gesehen hatte.

Der Hintergrund war eine Kehrtwende der Fed, die ab 2015 versucht hatte, ihre seit der Weltfinanzkrise von 2007/08 betriebene expansive Geldpolitik schrittweise zu beenden, und die den Leitzins zu diesem Zweck in den Jahren 2015, 2016, 2017 und 2018 in immer kürzeren Abständen angehoben hatte. Da die Welt auf einem Schuldenberg von etwa 250 Billionen US-Dollar saß und jede Zinserhöhung die Bedienung dieser Zinsen erschwerte, reagierten die Märkte jedoch allergisch. Da die Fed aber umgehend reagierte und versprach, keine weiteren Zinserhöhungen mehr vorzunehmen und zur lockeren Geldpolitik zurückzukehren, kam es anschließend zur Rallye.

Für Insider war die Botschaft, die von diesen Vorgängen ausging, klar: Das globale Finanzsystem befand sich auf einem Weg, auf dem es kein Zurück mehr geben konnte und der mit Sicherheit in einer Hyperinflation enden würde. Die Konsequenz, die man daraus zog, wurde schon bald offensichtlich: Man plante, das Bargeld vollständig abzuschaffen und im Hintergrund auf der Grundlage der Modern Monetary Theory ein neues System digitalen Zentralbankgeldes einzuführen.[65] Da die technischen Voraussetzungen für dieses neue System aber noch nicht ausgereift waren und seine Einführung noch einige Zeit dauern würde, befand man sich in einer Übergangsphase, die man, wie sich in den kommenden Monaten und Jahren zeigen würde, dazu benutzen konnte, das bestehende System bis zu seinem endgültigen Zusammenbruch nach allen Regeln der Kunst zu plündern.

Die dramatischen Vorgänge im globalen Finanzsystem wurden beim Jahrestreffen 2019 – zumindest was die Öffentlichkeit anging – weitgehend übergangen. Stattdessen konzentrierte sich das WEF unter dem Motto »Globalisierung 4.0: Die Schaffung einer globalen Architektur im Zeitalter der vierten industriellen Revolution« vor allem auf zwei Themen: den Klimawandel und die Rolle der Jugend.

Zum einen wurden sechs der mittlerweile auf weltweit 7.000 Mitglieder angewachsenen »Global Shapers« neben Jim Yong Kim, dem Präsidenten der Weltbank, und Satya Nadella, dem Microsoft-CEO, als Co-Vorsitzende des Treffens eingesetzt. Zum anderen wurde der erst 16-jährigen Greta Thunberg, die im Jahr zuvor durch ihren mit gewaltigem Aufwand medial vermarkteten »Schulstreik fürs Klima« weltweite Bekanntheit erlangt hatte, eine Bühne geboten, auf der sie ihren berühmt gewordenen Satz »Ich will, dass ihr in Panik geratet« einmal mehr von sich geben konnte.

Auch Al Gore und der 92-jährige britische Filmregisseur Richard Attenborough traten auf und malten ein düsteres Bild der Zukunft. Während Attenborough vom »Ende des Gartens Eden«

sprach, erklärte Gore, dass die tägliche globale Erwärmung der Wärmeenergie von 500.000 Atombomben der Hiroshima-Klasse entspreche, und bezeichnete die aktuelle Lage als »echten umfassenden globalen Notstand«.

Dass die beim Treffen auftretenden Redner einander mit immer bedrohlicheren Zukunftsszenarien überboten und dass am Ende auch noch Kristalina Georgiewa, CEO der Weltbank und designierte Chefin des IWF, nicht etwa über die Probleme im Finanzsystem, sondern über den Klimawandel und die Notwendigkeit des CO_2-Ausstiegs referierte, musste jeden kritischen Beobachter stutzig machen. Da niemand die wirklich brennenden Probleme im Finanzsystem ansprach, konnte das Jahrestreffen 2019 eigentlich nur als eine riesige Ablenkungsveranstaltung eingestuft werden.

Tatsächlich verstärkte sich dieser Eindruck im Verlauf des Jahres weiter. Am 22. August wurde mit Larry Fink, dem Gründer und CEO des Vermögensverwaltungs-Giganten BlackRock, die wohl wichtigste Figur im globalen Finanzsystem in das Führungsgremium des WEF berufen. Kaum einen Monat später, am 17. September, kam es am US-Repo-Markt, an dem sich die Großbanken über Nacht refinanzieren, zu heftigen Turbulenzen. Die Fed, deren wichtigster Berater Finks Unternehmen BlackRock ist, griff umgehend ein und rettete das System einmal mehr, indem sie in den kommenden Monaten taumelnde Hedgefonds und Großbanken mit Hunderten Milliarden US-Dollar versorgte.

Zur gleichen Zeit veranstaltete das WEF den dritten »Gipfel für nachhaltige Entwicklung«, auf dem sich acht lateinamerikanische Staaten verpflichteten, einen regionalen Pakt zu schließen, um den Anteil der erneuerbaren Energien bis 2030 auf 70 % der gesamten Energie zu erhöhen.

Im folgenden Monat kam es dann zu einem vom WEF mitorganisierten Treffen, dessen Bedeutung erst im Licht der Ereignisse ab 2020 zu verstehen ist. Am 18. Oktober veranstaltete das Johns Hopkins Center for Health Security zusammen mit der Bill-und-Melinda-Gates-Stiftung und dem WEF in New York das Event 201. Dabei ging es um den fiktiven Fall einer von einem neuartigen Coronavirus namens nCov-19 ausgelösten weltweiten Pandemie. Ausgangspunkt des Planspiels waren Schweinefarmen in Brasilien. Durch Flugreisen verbreitete sich das Virus nach Europa, in die USA und nach China, wo es in 300 Städten zu Großausbrüchen kam. Die Zahl der infizierten Fälle verdoppelte sich in den ersten Monaten wöchentlich und begann erst nach 18 Monaten zu fallen. Ein Impfstoff stand erst nach einem Jahr zur Verfügung. Die Pandemie endet mit 65 Millionen Toten.

Zu den Teilnehmern der Runde zählten unter anderen die Chefs der amerikanischen und der chinesischen Seuchenschutzbehörden, der Vizechef des weltgrößten Pharmakonzerns Johnson & Johnson, die ehemalige Vizepräsidentin der CIA und der CEO der weltgrößten PR-Agentur Edelman. Das Treffen war in fünf Abschnitte unterteilt, in denen es um die Bereiche medizinische Gegenmaßnahmen, Handel und Reisen, Finanzen, Kommunikation und schlussendlich um das Fazit der Veranstaltung ging. In diesem Fazit unter dem Titel »A Call to Action«[66] (Eine Aufforderung zum Handeln) heißt es unter anderem: »Die Regierungen müssen mit traditionellen und sozialen Medienunternehmen zusammenarbeiten, um flexible Ansätze zur Bekämpfung von Fehlinformationen zu erforschen und zu entwickeln. Dazu muss die Fähigkeit entwickelt werden, die Medien mit schnellen, genauen und in sich schlüssigen Informationen zu überfluten. (…) Die Medienunternehmen ihrerseits sollten sich verpflichten, dafür zu sorgen, dass amtlichen Botschaften Vorrang eingeräumt wird und dass falsche Botschaften unterdrückt werden, auch mithilfe von Technologie.«

Zehn Wochen später meldete China der WHO die ersten COVID-19-Fälle.

26

2020: COVID-19 und der Great Reset

Während das WEF jahrelang immer wieder vor drohenden Pandemien gewarnt, die Angst davor geschürt und zahlreiche Organisationen zu ihrer Bekämpfung ins Leben gerufen hatte, spielte das Thema auf der Jahrestagung im Januar 2020 so gut wie keine Rolle. Obwohl in China, Japan und Thailand bereits erste Fälle von COVID-19 aufgetreten waren und der WHO-Generaldirektor während der Davoser Konferenz einen Notfallausschuss zur Beurteilung der Lage einberief, fanden diese Vorgänge so gut wie keine Beachtung. Stattdessen wurde die Aufmerksamkeit der 3.000 Teilnehmer, zu denen erneut Donald Trump, Greta Thunberg und diesmal auch die deutsche Kanzlerin Merkel (die im Vorjahr wegen der Flüchtlingskrise kurzfristig abgesagt hatte) zählten, einmal mehr auf den Klimawandel gelenkt. Unter dem Motto »Stakeholders for a Cohesive and Sustainable World« (Anspruchsberechtigte für eine vereinte und nachhaltige Welt) ging es um Themen wie die globalen Auswirkungen von Australiens Buschfeuern, die Sicherung einer nachhaltigen Zukunft für den Amazonas, die Rettung der Arktis und den Abschluss eines neuen Green

Deals. Höhepunkt der Veranstaltung war Greta Thunbergs Beitrag zum Thema »Wie wir die Klima-Apokalypse abwenden«.

Eine Woche, bevor WHO-Generaldirektor Tedros am 30. Januar 2020 durch die Ausrufung einer internationalen gesundheitlichen Notlage die höchste Alarmstufe auslöste, und weniger als sieben Wochen, bevor es zur Erklärung einer weltweiten Pandemie kam, fand auf dem Forum, das zu den bestvernetzten und bestinformierten Organisationen der Welt zählt, nur eine einzige Veranstaltung zum Thema »Aufbau widerstandsfähiger Gesundheitssysteme« statt.

Auch die brennenden Probleme im globalen Finanzsystem, das seit der Krise am US-Repo-Markt nur durch riesige Geldinjektionen der Fed über Wasser gehalten worden war, wurden nur gestreift und die weltwirtschaftlichen Aussichten immer wieder nur unter dem Gesichtspunkt des Klimawandels oder der Auswirkungen der vierten industriellen Revolution betrachtet.

Umso dramatischer entwickelten sich die Ereignisse im Anschluss an die Konferenz. Im Februar explodierten die Corona-Fallzahlen in China. Das Virus verbreitete sich blitzschnell um die ganze Welt, bis die WHO am 11. März den globalen Gesundheitsnotstand verkündete. In der medialen Berichterstattung und seitens der Politik fanden dabei zwei bedeutende Fakten so gut wie keine Erwähnung. Zum einen war die Ausrufung des Notstands nur deshalb möglich, weil die WHO die Definition einer Pandemie im April 2009 abgeschwächt und die Passage, in der eine »beträchtliche Zahl von Toten« vorausgesetzt wird, gestrichen hatte. Zum anderen war die WHO, die 1948 gegründet und in den Anfangsjahren von den Teilnehmerländern finanziert worden war, ab den 1990er-Jahren in eine immer größere Abhängigkeit von privaten Geldgebern, insbesondere der Pharmaindustrie und der Bill-und-Melinda-Gates-Stiftung, geraten.

Ungeachtet dieser Tatsachen wurden nach chinesischem Vorbild weltweit Einschränkungen und Lockdowns erlassen – in zahlreichen Ländern von Absolventen der Kaderschmieden des WEF. In Deutschland verfügten Kanzlerin Merkel (Global Leader for Tomorrow) und ihr Gesundheitsminister Jens Spahn (Young Global Leader) am 16. März den ersten Lockdown, der insgesamt sieben Wochen lang dauern sollte.

Während sich die wirtschaftlichen Folgen erst mit zeitlicher Verzögerung zeigten, waren die finanziellen Folgen umgehend sichtbar. Ende März/Anfang April brachen die Finanzmärkte weltweit ein, erholten sich aber ungewöhnlich schnell und legten anschließend eine gigantische Rallye hin. Hintergrund waren die größte Geldschwemme und die größte Umverteilung von unten nach oben, die die Welt je gesehen hatte. Während der Mittelstand mit eher bescheidenen Zahlungen abgefunden wurde, erhielten Großunternehmen milliardenschwere Unterstützungszahlungen von den Staaten.

Am meisten profitierte die Plattformökonomie. Konzerne wie Apple, Alphabet und Amazon erzielten aufgrund der Einschränkungen gewaltige Gewinne und bauten ihre Marktmacht in kaum vorstellbarer Weise aus. Betrachtet man die Liste der 100 strategischen Partner des WEF, so gibt es darin kaum ein Unternehmen, das nicht zu den Gewinnern des Jahres 2020 zählt.

Zudem profitierten sowohl die Pharmaindustrie als auch die hinter ihr stehenden Aktionäre von dem Boom, den die Gründung der Plattform COVAX (COVID-19 Global Vaccine Access; globaler Zugang zu COVID-19-Impfstoffen) auslöste. COVAX wurde im April 2020 von der WHO, der GAVI und der CEPI ins Leben gerufen. Bis zum Jahresende schlossen sich ihr fast alle Länder der Erde an. Das offizielle Ziel der Organisation bestand darin, bis Ende 2021 weltweit 2 Milliarden Dosen Impfstoff zu verteilen.

Für deren Herstellung wurden auf einer GAVI-Geberkonferenz im Juni 2021 in London 8,8 Milliarden US-Dollar eingesammelt. Deutschland verpflichtete sich, bis 2025 600 Millionen Euro zu zahlen, die EU sagte 300 Millionen Euro zu, Frankreich 500 Millionen Euro und die Schweiz 30 Millionen Franken. Größter Geldgeber war Gastgeberland Großbritannien mit einer Zusage von 1,65 Milliarden Pfund. Die Bill-und-Melinda-Gates-Stiftung steuerte 1,4 Milliarden Euro bei.

Der von der Mehrheit der Menschen nicht verstandene finanzielle Mechanismus hinter diesem Vorgang sieht folgendermaßen aus: Die Regierungen geben Staatsanleihen aus, die die Zentralbanken ihnen mit frisch gedrucktem Geld abkaufen. Dieses Geld wandert dann von den Regierungen über die GAVI und die Empfängerländer in die Taschen der Impfhersteller, hinter denen die IT-Konzerne und die Vermögensverwalter stehen.

Die gesamte Aktion wurde der Weltöffentlichkeit als Hilfe für die ärmsten Länder der Welt und vor allem deren von Infektionskrankheiten bedrohte Kinder präsentiert. Dieses Argument wurde aber schon dadurch widerlegt, dass Länder wie die USA, Großbritannien, aber auch die EU und andere parallel zu der Aktion bilaterale Abkommen schlossen und den Markt zum Vorteil der Pharmaindustrie in kurzer Zeit leer kauften.[67]

Am 9. Juli 2020 kam es am WEF zu einer außergewöhnlichen Buchpremiere. Ganze vier Monate nach der Ausrufung der weltweiten Pandemie präsentierte Klaus Schwab sein mit Co-Autor Thierry Malleret verfasstes Werk *COVID-19: The Great*

Reset (deutscher Titel: *COVID-19: Der große Umbruch*), in dem er die weltweite Gesundheitskrise als ein »Fenster der Gelegenheit« beschreibt, »über unsere Welt nachzudenken, sie in Gedanken neu zu konzipieren und neu zu gestalten«, und in dem er die Weltsituation in folgendem Satz zusammenfasst: »Viele von uns überlegen, wann sich die Dinge wieder normalisieren werden. Die kurze Antwort lautet: Niemals.«

Zusammen mit seinem Buch stellte Schwab die »Great Reset Initiative« vor, mit der das WEF in Kooperation mit seinen Partnern den Aufbau der Post-COVID-19-Welt in Angriff nehmen will. Bemerkenswert ist, dass die Coronakrise im Rahmen dieser Initiative nur als ein vorübergehendes Phänomen betrachtet wird und dass es nicht um die Vorbereitung auf weitere mögliche Pandemien geht, sondern hauptsächlich um zwei andere Themen: den Klimawandel und die durch die vierte industrielle Revolution erforderliche Umgestaltung der globalen Gesellschaft.

Den Zusammenhang zwischen der Klima-Agenda und der Gesundheitskrise brachte WEF-Contributor Mike Hayes von der Wirtschaftsprüfungsgesellschaft KPMG folgendermaßen auf den Punkt: »Wir haben gesehen, wie die plötzliche Ankunft von COVID-19 die Wirtschaft zerstört hat, aber der Klimawandel hat das Potenzial, einen finanziellen Zusammenbruch in einem Ausmaß zu verursachen, das alles bisher Dagewesene in den Schatten stellen könnte. Einige Schätzungen beziffern den Wert der Vermögenswerte, die auf der Strecke bleiben könnten, auf 40 Billionen US-Dollar.«[68]

Wie es den Klimawandel für sich zu nutzen gedachte, hatte das WEF bereits zwei Monate zuvor gezeigt, als es die »First Movers Coalition« (Koalition der Wegbereiter) auf den Weg gebracht hatte. Dabei handelt es sich um eine globale Initiative, die sich die Kaufkraft von Unternehmen zunutze macht, um sieben schwer zu bekämpfende Industriesektoren zu dekarbonisieren, die 2020 für 30 % der weltweiten Emissionen verantwortlich waren: Aluminium, Luftfahrt, Chemie, Beton, Schifffahrt, Stahl und Lkw-Verkehr. Dass es sich dabei um ein einträgliches Geschäft handelt, sollte sich schon im folgenden Jahr zeigen: Laut PricewaterhouseCoopers (PwC) wurden zwischen Oktober 2020 und September 2021 mehr als 85,7 Milliarden US-Dollar in Klimatechnologie investiert.

Auch im Bereich der Digitalisierung trieb das WEF im Schatten der alles übertönenden Coronakrise diverse Projekte voran, insbesondere was die Kontrolle und Überwachung der Bürger durch die Erfassung ihrer Daten betraf. Ein wichtiger erster Schritt dürfte das im Frühjahr 2020 getroffene Übereinkommen zwischen den strategischen Partnern Apple und Google gewesen sein, die Bluetooth-Kontaktverfolgungsfunktion in gegenseitig kompatibler Weise in ihre jeweiligen Betriebssysteme einzuprogrammieren. Das Ziel bestand darin, alle physischen Kontakte jedes Trägers eines Android- oder Apple-Smartphones erfassbar und von den USA aus auswertbar zu machen.

In dieselbe Richtung ging die am 16. September von WEF-Vorstandsmitglied Ursula von der Leyen in ihrer Rede zur Lage der Union bei der Plenartagung des Europäischen Parlaments erhobene Forderung nach der Einführung der »sicheren europäischen digitalen Identität«, die »die Bürgerinnen und Bürger überall in Europa nutzen können, um alles zu tun, vom Steuernzahlen bis hin zum Fahrradmieten«.[69]

Dass man nicht nur forderte, sondern auch handelte, zeigte das Zusammengehen des WEF mit dem Commons Project, das im Jahr zuvor von der Rockefeller-Stiftung in New York gegründet worden war und dessen offizielles Ziel in der »Entwicklung von Instrumenten zur Erfassung von Gesundheitsdaten und anderen persönlichen Daten« besteht. Die inzwischen in Genf angesiedelte Stiftung hat einen Vorstand berufen, in dem 62 hochrangige Vertreter von Konzernen und Organisationen aus 24 Ländern sitzen, darunter Vertreter von Microsoft, BlackRock, JPMorgan und diversen UN-Unterorganisationen.

Im August 2020 stellte das WEF den CommonPass unter der Überschrift »Die Welt in der COVID-Ära bereisen« vor, im Oktober verkündeten beide Organisationen den Start eines Feldversuchs mit der App CommonPass, mit dem Flugreisende ihren Gesundheits- und Impfstatus beim Boarding oder bei der Einreise auf ihrem Smartphone vorzeigen können. Der Test sollte mit Freiwilligen auf den Strecken zwischen London, New York, Hongkong und Singapur auf den Flügen von Cathay Pacific und United Airlines begonnen und später auf Flugverbindungen über alle Kontinente ausgeweitet werden. Begleitet werden sollte das Projekt von der US-Einreisebehörde und dem Center for Disease Control (CDC), der durch die Coronakrise zu weltweiter Bekanntheit aufgestiegenen US-Gesundheitsbehörde.

Es fiel auf, dass Informationen über dieses Projekt und auch über andere Projekte wie KTDI oder ID2020 immer spärlicher an die Öffentlichkeit drangen und dass es immer schwieriger wurde, Einzelheiten über deren Fortgang zu erfahren. Die Probleme bei der Informationsbeschaffung fielen zusammen mit einer weltweiten Zensurwelle, die mit der Coronakrise unter dem Schlagwort der »Bekämpfung von gesundheitlichen Fehlinformationen« begonnen hatte und später mit der wesentlich umfassenderen Bekämpfung von »Fake News« fortgesetzt wurde.

Das WEF steht ganz offensichtlich im Zentrum dieser bis heute andauernden Bemühungen, Kritiker des Great Reset mundtot zu machen. Zum einen zählen die IT-Unternehmen, die die Zensur vornehmen, zu seinen strategischen Partnern, zum anderen sind kritische Beiträge zum WEF kaum noch im Internet zu finden; zahlreiche seiner Websites sind entweder offline genommen oder nachträglich manipuliert worden.

Der Grund dafür dürfte in der Explosion des Bekanntheitsgrades der Stiftung liegen. Spätestens seit dem Erscheinen von *COVID-19: The Great Reset* sind das WEF und sein Gründer Schwab weltweit in den Fokus der Öffentlichkeit gerückt. Mit dem jahrzehntelang genossenen Privileg, weitgehend ungestört im Hintergrund arbeiten zu können, ist es seither vorbei. Stattdessen setzte mit dem Erscheinen von *COVID-19: The Great Reset* eine schnell zunehmende Welle der Kritik ein, die dazu führte, dass das Image, an dem das WEF jahrzehntelang gearbeitet hatte, in der Öffentlichkeit erheblichen Schaden nahm.

27

2021 – 2022:
»Kreative Zerstörung« –
bis hin zum Krieg

Die Kritiker des WEF merkten schnell, dass sie – historisch gesehen – nicht allein waren. Einige von ihnen stießen bei ihren Recherchen auf den US-amerikanischen Politikwissenschaftler und Regierungsberater Samuel Huntington, der 2004 in einem Papier mit dem Titel »Dead Souls: The Denationalization of the American Elite«[70] (»Tote Seelen: Die Entnationalisierung der amerikanischen Elite«) den Begriff des »Davos man« geprägt hatte. Vertreter dieser Gattung hatten für Huntington »wenig Bedarf an nationaler Loyalität, betrachten nationale Grenzen als Hindernisse, die glücklicherweise verschwinden, und sehen nationale Regierungen als Überbleibsel der Vergangenheit, deren einzige nützliche Funktion darin besteht, die globalen Operationen der Elite zu erleichtern.«

Dass Huntingtons weitgehend zutreffende Charakterisierung international auf viel Zuspruch traf, konnte den Betroffenen natürlich nicht gefallen. Deshalb dürften viele der 1.500 Teilnehmer des Jahrestreffens 2021 nicht unglücklich gewesen sein, dass es wegen der Coronavorschriften virtuell abgehalten wurde und dass die folgenden Präsenztreffen im August in Singapur und im darauffolgenden Januar 2022 aufgrund von Coronamaßnahmen komplett abgesagt wurden.

Beim virtuellen Treffen im Januar 2021, das unter dem Motto »Great Reset« stattfand, sprachen neben der deutschen Bundeskanzlerin Merkel und dem französischen Präsidenten Macron EU-Kommissionspräsidentin Ursula von der Leyen und der neue US-Klimabeauftragte John Kerry. Ein Schwerpunkt der Versammlung lag auf der Wirtschaft Asiens, die mittlerweile mehr als 50 % der globalen Wirtschaftsleistung erbringt. Neben dem chinesischen Präsidenten Xi Jinping und Indiens Premierminister Narendra Modi wandte sich auch Japans neuer Premier Yoshihide Suga an die Teilnehmer.

Einen weiteren Schwerpunkt bildete erneut der Klimawandel. In Anspielung auf die Coronakrise sagte der britische Prinz Charles, man wisse, dass der Klimawandel die nächste globale Katastrophe mit noch dramatischeren Folgen für die Menschheit sein könne, und dürfe daher einfach keine Zeit mehr verlieren. UN-Generalsekretär Guterres nannte den Great Reset »eine willkommene Anerkennung, dass diese menschliche Tragödie [gemeint war das Zusammentreffen von Gesundheits- und Klimakrise] ein Weckruf sein«[71] müsse.

Klaus Schwab wies zum wiederholten Mal darauf hin, dass es für das WEF von entscheidender Bedeutung sei, die Generation der unter 30-Jährigen für die eigene Agenda zu gewinnen. Aus diesem Grunde waren an 400 Orten der Welt Ortsgruppen der mittlerweile auf über 10.000 Mitglieder angewachsenen »Global Shapers« der Veranstaltung zugeschaltet; außerdem wurden nach dem Treffen eine ganze Reihe weiterer Online-Veranstaltungen unter dem Motto »The Great Reset Dialogues« abgehalten.

Im April 2021 wurde der ehemalige britische Labour-Premier-
minister Gordon Brown (ein Global Leader for Tomorrow der ersten Stunde) von der WHO dazu ernannt, ein 60-Milliarden-Dol-
lar-Programm für die Impfung gegen die Rinderpest in armen
Ländern zu fördern. Fünf Monate später verlieh die WHO Brown
den Titel des »WHO-Botschafters für globale Gesundheitsfinan-
zierung«.

Beim Gipfel für nachhaltige Entwicklung, der im September in
Genf abgehalten wurde, ging es nicht nur um die Wiederbelebung
der Volkswirtschaften nach der Coronakrise und um die Verstärkung der Klimaschutzmaßnahmen, sondern auch um die Gestaltung zukünftiger Lebensmittelsysteme unter Berücksichtigung der
Möglichkeiten, die die Entwicklung der synthetischen Biologie
im Rahmen der vierten industriellen Revolution mit sich bringt.

Im Oktober 2021 erschien als Ergebnis einer Zusammenarbeit
zwischen dem WEF und Accenture sowie weiteren Partnern aus
Industrie und Regierung ein White Paper zum Projekt KTDI[72],
das eigentlich Anfang 2021 in seine Pilotphase hatte eintreten sollen. Die Überschrift »Beschleunigung des Übergangs zu digitalen
Ausweisen im Reiseverkehr« ließ ahnen, dass es bei der Umsetzung der projektierten Maßnahmen zu Verzögerungen gekommen war, machte aber gleichzeitig deutlich, dass man unter allen
Umständen am Ziel der biometrischen Erfassung von Reisenden
festhalten würde.

Die Jahreswende 2021/2022 stand ganz im Zeichen der sich
zuspitzenden Auseinandersetzungen um die Ukraine, die am 24.
Februar mit dem Einmarsch Russlands in die zwei Tage zuvor von
Moskau zu unabhängigen Republiken erklärten ostukrainischen
Städte Donezk und Luhansk in einen offenen Krieg mündeten.
Da keine Seite die Bereitschaft zu einer diplomatischen Lösung

des Konfliktes zeigte und die Gefahr einer Ausweitung des Krieges und eines möglichen Flächenbrandes bestand, wandten sich viele Augen nach Davos.

Es gab wohl keine andere Persönlichkeit, die aufgrund ihrer Vernetzung und ihres weltweiten Einflusses so gut in der Lage gewesen wäre, die Kontrahenten an einen Tisch zu holen, wie Klaus Schwab. Schon Jahre zuvor hatte er davon gesprochen, dass es in dem Konflikt auf »Brückenbildung« ankomme[73] und alles getan werden müsse, um die Streitigkeiten friedlich beizulegen. Doch Schwab, der in seinem Buch *COVID-19: The Great Reset* den Begriff der »kreativen Zerstörung« geprägt hatte, griff nicht ein und das WEF stellte sich schon kurz nach Ausbruch des Krieges auf die Seite des für seine Korruption bekannten und berüchtigten Regimes in Kiew.

Obwohl die Jahresveranstaltung 2022 unter dem Motto »Zusammenarbeiten, Vertrauen wiederherstellen« stand, ließ Schwab die russische Delegation samt seinem langjährigen Weggefährten Wladimir Putin, den er noch auf dem virtuellen Treffen von 2021 freundlich begrüßt hatte, zugunsten einer zwölfköpfigen ukrainischen Delegation ausladen und gab Wolodymyr Selenskyj zudem die Möglichkeit, von seinem Amtssitz aus die Eröffnungsrede zu halten. Die jedoch hielt der ukrainische Präsident vor einem deutlich reduzierten Publikum. Zwar fanden Christine Lagarde, Ursula von der Leyen, NATO-Chef Stoltenberg, der deutsche Bundeskanzler Scholz und sein Wirtschaftsminister Habeck den Weg nach Davos, doch weder Xi Jinping noch Joe Biden erschienen und die USA entsandten in diesem Jahr nicht einen einzigen Regierungsvertreter.

Auch das restliche Jahresprogramm des WEF fiel spärlich aus. Im Juli wurde das jährliche Treffen der »New Champions« in

China abgehalten, bei dem es neben dem Klimawandel um das Metaversum und die Verhinderung einer weltweiten Nahrungsmittelkrise ging. Im September fand das Treffen zur nachhaltigen Entwicklung in New York statt, bei dem es unter anderem um die Bekämpfung der Desinformation und um die Bewältigung einer globalen Ressourcenkrise ging, die wegen der Energieengpässe auch den Bereich der Nahrungsmittel betrifft.

Im Mai hatte Schwab im einem Interview mit der *Neuen Zürcher Zeitung* (NZZ) bereits ein »sehr großes neues Projekt« angekündigt, das das WEF zusammen mit Microsoft, Accenture und verschiedenen internationalen Organisationen plane. Ziel ist es, Davos ins Metaversum zu bringen und dort ein »Global Collaboration Village« (Globales Dorf der Zusammenarbeit) aufzubauen.

Ein Rückblick auf die Öffentlichkeitsarbeit des WEF in den Jahren 2020 bis 2022 zeigt, dass die Aktivitäten nach dem Erscheinen von *COVID-19: The Great Reset* und der heftigen Welle von Kritik, die das Buch auslöste, stark eingeschränkt wurden. Schaut man in die Liste der zwischen 2020 und 2022 in die Reihen der »Young Global Leaders« aufgenommenen neuen Bewerber, so fällt auf, dass China nach den USA das größte Kontingent stellte und dass überdurchschnittlich viele Kandidaten aus dem Finanzbereich stammen. Das ist kein Zufall, denn beide sollen nach dem Willen des WEF im Rahmen des Great Reset in der nahen Zukunft eine entscheidende Rolle spielen.

28

Die Zukunftsvision des WEF: Autoritäre Regimes und digitale Zentralbankwährungen

Dass China seit Jahrzehnten für das WEF eine entscheidende Rolle spielt, liegt nicht, wie viele glauben, daran, dass das Land aufgrund seines außergewöhnlichen Wirtschaftswachstums neue Maßstäbe gesetzt hat. Es liegt vielmehr daran, dass China trotz des Übergangs von der Planwirtschaft zur Marktwirtschaft die zentralistischen Strukturen aus der Zeit des Maoismus beibehalten hat und dass die chinesische Regierung daher viel autoritärer schalten und walten kann als ihre unter parlamentarischen Bedingungen handelnden Kontrahenten.

Das zeigte sich besonders im Rahmen der Coronakrise, während der das Regime in Beijing mit eiserner Härte vorging und die längsten und schärfsten Lockdowns der Welt verfügte. Das zeigt sich aber auch in Bezug auf ein anderes Projekt, das zurzeit weltweit im Hintergrund vorbereitet und vom WEF unterstützt wird –

die Einführung digitaler Zentralbankwährungen, das Herzstück des Great Reset.

Allen großen Spielern im Weltfinanzsystem ist klar, dass die durch die Lockdowns herbeigeführte Wirtschaftskrise und die anschließende Geldschwemme der Zentralbanken das globale Finanzsystem endgültig zerbrochen haben. Da das bereits seit dem am Jahresende 2018 gescheiterten Versuch, das Ruder herumzureißen (siehe Kapitel 25), abzusehen war, hat man damals angefangen, über ein neues System nachzudenken.

Im Zentrum der Überlegungen stand dabei das Problem negativer Zinsen, die zur Aufrechterhaltung des Systems erforderlich wären. Dabei kam man auf die Idee, das klassische Bankwesen abzuschaffen, den Geschäftsbanken die Kreditvergabe aus der Hand zu nehmen und diese ausschließlich in die Hand der Zentralbanken zu legen. Konkret sieht das Projekt so aus: Jeder Bürger und jedes Unternehmen soll nur noch über ein einziges bei der Zentralbank angelegtes Konto verfügen. Das würde dem Staat ermöglichen, die Geldmenge zentral festzulegen, Geldströme zu steuern und zu kontrollieren und Zinssätze je nach Bedarf festzusetzen.

Welche Rolle dem WEF bei der Entwicklung und Einführung digitaler Zentralbankwährungen zukommt, wurde im Januar 2020 bekannt, als es das »Global Consortium for Digital Currency« (Globale Arbeitsgemeinschaft für die Verwaltung digitaler Währungen) ins Leben rief. Dabei handelte es sich um »die erste Initiative, die führende Unternehmen, Finanzinstitute, Regierungsvertreter, technische Experten, Akademiker, internationale Organisationen, Nichtregierungsorganisationen und Mitglieder der Gemeinschaften des Forums auf globaler Ebene zusammenbringt«.

Die Website, der dieser Text entnommen ist, enthält zudem eine Information, die bei seriöser Berichterstattung der Mainstreammedien wie eine Bombe hätte einschlagen müssen. Dort heißt es: »Diese Initiative baut auf der Arbeit auf, die das Forum im vergangenen Jahr geleistet hat, indem es eine globale Gemeinschaft von Zentralbanken einberufen hat, um einen politischen Rahmen für die Einführung digitaler Währungen mitzugestalten.«[74]

Hier wird ganz nebenbei erwähnt, dass das WEF mit der Zusammenführung der Zentralbanken de facto die globale Führung bei der Entwicklung eines der für die Zukunft der Menschheit wichtigsten Projekte übernommen hat. Aber das ist noch nicht alles. Das große Problem besteht nämlich nicht nur in der Konzeption, sondern vor allem in der Einführung des neuen Geldsystems. Die Bürger würden sehr schnell mitbekommen, dass der Staat nicht nur jede einzelne Transaktion nachverfolgen, sondern ihnen neben individuellen Zins- auch individuelle Steuersätze oder auch Strafzahlungen auferlegen, das Geld an ein Ablaufdatum oder an ein Sozialkreditsystem nach chinesischem Vorbild binden oder sie von allen Finanzströmen ganz abschneiden könnte.

Im Gegensatz zum autoritären China, wo bis zum Sommer 2022 bereits mehr als 260 Millionen Bürger und Unternehmen ein digitales Zentralbankkonto in Form einer Wallet akzeptiert hatten, dürfte ein solches Projekt unter parlamentarischen Verhältnissen wohl nur gegen erheblichen sozialen Widerstand durchzusetzen sein. Kein Wunder also, dass im Hintergrund auch hier hektisch nach Lösungen gesucht und mittlerweile ganz offenbar eine vermeintliche Lösung gefunden wurde: das universelle Grundeinkommen. Es sieht vor, dass jeder Bürger – unabhängig von seiner wirtschaftlichen Lage – eine gesetzlich festgelegte und für jeden gleiche staatliche finanzielle Zuwendung erhält, ohne dafür eine Gegenleistung erbringen zu müssen. Ein solches Einkommen wird seit Längerem von zahlreichen Sozialverbänden, Religionsgemeinschaften und politischen Kräften der Linken als Hilfe und Unterstützung für einkommensschwache Bevölkerungsschichten gefordert.

Dass der digital-finanzielle Komplex sich diesen Kräften anschließt, hat allerdings nichts mit sozialen Absichten zu tun. Sein inzwischen immer deutlicher werdendes Problem besteht nämlich darin, dass der fortschreitende Abbau von Arbeitsplätzen im Rahmen der vierten industriellen Revolution in unserer konsumgetriebenen Wirtschaft zu einem zunehmenden Rückgang der Nachfrage führt. Genau da kommt in seinen Augen das auf der Grundlage digitalen Zentralbankgeldes ausgegebene universelle Grundeinkommen ins Spiel: Es würde dem Staat ermöglichen, die Nachfrage anzuheizen und sie zudem – zum Beispiel durch die Bindung des Geldes an ein Ablaufdatum – künstlich zu steuern.

Tatsächlich ist das Projekt schlussendlich zum Scheitern verurteilt, denn es würde eine Welle von Preissteigerungen auslösen, die die Regierung nur durch Preiskontrollen stoppen könnte, die wiederum zu einem verminderten Angebot und damit zu wirtschaftlichem und finanziellem Dauerchaos führen würden.

Dass man trotzdem daran festhält, hat einen simplen Grund: Es ist die einzige Möglichkeit, die Herrschaft des digital-finanziellen Komplexes nach dem Zusammenbruch des gegenwärtigen Geldsystems aufrechtzuerhalten – wenn auch nur für eine begrenzte Zeit und unter extrem autoritären Verhältnissen. Deshalb bemüht sich auch das WEF nach Kräften, der Öffentlichkeit das universelle Grundeinkommen nicht etwa als Zwangsakt zu präsentieren, sondern als eine Art humanitären Akt schmackhaft zu machen.

Auf seiner Website schrieb es bereits am 17. April 2020: »Universelles Grundeinkommen ist die Antwort auf die von COVID-19 aufgedeckten Ungleichheiten.«[75] Interessanterweise gibt das WEF im Zuge desselben Artikels zu, dass es um die Probleme weiß: »Die Neinsager – und davon gibt es viele – werden darauf hinweisen, dass das nicht funktionieren wird, weil es sich kein Land leisten kann, regelmäßig Geld an alle Bürger zu verteilen. Sie werden argumentieren, dass wir unhaltbare Defizite haben werden, die nicht finanziert werden können.« Genau das ist der Fall. Das WEF aber argumentiert folgendermaßen weiter: »Dies ist eine berechtigte Sorge. Aber die Alternative – die Auswirkungen von COVID-19 nicht ernsthaft anzugehen – wird zu einem noch stärkeren Anstieg der Ungleichheit führen und die sozialen Spannungen verstärken, was die Regierungen noch mehr kosten würde und die Länder einem erhöhten Risiko gesellschaftlicher Konflikte aussetzen würde.«

Hier wird im Grunde offen zugegeben, dass das Projekt zum Scheitern verurteilt ist, man aber wider alle Vernunft daran festhält – aus Gründen, die austauschbar sind: Es könnte COVID-19, aber ebenso gut der Klimawandel, eine Energiekrise oder ein Krieg sein. Das ist mehr als enthüllend, denn es macht klar, warum die Welt spätestens seit 2020 mithilfe des WEF und der von ihm herangezüchteten politischen Kräfte von einer Krise in die nächste geführt wird: *Man braucht diese Krisen, um die Einführung des universellen Grundeinkommens voranzutreiben.*

29

Vom EMF zum WEF: Vom Lobbyismus zum Transhumanismus

Die Mainstreammedien stellen das WEF gern als eine Organisation dar, die die Reichen und Mächtigen dieser Welt einmal im Jahr in der Abgeschiedenheit der Schweizer Berge zusammenführt, damit diese dort ungestört unter sich sein und sich untereinander austauschen können. Die Geschichte der Stiftung zeigt jedoch, dass eine solche Darstellung ihrer Macht und ihrem Einfluss auf den wirtschaftlichen und politischen Lauf der Welt nicht annähernd gerecht wird.

Klaus Schwab hat sich der Elite 1971 mit dem EMF als Vermittler zwischen Konzernen, Regierungen und internationalen Vereinigungen angeboten und es durch eine gezielte Vernetzungs- und Informationspolitik geschafft, zu einem immer wichtigeren Bindeglied zwischen ihnen zu werden. Seine vielen Kontakte und die dadurch erhaltenen Insiderinformationen haben es ihm nach und nach ermöglicht, über die Rolle des Verbindungs- und Mittelsmanns hinauszuwachsen und immer aktiver an der Gestaltung der Welt mitzuwirken.

Das WEF hat große Teile des Nahen Ostens, Afrikas, Südamerikas und Asiens durch seine regelmäßigen internationalen Treffen systematisch für das westliche Kapital erschlossen. Es hat entscheidend daran mitgewirkt, China nach dem Übergang zur Marktwirtschaft mit der Welt zu vernetzen. Es war wesentlich an der Organisation der deutschen Wiedervereinigung und der Zusammenstellung der neuen politischen Führung in Russland nach der Auflösung der planwirtschaftlich organisierten UdSSR beteiligt. Es hat nach der Abschaffung der Apartheid führend an der Umgestaltung Südafrikas mitgewirkt. Dazu hat es über weltweit organisierte Treffen zur Vorbereitung großer Konferenzen, wie zum Beispiel der G7, G8 und G20, oder auch internationaler Abkommen wie des WTO, direkten Einfluss auf das politische und wirtschaftliche Weltgeschehen genommen.

Seit 1992 schult und vernetzt das WEF zudem die korporative und politische Elite der Welt. Die »Global Leaders for Tomorrow« und die »Young Global Leaders« haben in Klaus Schwabs Worten »die Kabinette der Welt durchdrungen«[76] und sitzen heute an den wichtigsten Schalthebeln der Macht. Zugleich sitzen Schlüsselfiguren des internationalen Finanzgeschehens wie BlackRock-Chef Larry Fink, EZB-Chefin Christine Lagarde oder IWF-Chefin Kristalina Georgiewa im Vorstand des WEF.

Durch seine enge Zusammenarbeit mit Großkonzernen der Digitalindustrie und der Bill-und-Melinda-Gates-Stiftung hat das WEF die Entwicklung technologischer und finanzieller Neuerungen weltweit vorangetrieben. Viele entscheidende Initiativen wie die Impfallianz GAVI, ID2020, COVAX, KTDI oder die Better-Than-Cash-Alliance sind entweder in Rahmen des WEF oder unter seiner direkten oder indirekten Mitwirkung entstanden. Das WEF hat den Lauf der Welt spätestens seit dem Ende der 1980er-Jahre entscheidend mitgeprägt und damit einen wesentlichen Beitrag zu dem neben der Digitalisierung und der Finanzialisierung wichtigsten Prozess dieser Zeit geleistet – der Konzentration von immer mehr Vermögen und immer mehr Macht in immer weniger Händen.

Noch nie in der Geschichte der Menschheit haben so wenige Menschen über so viel Geld und so viel Macht verfügt wie in unserer Zeit. Zu verdanken haben sie das einer Wirtschafts- und Finanzpolitik, die sich ausschließlich an den Interessen der größten und mächtigsten Konzerne der Welt orientiert. Es ist kein Zufall, dass ca. 120 Vertreter dieser Gattung zu den strategischen Partnern des WEF gehören und dass ihnen ihre Mitgliedschaft in der Organisation bereits 2015 einen Jahresbeitrag von etwa 700.000 US-Dollar wert war.

Verlierer der Entwicklung sind der Mittelstand und die arbeitende Bevölkerung. Während dem Mittelstand durch die vom WEF geförderte Plattformökonomie nach und nach der Boden unter den Füßen weggezogen wird, leidet die arbeitende Bevölkerung unter den Folgen einer Finanzpolitik, die von der Mehrheit Austerität verlangt, während sie einer winzigen Minderheit ermöglicht, sich in nie da gewesener Weise zu bereichern.

Misst man das WEF an seinem eigenen Motto »Den Zustand der Welt verbessern«, so kann man nur zu dem Ergebnis kommen, dass es krachend gescheitert ist. Die Welt ist heute nicht nur ungleicher als zu Beginn der 1970er-Jahre, sie ist unsicherer und vor allem gefährlicher. Auch das liegt zu einem großen Teil in der Verantwortung des WEF, denn sein Eintreten zugunsten der Entwicklung der künstlichen Intelligenz im Rahmen der vierten industriellen Revolution hat dazu beigetragen, die Tür zu einer Welt aufzustoßen, die es dem Menschen ermöglicht, in die Evolution einzugreifen und gottgleich zu handeln.

Statt hier eine rote Linie für die Menschheit zu erkennen, bekennt sich Klaus Schwab offen mit großer Begeisterung zum Transhumanismus.[77] Er geht davon aus, dass die biologische und die digitale Sphäre in absehbarer Zukunft miteinander verschmelzen, was die Menschheit auf ein höhere Daseinsstufe transformieren wird.

Da diese Entwicklung im Rahmen des Great Reset, für den Schwab immerhin das Drehbuch geschrieben hat, vollständig in den Händen des digital-finanziellen Komplexes liegt, sind die Folgen beängstigend: Die biodigitale Konvergenz wird nämlich nicht nur im Interesse der Elite erfolgen, sondern kann – aufgrund der Fortschritte in der Nanobiotechnologie – auch gegen den Willen der Mehrheit der Menschen durchgesetzt werden und damit in eine moderne Form der Sklaverei führen, aus der es für die Masse aufgrund ihres Unverständnisses der Zusammenhänge und Hintergründe keinen Ausweg gibt.

Die alles entscheidende Frage unserer Zeit lautet daher: Ist eine solch düstere Zukunft vermeidbar oder sind wir ihr aufgrund der Macht, die das WEF im vergangenen halben Jahrhundert an sich gerissen hat, hilflos ausgeliefert?

Um diese Frage zu beantworten, sollte man sich zunächst eine andere Frage stellen: Wie konnte das WEF überhaupt so mächtig werden? Die Antwort lautet: Weil die Mehrheit der Menschen seinem Aufstieg keine besondere Aufmerksamkeit gewidmet hat, und das aus zwei Gründen: Entweder weil sie nicht wusste, dass es sich hier um die größte und mächtigste Lobby-Organisation der globalen Elite handelt, oder weil sie seiner eigenen Selbstdarstellung einer um die Zukunft der Menschheit besorgten und aus ethischen Motiven handelnden Stiftung geglaubt hat.

Damit aber ist spätestens seit 2020 Schluss. Klaus Schwab hat sich und dem WEF mit seinem Buch *COVID-19: The Great Reset* einen Bärendienst erwiesen. Es hat die Organisation in nie da gewesener Weise ins Licht der Öffentlichkeit gerückt, vielen Menschen rund um den Globus die Augen geöffnet und zu einer gewaltigen Welle der Kritik geführt. Die eisenharte Haltung vieler »Young Global Leaders« in der Coronakrise, die Verweigerung von Friedensbemühungen in der Ukraine und die Unterstützung des korrupten Selenskyj-Regimes haben ein Übriges dazu beigetragen.

Das Zurückfahren seiner öffentlichen Aktivitäten und die Löschung oder Manipulation zahlreicher Webseiten zeigen, dass sich das WEF in der Defensive befindet. Da es aber auf Gedeih und Verderb mit dem bestehenden System verbandelt ist, gibt es für Schwab und seine Organisation keinen anderen Weg, als den Great Reset weiter voranzutreiben. Dieser Druck aber wird beide zwangsläufig in einen immer größeren Konflikt mit der Mehrheit der Menschen führen. Das wiederum schafft den Nährboden für eine Aufklärungskampagne, mit der dem WEF sein wichtigster Trumpf aus der Hand genommen werden kann: die Ignoranz der Massen.

Die Chance ist da, es kommt nur darauf an, sie zu ergreifen.

Bonuskapitel A
Strategische Partner

ABB (Asea Brown Boveri)

Energie- und Automatisierungstechnikkonzern mit Hauptsitz in Zürich. 1988 aus der Fusion der schwedischen ASEA und der schweizerischen BBC entstanden. Beschäftigt ca. 105.000 Mitarbeiter in 105 Ländern. CEO: Björn Rosengren. Umsatz 2021: ca. 29 Milliarden US-Dollar.

Accenture

Unternehmensberatung mit Sitz in Dublin. 2001 aus der 1989 gegründeten Unternehmensberatung Andersen Consulting hervorgegangen. Zählt zu den weltweit größten Dienstleistern in den Bereichen Unternehmens- und Strategieberatung sowie Technologie und Outsourcing. Beschäftigt weltweit ca. 710.000 Mitarbeiter. CEO: Julie Sweet Umsatz 2021: 50,5 Milliarden US-Dollar

Adani Group

Multinationaler Mischkonzern mit Hauptsitz in Ahmedabad, Indien. Geschäftsfelder: Rohstoffe, Logistik, Agrarwirtschaft, Energieversorgung. 1988 als Rohstoffhandelsunternehmen gegründet. Größer Hafenbetreiber Indiens. CEOs: Karan Adani, Vneet Jaain, Anil Kumar Sardana Umsatz 2021: ca. 25 Milliarden US-Dollar

Adecco Group

Personaldienstleister mit Sitz in Zürich, 1996 aus der Fusion der Schweizer Adia Interim und der französischen Ecco hervorgegangen. Geschäftsfelder: Arbeitnehmerüberlassung, Personalvermittlung, Karriereplanung, Outsourcing, Onsite-Management und Beratung. Beschäftigt in über 60 Ländern 34.000 Mitarbeiter. CEO: Denis Machuel Umsatz 2021: 20,9 Milliarden Euro

African Rainbow Minerals (ARM)

Südafrikanischer Bergbaukonzern mit Firmensitz in Johannesburg. 2003 aus der Fusion mehrerer Bergbauunternehmen entstanden. Geschäftsfeld: Gewinnung mineralischer Rohstoffe. Beschäftigt mehr als 10.000 Mitarbeiter.
CEO: Mike Schmidt
Umsatz 2021: 19,7 Milliarden US-Dollar

Agility Logistics

Kuwaitisches Logistikunternehmen mit Firmensitz in Sulaibiya. 1979 als Staatsunternehmen gegründet, 1997 privatisiert. Bietet in 100 Ländern Transportdienstleistungen an, besitzt und betreibt Lagerhäuser und Industrieparks im Nahen Osten, Indien und in Afrika.
CEO: Tarek Sultan
Umsatz 2020: ca. 4 Milliarden US-Dollar

AIG (American International Group)

Versicherungskonzern mit Hauptsitz in New York. 1919 in Shanghai gegründet. Bietet Versicherungen für Geschäfts- und Privatkunden und weitere Finanzdienstleistungen an. Beschäftigt mehr als 45.000 Mitarbeiter in 130 Ländern. Verbuchte in der Weltfinanzkrise den höchsten Quartalsverlust eines Unternehmens in der Wirtschaftsgeschichte (61,7 Milliarden US-Dollar).
CEO: Peter Zaffino
Umsatz 2021: ca. 52 Milliarden US-Dollar

Alphabet

Börsennotierte US-amerikanische Holding mit Sitz im Silicon Valley. Entstand 2015 durch eine Umstrukturierung von Google und wurde zur Dachgesellschaft der Google LLC und verschiedener vormaliger Tochtergesellschaften von Google. Beschäftigte 2021 156.500 Mitarbeiter.
CEO: Sundar Pichai
Umsatz 2021: 257,6 Milliarden US-Dollar

Aker

Norwegische Holding mit Sitz in Oslo. Beteiligt sich an Unternehmen in den Bereichen Öl und Gas, erneuerbare Energien und grüne Technologien, aquatische Biotechnologie, industrielle Software und Vermögensverwaltung. Aker und die Unternehmen, an denen es der größte Anteilseigner ist, beschäftigen in 60 Ländern rund 35.000 Mitarbeiter.
CEO: Øyvind Eriksen
Umsatz 2021: 29,2 Milliarden US-Dollar

Alibaba Group

Holding mit Sitz in Hangzhou, China, 1999 von Jack Ma gegründet. Betreibt u. a. Alibaba.com, AliExpress, das Online-Auktionshaus Taobao, den Finanzdienstleister Ant Financial, das Online-Bezahlsystem Alipay. Börsenwert Mitte 2022: ca. 250 Milliarden US-Dollar
CEO: Daniel Zhang
Umsatz 2021: 109,5 Milliarden US-Dollar

Alix Partners

1981 als Jay Alix & Associates PC im US-Staat Michigan gegründet. Global operierendes Finanz- und Strategieberatungsunternehmen, vor allem für seine Arbeit im Bereich der Unternehmenssanierung bekannt (z. B. General Motors. Kmart, Enron, DeLorean). Anzahl der Mitarbeiter: rund 2.000
CEO: Simon Freakley
Umsatz 2021: 330 Millionen US-Dollar

Allianz Group

Börsennotierter deutscher Versicherungskonzern mit Sitz in München. 1890 gegründet. Zählt zu den größten Versicherern der Welt. Plant mit der Tochter Allianz Global Investors die Ausweitung des Asiengeschäftes mit Schwerpunkt China. Beschäftigt weltweit mehr als 150.000 Mitarbeiter.
CEO: Oliver Bäte.
Umsatz 2021: ca. 149 Milliarden Euro

Amazon

Größter Online-Handelskonzern der Welt mit Sitz in Seattle. 1994 von Jeff Bezos als Buchversand gegründet. Anzahl der Mitarbeiter weltweit 2021: 1,6 Millionen. Im Forbes-Ranking 2021 als sechstgrößtes Unternehmen der Welt gelistet.
CEO: Andrew Jassy
Umsatz 2021: 470 Milliarden US-Dollar

Arcelor Mittal

Weltweit zweitgrößter Stahlkonzern mit Hauptsitz in Luxemburg. 2007 aus der Fusion der niederländischen Mittal Steel Company und dem luxemburgischen Konzern Arcelor hervorgegangen. Betreibt rund 60 Werke in mehr als zwei Dutzend Staaten. Anzahl Beschäftigte 2021: 158.000
CEO: Aditya Mittal
Umsatz 2021: 77 Milliarden US-Dollar

AstraZeneca

Internationaler Pharmakonzern mit Hauptsitz in Cambridge, Großbritannien. 1999 aus der schwedischen Astra AB und der britischen Zeneca PLC entstanden. Anzahl der Beschäftigten 202: ca. 83.000
CEO: Pascal Soriot
Umsatz 2021: 36,5 Milliarden US-Dollar

Bahrain Economic Development Board

Öffentliche Agentur zur Ansiedlung ausländischer Investitionen in Bahrain. 2000 gegründet. Schwerpunkte: Finanzdienstleistungen, Informations- und Kommunikationstechnologie, Tourismus, Logistik, Verkehr.
CEO: Khalid Humaidan
Direkte Investitionen 2020: 885,4 Millionen US-Dollar

Bain & Company

Unternehmensberatung mit Hauptsitz in Boston, 1973 gegründet. Spezialisiert auf Strategieberatung, Marketing, Organisation, Unternehmensrestrukturierung, Performance-Verbesserung. Unterhält 59 Büros in 37 Ländern und beschäftigt 12.000 Mitarbeiter.
CEO: Manny Maceda
Umsatz 2020: 4,5 Milliarden US-Dollar

Banco Bradesco

Brasilianisches Finanzunternehmen mit Firmensitz in Sao Paulo. 1942 gegründet. Zählt zu den vier größten brasilianischen Banken. Beschäftigte 2021 ca. 87.000 Mitarbeiter.
CEO: Octavio de Lazari Junior
Umsatz 2017: 74 Milliarden US-Dollar

Bank of America

US-amerikanische Großbank mit Hauptsitz in North Carolina, 1923 gegründet. Zweitälteste Bank der USA, vor der Weltfinanzkrise zeitweilig größtes US-Kreditinstitut. Beschäftigte 2021 ca. 208.000 Mitarbeiter.
CEO: Brian Moynihan
Umsatz 2021: 89,1 Milliarden US-Dollar

Barclays
Drittgrößte Bank Großbritanniens mit Hauptsitz in London. 1690 gegründet. War bis Mai 2012 mit 20 Prozent an BlackRock beteiligt. Anzahl Mitarbeiter 2021: 81.600
CEO: C.S. Venkatakrishnan
Umsatz 2021: 1,38 Billionen britische Pfund

Bill-und-Melinda-Gates-Stiftung
1998 aus der William-Gates-Stiftung hervorgegangene Stiftung des Microsoft-Gründers Bill Gates. Mit Einlagen von knapp 50 Milliarden US-Dollar größte private Stiftung der Welt. Mitbegründer der Impfallianz GAVI, der Better-Than-Cash-Alliance und der Coalition for Epidemic Preparedness Innovations (CEPI).
CEO: Mark Suzman

BlackRock
US-amerikanische Investmentgesellschaft mit Sitz in New York. 1988 gegründet. Weltgrößter Vermögensverwalter. Verfügt mit Aladdin über das global bedeutendste Finanzdatenanalyse-System zur Bewertung von Geldanlagen. Berät zahlreiche Zentralbanken, darunter die Fed und die EZB. Hauptaktionär: Vanguard.
CEO: Laurence Douglas Fink
Verwaltetes Vermögen 2021: ca. 10 Billionen US-Dollar

Boston Consulting Group (BCG)
US-amerikanische Unternehmensberatung mit Hauptsitz in Boston. 1963 gegründet. Verfügt über 90 Büros in 50 Ländern. Mitarbeiter weltweit 2021: 25.000
CEO: Christoph Schweizer
Umsatz 2021: 11 Milliarden US-Dollar

bp (British Petrol)
Britisches Mineralölunternehmen mit Hauptsitz in London. 1909 gegründet. Besitzt rund 20.700 Tankstellen (Marken: BP, Aral, Castrol und ARCO) und bedient täglich 13 Millionen Kunden. Anzahl Beschäftigte 2021: 65.900
CEO: Bernard Looney
Umsatz 2021: 164,2 Milliarden US-Dollar

Bridgewater Associates
US-amerikanischer Hedgefonds mit Sitz in Westport, Connecticut, 1975 von Ray Dalio gegründet. Spezialisiert auf institutionelle Anleger.
CEOs: Nir Bar Dea, Mark Bertolini
Verwaltetes Vermögen: 140 Milliarden US-Dollar

Capgemini

Beratungs- und Dienstleistungsunternehmen mit Sitz in Paris. 1967 gegründet. Schwerpunkt: Informationstechnik und Spitzentechnologie. Größer Consulting-anbieter europäischen Ursprungs. Anzahl der Beschäftigten 2022: ca. 341.000
CEO: Aiman Ezzat
Umsatz 2021: 18,2 Milliarden Euro

Centene

US-amerikanischer Anbieter von Versicherungsleistungen auf dem Gebiet der Gesundheitsfürsorge mit Sitz in Missouri, USA. 1984 als Non-Profit-Organisation gegründet. Anbieter von staatlichen Medicaid- und Medicare-Leistungen.
CEO: Sarah M. London
Umsatz 2021: 126 Milliarden US-Dollar

Chevron

Weltweit operierender Energiekonzern mit Hauptsitz in Kalifornien. 1879 gegründet. Zählt zu den weltgrößten Ölkonzernen, nach eigenen Angaben größter Produzent geothermischer Energie. Beschäftigte 2021 ca. 43.000 Mitarbeiter.
CEO: Michael Wirth
Umsatz 2021: 156 Milliarden US-Dollar

Cisco

US-amerikanischer Telekommunikationskonzern mit Hauptsitz in Kalifornien, 1984 gegründet. Bietet Lösungen für fast alle Bereiche des Netzwerkbetriebs an. 2000 teuerstes Unternehmen der Welt. Beschäftigte 2021 79.500 Mitarbeiter. Gesamtvermögen 2022: 94 Milliarden US-Dollar
CEO: Chuck Robbins
Umsatz 2021: 49,8 Milliarden US-Dollar

Citi

US-Finanzdienstleister mit Hauptsitz in New York, 1998 durch die Fusion der Citicorp und der Travelers Group entstanden. Zählt zu den 30 weltweit als systemrelevant eingestuften Großbanken. Beschäftigte 2021 ca. 223.000 Mitarbeiter. Gesamtvermögen 2021: 2,3 Billionen US-Dollar.
CEO: Jane Fraser
Umsatz 2021: 71,9 Milliarden US-Dollar

Clayton, Dubilier & Rice
US-amerikanisches Private-Equity-Unternehmen mit Sitz in New York, 1978 gegründet. Beschäftigt 2.750 Mitarbeiter.
CEO's: Gordon Riske und andere
Umsatz 2021: 7,6 Milliarden US-Dollar

Credit Suisse
Großbank mit Sitz in Zürich. 1856 gegründet. Nach der UBS zweitgrößte Schweizer Bank, zählt zu den 30 weltweit als systemrelevant eingestuften Großbanken. Beschäftigte 2021 weltweit 49.000 Mitarbeiter.
CEO: Ulrich Körner
Umsatz 2021: 22,7 Milliarden Schweizer Franken

Dell Technologies
US-amerikanischer Hersteller von Computern und Speichersystemen mit Hauptsitz in Texas. 1984 gegründet, entwickelte den ersten eigenen Computer 1985. Beschäftigte 2021 ca. 158.000 Mitarbeiter.
CEO: Michael Dell
Umsatz 2022: 101,6 Milliarden US-Dollar

Deloitte
Wirtschaftsprüfungsgesellschaft mit Hauptsitz in London. 1845 gegründet. Finanz-, Steuer- und Risikoberatung für Unternehmen aller Wirtschaftszweige. Anzahl der Mitarbeiter weltweit 2022: 415.000.
CEO: Punit Renjen
Umsatz 2021: 59,3 Milliarden US-Dollar

Dentsu
Weltweit tätige japanische Werbeagentur mit Hauptsitz in Tokio, 1901 gegründet. Beschäftigte 2021 ca. 65.000 Mitarbeiter in 145 Ländern und Regionen.
CEO: Hiroshi Igarashi
Umsatz 2018: 6,8 Milliarden US-Dollar

Deutsche Bank
Nach Bilanzsumme und Mitarbeiterzahl größtes Kreditinstitut Deutschlands mit Sitz in Frankfurt am Main. Seit 2011 in der Liste global systemrelevanter Banken geführt. Anzahl der Mitarbeiter 2020 in Deutschland: 37.300, weltweit: 84.700.
CEO: Christian Sewing
Umsatz 2021: 25,4 Milliarden Euro

Deutsche Post DHL Group

Börsennotiertes Logistik- und Postunternehmen mit Sitz in Bonn, 1995 aus der früheren Behörde Deutsche Bundespost hervorgegangen. Mitarbeiterzahl 2021: ca. 590.000
CEO: Frank Appel
Umsatz 2021: 81,7 Milliarden Euro

Dow

International tätiges Chemieunternehmen mit Sitz im US-Bundesstaat Michigan. 1897 gegründet, 2017 mit Dupont fusioniert. Am Umsatz gemessen zweitgrößter Chemiekonzern der Welt (nach BASF). Mitarbeiter weltweit: 35.700
CEO: Jim Fitterling
Umsatz 2021: 55 Milliarden US-Dollar

DP World

Weltweit tätiger Hafenbetreiber mit Sitz in Dubai. 2005 gegründet. Unterhält in verschiedenen Ländern 78 Terminals. Anzahl der Beschäftigten 2020: 50.000
CEO: Sultan Ahmed bin Sulayem
Umsatz 2021: 10,8 Milliarden US-Dollar

EY (Ernst & Young)

Global operierendes Netzwerk rechtlich selbstständiger und unabhängiger Unternehmen mit Sitz in London, 1989 gegründet. Hauptfelder: Wirtschaftsprüfung, Finanz- und Steuerberatung, klassische Rechtsberatung. Anzahl Beschäftigte 2022: 365.000
CEO: Carmine Di Sibio
Umsatz 2021: ca. 40 Milliarden US-Dollar

Ericsson

Schwedisches Unternehmen der Wallenberg-Gruppe mit Sitz in Stockholm. 1876 gegründet. Kerngeschäft: Mobilfunktechnologie, Internet- und Multimediakommunikation, Telekommunikation. Anzahl der Beschäftigten 2021: ca. 100.000
CEO: Börje Ekholm
Umsatz 2020: ca. 25,3 Milliarden US-Dollar

Goldman Sachs
Investmentbanking- und Wertpapierhandelsunternehmen mit Sitz in New York. Kunden: Staaten, Großkonzerne und vermögende Privatpersonen. Zählt zu den 30 weltweit als systemrelevant eingestuften Großbanken. Politisch einflussreichste Bank der Welt.
CEO: David Solomon
Umsatz 2021: 59,3 Milliarden US-Dollar

Hanwha
Südkoreanischer Mischkonzern mit Firmensitz in Seoul. 1952 gegründet. Geschäftsfelder: Chemie, Rüstung, Versicherungen, Logistik, Telekommunikation, Schiffbau und Bau. Beschäftigte 2020 weltweit ca. 43,500 Mitarbeiter.
CEO: Kim Seung-yeon
Umsatz 2020: ca. 51 Milliarden US-Dollar

HCL Tech
Global tätiges indisches IT-Dienstleistungsunternehmen mit Sitz in Noida, Uttar Pradesh. 1991 gegründet. Liefert ganzheitliche Dienstleistungen an führende Konzerne aller Branchen (u.a. an 250 der Fortune 500). Niederlassungen in 52 Ländern.
CEO: C Vijayakumar
Umsatz 2021: 11,5 Milliarden US-Dollar

Hewlett Packard Enterprise
US-amerikanisches IT-Unternehmen mit Sitz in Texas. 2015 aus dem 1939 gegründeten Unternehmen HP hervorgegangen. Kerngeschäft: Server-, Storage- und Netzwerklösungen.
Anzahl Beschäftigte 2021: 60.400
CEO: Antonio Neri
Umsatz 2021: 27,8 Milliarden US-Dollar

Hitachi
Im Nikkei 225 gelisteter weltweit agierender Mischkonzern mit Hauptsitz in Tokio. 1910 gegründet. Aktiv in den Bereichen Elektronik und Maschinenbau. Beschäftigt weltweit ca. 335.000 Mitarbeiter.
CEO: Toshiaki Higashihara
Umsatz 2021: ca. 59 Milliarden US-Dollar

Honeywell

US-amerikanischer Mischkonzern mit Sitz in New Jersey. 1885 gegründet. Aktiv in den Bereichen Chemikalien, Luft- und Raumfahrt, Transport, Automatisierung, Rüstungsindustrie.
Anzahl Mitarbeiter 2021: 99.000
CEO: Darius Adamczyk
Umsatz 2021: 34,4 Milliarden US-Dollar

HSBC

Multinationale britische Universalbank und Finanzdienstleistungs-Holdinggesellschaft mit Sitz in London. 1865 in Hongkong gegründet. Größte europäische Bank. Zählt zu den 30 weltweit als systemrelevant eingestuften Großbanken.
CEOs: Noel Quinn und andere.
Umsatz 2021: ca. 49,5 Milliarden US-Dollar

Huawei Technologies

Chinesischer Telekommunikationsausrüster und Hardwarehersteller mit Sitz in der Sonderwirtschaftszone Shenzhen, 1987 gegründet. Anzahl Mitarbeiter weltweit 2020: rund 197.000
CEO: Ren Zhengfei
Umsatz 2021: ca. 100 Milliarden US-Dollar

Hubert Burda Media

International tätiger deutscher Medienkonzern mit Stammsitz in Offenburg. Geht auf eine 1903 von Franz Burda I gegründete Druckerei zurück. Anzahl Beschäftigte 2021: ca. 10.500.
CEO: Paul-Bernhard Kallen
Umsatz 2021: ca. 2,9 Milliarden Euro

IBM

Börsennotiertes US-amerikanisches IT- und Beratungsunternehmen mit Sitz im US-Bundesstaat New York. 1911 gegründet. Kerngeschäft: Branchenspezifische Produkte und Dienstleistungen im IT-Bereich sowie Software und Hardware. Beschäftigte 2019 weltweit mehr als 300.000 Mitarbeiter.
CEO: Arvind Krishna
Umsatz 2019: 77,2 Milliarden US-Dollar

Infosys

Indisches IT-Unternehmen mit Sitz in Bangalore. 1981 gegründet. Einer der Marktführer für digitale Services der nächsten Generation sowie Consulting. Beschäftigt in über 50 Ländern mehr als 345.000 Mitarbeiter.

CEO: Salil Parekh

Umsatz 2021: ca. 13,6 Milliarden US-Dollar

Intel

US-amerikanischer Halbleiterhersteller mit Hauptsitz in Kalifornien. 1968 gegründet. Hauptaktionäre: Vanguard, BlackRock. Anzahl Mitarbeiter 2021: 121.000.

CEO: Pat Gelsinger

Umsatz 2021: ca. 79 Milliarden US-Dollar

Itaú Unibanco

Familiengeführte brasilianische Holding und Bank mit Firmensitz in São Paulo. 2008 entstanden aus der Fusion der Banken Banco Itaú und Unibanco. Größte Privatbank der südlichen Hemisphäre. Anzahl der Mitarbeiter 2021: 99.500

CEO: Milton Maluhy Filho

Umsatz 2021: 36,2 Milliarden US-Dollar

JLL (Jones Lang LaSalle)

Dienstleistungs-, Beratungs- und Investmentmanagement-Unternehmen im Immobilienbereich mit Hauptsitz in Chicago, 1783 gegründet. Anzahl Beschäftigte 2020: 92.000 in 80 Ländern. Verwaltetes Vermögen 2019: 67,6 Milliarden US-Dollar

CEO: Christian Ulbrich

Umsatz 2021: 19,4 Milliarden US-Dollar

Johnson&Johnson

US-amerikanischer Pharmazie- und Konsumgüterhersteller mit Hauptsitz in New Jersey. 1886 gegründet. Beschäftigt ca.130.000 Mitarbeiter.

Größte Aktionäre: Vanguard, BlackRock, State Street

CEO: Joaquin Duato

Umsatz 2021: 93,8 Milliarden US-Dollar

Kearney

International tätige Unternehmensberatung mit Hauptsitz in Chicago. 1926 gegründet. Zählt mit 60 Büros in über 40 Ländern und mehr als 4.000 Mitarbeitern zu den größten strategischen Unternehmensberatungen weltweit.
CEO: Alex Liu
Umsatz 2021: 1,4 Milliarden US-Dollar

KPMG

Globales Netzwerk rechtlich selbständiger und unabhängiger Unternehmen in den Bereichen Wirtschaftsprüfung, Steuerberatung, Rechtsberatung und Unternehmens- bzw. Managementberatung mit Sitz in London. Beschäftigte 2021 rund 236.000 Mitarbeiter in 145 Ländern.
CEO: Bill Thomas
Umsatz 2021: 32,1 Milliarden US-Dollar

Kudelski Group

Börsennotiertes, auf digitale Sicherheitssysteme (Informationsübertragung, Zutrittskontrolle) spezialisiertes Schweizer Unternehmen mit Sitz in Lausanne und Phoenix, Arizona. 1951 gegründet. Anzahl der Mitarbeiter: ca. 3.800
CEO: André Kudelski
Umsatz 2021: 778 Millionen US-Dollar

Lazard

US-amerikanische Investmentbank mit Sitz in New York und Hamilton, Bermuda. 1848 gegründet. Eine der weltweit größten Investmentbanken mit Büros in 26 Ländern. Verwaltetes Vermögen: 274 Milliarden US-Dollar.
CEO: Kenneth Jacobs
Umsatz 2021: ca. 3,2 Milliarden US-Dollar

Luksic Group

Eines der größten Unternehmenskonglomerate Chiles, auf Investitionen in Unternehmen des industriellen und finanziellen Sektors spezialisiert. Zu 81 % in den Händen der reichsten chilenischen Familie (Luksic). Anzahl der Beschäftigten: 69.000
CEO: Francisco Pérez Mackenna
Umsatz 2021: ca. 24 Milliarden US-Dollar

Mahindra Group

Multinationales indisches Konglomerat mit Hauptsitz in Mumbai. 1945 gegründet. In mehr als 100 Ländern aktiv in den Bereichen Luft- und Raumfahrt, Agrarindustrie, Kfz-Ersatzteile, Baumaschinen, Verteidigung, Energie, landwirtschaftliche Geräte, Finanzen und Versicherungen, Industrieanlagen, Informationstechnologie, Freizeit und Gastgewerbe, Logistik, Immobilien, Einzelhandel und Bildung. Beschäftigte 2021 weltweit mehr als 250.000 Mitarbeiter.
CEO: Anish Shah
Umsatz: ca. 10 Milliarden US-Dollar

Majid Al Futtaim Group

Immobilienunternehmen mit Sitz in Dubai. 2000 entstanden durch eine Abspaltung von der Al-Futtaim Group. Besitzt und betreibt 423 Carrefour-Filialen, 29 Einkaufszentren und 13 Hotels im Nahen Osten, in Afrika und Asien. Beschäftigt mehr als 42.000 Mitarbeiter in 17 Ländern.
CEO: Alain Bejjani
Umsatz 2021: 8,8 Milliarden US-Dollar

Manpower Group

Einer der drei größten Personaldienstleister weltweit mit Sitz im US-Bundesstaat Milwaukee. 1948 gegründet. Geschäftsfelder: Personalvermittlung, Arbeitnehmerüberlassung, Outsourcing, Beratung und weitere Human-Resources-Lösungen. Beschäftigte 2021 ca. 30.000 Mitarbeiter in 80 Ländern.
CEO: Jonas Prising
Umsatz 2021: 20,7 Milliarden US-Dollar

Marsh McLennan

Globaler Anbieter von Beratungsleistungen in den Bereichen Risiko, Strategie und Humankapital mit Sitz in New York. 1871 gegründet. Beschäftigt rund 80.000 Mitarbeiter in über 130 Ländern, zählt zu den größten Versicherungsmaklern der Welt.
CEO: Daniel S. Glaser
Umsatz 2021: 19,8 Milliarden US-Dollar

Mastercard

Börsennotierter Zahlungsdienstleister mit Sitz in New York. 1966 gegründet. Neben Visa eine der beiden großen internationalen Gesellschaften für Kreditkarten, Debitkarten und Guthabenkarten. Beschäftigte 2021 rund 24.000 Mitarbeiter.
CEO: Michael Miebach
Umsatz 2021: 18,9 Milliarden US-Dollar

McKinsey & Company

Unternehmens- und Strategieberatung mit Sitz in New York. 1926 gegründet. Beschäftigte 2022 in über 65 Staaten ca. 38.000 Angestellte.
CEO: Bob Sternfels
Umsatz 2021: 10,6 Milliarden US-Dollar

Meta

US-amerikanisches Technologieunternehmen mit Sitz in Kalifornien. 2004 gegründet. Betreibt Facebook, Instagram, WhatsApp, Messenger und Meta Quest (ehemals Oculus). Hauptaktionäre: Vanguard, Fidelity, BlackRock. State Street. Anzahl Mitarbeiter 2021: 72.000
CEO: Mark Zuckerberg
Umsatz 2020: 118 Milliarden US-Dollar

Microsoft

US-Technologieunternehmen, internationaler Hard- und Softwareentwickler mit Hauptsitz im Großraum Seattle. 1975 von Bill Gates und Paul Allen gegründet. Hauptaktionäre: Vanguard, BlackRock, State Street. Anzahl Mitarbeiter 2021: 182.000
CEO: Satya Nadella
Umsatz 2021: 168 Milliarden US-Dollar

Mitsubishi

Japanischer Automobilhersteller mit Sitz in Tokio, 1970 nach der Abspaltung von Mitsubishi Heavy Industries gegründet. Mitarbeiter 2021: ca. 146.000
CEO: Takehiko Kakiuchi
Umsatz 2021: ca. 13,6 Milliarden US-Dollar

Mitsubishi Heavy Industries

Im Nikkei 225 gelisteter japanischer Mischkonzern mit 300 Tochtergesellschaften mit Sitz in Tokio und Yokohama. 1934 gegründet. Tätigkeitsschwerpunkte: Schwerindustrie, Maschinenbau, Fahrzeugbau, Luftfahrt- und Elektronikindustrie. Mitarbeiterzahl 2021: ca. 80.000
CEO: Shunichi Miyanaga
Umsatz 2021: ca. 26 Milliarden US-Dollar

Morgan Stanley

US-amerikanisches Investmentbanking- und Wertpapierhandelsunternehmen mit Hauptsitz in New York. 1935 (wegen der Einführung des Trennbankensystems) aus der Teilung von JPMorgan hervorgegangen. Gab im Zuge der Weltfinanzkrise 2008 den Status einer Investmentbank auf. Zählt zu den 30 weltweit als systemrelevant eingestuften Großbanken. Beschäftigte 2021 75.000 Mitarbeiter in 42 Ländern.
CEO: James P. Gorman
Umsatz 2021: 59,8 Milliarden US-Dollar

Mubadala

Staatliche Beteiligungsgesellschaft mit Hauptsitz in Abu Dhabi. 2017 gegründet. Konzentriert sich in der Form eines Staatsfonds auf den Aufbau und die Verwaltung eines wirtschaftlich breit gefächerten Investitionsportfolios. Beschäftigte 2021: 1.600 Mitarbeiter.
CEO: Chaldun al-Mubarak
Umsatz 2021: 320 Millionen US-Dollar

Nestlé

Weltgrößter Nahrungsmittelkonzern und größtes Industrieunternehmen der Schweiz mit Hauptsitz in Vevey. 1866 gegründet. Verfügt global über 2000 Marken, vor allem in den Bereichen lösliche Getränke, Wasser, Milchprodukte, Eis, Fertiggerichte. Beschäftigte 2021 weltweit 276,000 Mitarbeiter.
CEO: Mark Schneider
Umsatz 2021: 87,1 Milliarden Franken

Novartis

Biotechnologie- und Pharmaunternehmen mit Sitz in Basel. 1996 aus der Fusion der Basler Pharma- und Chemieunternehmen Ciba-Geigy und Sandoz hervorgegangen. Beschäftigte 2021 weltweit: 104.000 Mitarbeiter
CEO: Vasant Narasimhan
Umsatz 2021: 51,6 Mrd. US-Dollar

Novo Nordisk A/S

Dänisches Pharmazieunternehmen mit Sitz in Bagsværd. 1923 gegründet. Produziert und vermarktet pharmazeutische Produkte und Dienstleistungen. Mitarbeiterzahl 2020: ca. 45.000
CEO: Lars Fruergaard Jørgensen
Umsatz 2020: 17,1 Mrd. Euro

Open Society Foundations

Gruppe von Stiftungen des amerikanischen Milliardärs George Soros mit Hauptsitz in New York. 1993 gegründet. Weltweit zweitgrößte Stiftung hinter der Bill-und-Melinda-Gates-Stiftung. Gewinnt durch sein weitverzweigtes Netzwerk Informationsvorsprung bei der Beobachtung und Beeinflussung neuer wirtschaftlicher und gesellschaftlicher Strömungen.
CEO: Mark Malloch-Brown
Aufwendungen bis 2021: über 18 Milliarden US-Dollar

Palantir Technologies

US-amerikanischer Anbieter von Software und Dienstleistungen mit Sitz in Denver, Colorado. 2004 gegründet. Spezialisiert auf die Analyse großer Datenmengen. Zum Kundenstamm zählen staatliche und lokale Behörden sowie Unternehmen in der Finanz- und Pharmabranche. Beschäftigte 2021 knapp 3.000 Mitarbeiter.
CEO: Alex Karp (CEO)
Umsatz 2021: 1,5 Milliarden US-Dollar

PayPal

Börsennotierter Betreiber eines Online-Bezahldienstes mit Sitz in Kalifornien. 1998 gegründet. Verfügte im März 2020 nach eigenen Angaben über mehr als 277 Millionen aktive Nutzer in über 200 Märkten mit der Möglichkeit von Zahlungen in über 100 Währungen. Beschäftigte 2021 ca. 31.000 Mitarbeiter.
CEO: Daniel Schulman
Umsatz 2021: ca. 25 Milliarden US-Dollar

PepsiCo

US-amerikanischer Getränke- und Lebensmittelkonzern mit Sitz um US-Bundesstaat New York. 1965 gegründet, größter Mitbewerber der Coca-Cola Company. Verfügt über 23 Marken, die jährlich mehr als 1 Milliarde US-Dollar Umsatz erzielen. Mitarbeiterzahl 2021: 309.000
CEO: Ramon Laguarta
Umsatz 2021: 79,5 Milliarden US-Dollar

Pfizer

Börsennotierter Pharmakonzern mit Hauptsitz in New York. Größtes Pharmaunternehmen der Welt. Gegründet 1849. Anzahl Beschäftigte 2021: 79.000
CEO: Albert Bourla
Umsatz 2020: 41,9 Milliarden US-Dollar
Umsatz 2021: 81,3 Milliarden US-Dollar

PwC (PricewaterhouseCoopers)

Wirtschaftsprüfungs- und Beratungsgesellschaft mit Sitz in Frankfurt am Main. 1924 gegründet. Kerndienstleistungen: Wirtschaftsprüfung, Steuerberatung, klassische Unternehmens- bzw. Managementberatung, Transaktionsberatung und Corporate Finance. Beschäftigte 2021 mehr als 327.000 Beschäftigte in 152 Ländern an über 680 Standorten.
CEO: Robert E. Moritz
Umsatz 2021: 50,3 Milliarden US-Dollar

Procter & Gamble

US-amerikanischer Konsumgüter-Konzern mit Hauptsitz im US-Bundesstaat Ohio. 1837 gegründet. Schwerpunkte: Haarpflege, Hygiene, Rasur, Zahnpflege, Gesundheit.
Beschäftigte 2021 in 70 Ländern 100.000 Mitarbeiter.
CEO: David S. Taylor
Umsatz 2021: 76,1 Milliarden US-Dollar

Publicis Groupe

Multinationaler französischer Werbedienstleister und Medienkonzern mit Hauptsitz in Paris. 1926 gegründet. Einer der drei größten Werbedienstleister weltweit. Ist in 229 Städten und 109 Ländern vertreten und beschäftigt ca. 77.000 Mitarbeiter.
CEO: Arthur Sadoun
Umsatz 2021:11,7 Milliarden Euro

Qatar Investment Authority

Staatsfonds mit Sitz in Doha. 2005 gegründet. Die Investment-Sparte Qatar Holding hält Beteiligungen an Barclays, Credit Suisse, Deutsche Bank, Glencore, Hapag-Lloyd, Siemens, Volkswagen.
CEO: Mansoor Bin Ebrahim Al-Mahmoud
Geschätztes Vermögen 2021: 450 Milliarden US-Dollar.

Qualcomm

Mobilfunkkommunikation mit Sitz in Kalifornien. 1985 gegründet. 2021 nach Umsatz der fünftgrößte Halbleiterhersteller der Welt. Besitzt annähernde Monopolstellung bei Baseband-Prozessoren für Smartphones. Anzahl der Beschäftigten 2021: 45.000
CEO: Cristiano Amon
Umsatz 2021: ca. 33,6 Milliarden US-Dollar

Reliance Industries
Indiens größter privater Mischkonzern mit Sitz in Mumbai. 1966 gegründet. Geschäftsbereiche: Energie, Petrochemie, Erdgas, Einzelhandel, Telekommunikation, Massenmedien und Textilien. Anzahl der Beschäftigten 2022: 343.000
CEO: Mukesh D. Ambani
Umsatz 2021: ca. 32 Milliarden US-Dollar

Royal DSM
Börsennotierter niederländischer Chemiekonzern mit Hauptsitz in Heerlen. 1902 gegründet. Verfügt über 210 Produktionsstandorte und Büros in 47 Staaten der Erde. Beschäftigt ca. 22.000 Mitarbeiter.
CEOs: Geraldine Matchett und Dimitri de Vreeze
Umsatz 2021: ca. 9,2 Milliarden Euro.

Royal Philips
Niederländischer Hersteller von Gesundheitstechnologie und Haushaltsgeräten mit Sitz in Amsterdam. 1891 gegründet. Beschäftigte 2021 78.000 Mitarbeiter.
CEO: Roy Jakobs
Umsatz 2021: rund 17,16 Milliarden Euro

Salesforce
Börsennotiertes US-amerikanisches Softwareunternehmen mit Hauptsitz in San Francisco. 1999 gegründet. Spezialisiert auf Cloud Computing oder Software as a Service.
Mitarbeiterzahl 2022: 73.500
CEOs: Marc Benioff (Gründer) und andere
Umsatz 2021: 21,3 Milliarden US-Dollar

SAP
Software-Konzern mit Sitz im baden-württembergischen Walldorf. 1972 gegründet. Nach Umsatz größtes europäisches und weltweit drittgrößtes börsennotiertes Softwareunternehmen.
Anzahl der Beschäftigten 2021: 107.400
CEO: Christian Klein
Umsatz 2021: 27,8 Milliarden Euro

Saudi Aramco

Größte Erdölfördergesellschaft der Welt mit Unternehmenssitz im saudi-arabischen Dhahran. 1933 gegründet. Anzahl der Beschäftigten 2021: 68.500
CEO: Amin H. Nasser
Umsatz 2021: 400 Milliarden US-Dollar.

Saudi Basic Industries (SABIC)

Saudi-arabischer Chemie- und Metallkonzern mit Hauptsitz in Riad. 1976 gegründet. Nach eigenen Angaben führender Metallproduzent im Nahen Osten. Befindet sich mehrheitlich im Besitz von Saudi Aramco. Anzahl der Beschäftigten 2019: 32.700
CEO: Abdulrahman Al Fageeh
Umsatz 2020: 31,3 Milliarden US-Dollar

Schneider Electric

Börsennotierter französischer Elektrotechnik-Konzern mit Sitz bei Paris, 1836 gegründet. In den Bereichen elektrische Energieverteilung und industrielle Automation tätig und in ca. 115 Ländern vertreten. Mitarbeiter 2021: 166.000
CEO: Jean-Pascal Tricoire
Umsatz 2021: 28,9 Milliarden Euro

Sequoia Capital

Risikokapital-Beteiligungsgesellschaft mit Sitz in Kalifornien. 1972 gegründet. Agiert als Kapitalgeber für Startup-IT-Unternehmen in USA, Südostasien, Indien, China, Israel. Verwaltetes Vermögen 2022: 85 Milliarden US-Dollar. Beschäftigt 50 Mitarbeiter.
CEO: Greg Golub
Umsatz 2021: 192 Millionen US-Dollar

Siemens

Deutscher Mischkonzern mit Hauptsitz in München. 1847 gegründet. Schwerpunkte: Automatisierung und Digitalisierung in der Industrie, Infrastruktur für Gebäude, dezentrale Energiesysteme, Mobilitätslösungen für Schienen- und Straßenverkehr, Medizintechnik. Hat 125 Standorte in Deutschland und ist in 190 Ländern vertreten.
CEO: Roland Busch
Umsatz 2019: ca. 86,9 Milliarden Euro

SOCAR (State Oil Company of the Azerbaijan Republic)

Aserbaidschanischer Staatskonzern mit Sitz in Baku. 1992 gegründet. In der Erdöl-
und Erdgaswirtschaft tätig und vor allem in der Schweiz aktiv, wo 2019 ein Viertel
des Umsatzes generiert wurde. Anzahl der Beschäftigten 2018: 100.000
Bilanzsumme 2021: 40,8 Milliarden US-Dollar
CEO: Rovshan Najaf

Sony

Nach Hitachi und Panasonic drittgrößter japanischer Elektronikkonzern mit Sitz
im Tokioter Bezirk Minato. 1946 gegründet. Kerngeschäft: Playstation, CMOS-
Bildsensoren, Musik- und Filmgeschäft. Bereitet Einstieg ins Elektro-Auto-Ge-
schäft vor. Beschäftigte 2021 110.000 Mitarbeiter.
CEO: Kenichiro Yoshida
Umsatz 2021: 88 Milliarden US-Dollar

S&P Global

Börsennotierter, US-amerikanischer Finanzdienstleistungskonzern mit Hauptsitz
im Bundesstaat New York. 1917 gegründet. Bis 2016 McGraw Hill Financial, davor bis 2013 McGraw Hill Companies. Leistungsportfolio: Ratingdienstleistungen
(Standard & Poor's), Preis-Informationsdienste (Platts), Marktdatenbereitstellung
und Aktienindizes. Das Unternehmen beschäftigte 2021 ca. 23.000 Mtarbeiter.
CEO: Douglas L. Peterson
Umsatz 2021: 8,3 Milliarden US-Dollar

Standard Chartered Bank

Britisches Finanzunternehmen mit Hauptsitz in London. 1969 gegründet. Operiert
insbesondere in Asien und Afrika. Erwirtschaftet seinen Hauptumsatz in Hongkong, Südkorea, Indien und anderen Teilen Asiens. Zählt zu den 30 weltweit als
systemrelevant eingestuften Großbanken. Beschäftigte 2020 84.000 Mitarbeiter.
Gesamtvermögen 2021: 827,8 Milliarden US-Dollar
CEO: Bill Winters
Umsatz 2021: 14,7 Milliarden US-Dollar

Suntory Holdings

Weltweit tätiger japanischer Getränkehersteller mit Hauptsitz in der Präfektur To-
kio. 1899 gegründet. Zählt mit 285 Konzernunternehmen zu den fünf größten Spi-
rituosenkonzernen weltweit. Mit einem Marktanteil von ca. 70 % Japans größter
Whisky-Hersteller. Beschäftigt ca. 40.000 Mitarbeiter.
CEO: Takeshi Niinami
Umsatz 2021: ca. 19,8 Milliarden US-Dollar

Swiss Re

Schweizerische Rückversicherungs-Gesellschaft mit Hauptsitz in Zürich. Nach der Münchener Rück das weltweit zweitgrößte Rückversicherungsunternehmen. Anzahl der Beschäftigten 2021: ca. 14.000
CEO: Christian Mumenthaler
Umsatz 2021: ca. 42 Milliarden Franken

The Coca-Cola Company

US-amerikanischer Getränkehersteller mit Sitz in Atlanta, Georgia. 1892 gegründet. Weltweit größtes Getränkeunternehmen. Beschäftigt zusammen mit seinen Lizenzpartnern mehr als 770.000 Mitarbeiter in über 200 Ländern. Eigentümer: The Vanguard Group, Berkshire Hathaway, BlackRock
CEO: James Quincey.
Umsatz 2021: 38,7 Milliarden US-Dollar

Takeda Pharmaceutical

Forschendes, weltweit tätiges japanisches Pharmaunternehmen mit Sitz in Tokio. Schwerpunkt: verschreibungspflichtige Arzneimittel. Beschäftigte 2019 in 80 Ländern ca. 50.000 Mitarbeiter.
CEO: Christophe Weber
Umsatz 2021: 24,6 Milliarden Euro

Tata Consultancy Services

Weltweiter Anbieter von IT-Services, Beratungsleistungen und Geschäftslösungen mit Hauptsitz in Mumbai. 1968 gegründet. Gehört zur Tata-Gruppe, beschäftigt an 150 Standorten in 46 Ländern 606.000 Mitarbeiter.
CEO: Rajesh Gopinathan
Umsatz 2021: 23,6 Milliarden US-Dollar

Trafigura

International tätiges niederländisches Rohstoffhandelsunternehmen mit Sitz in Amsterdam und Singapur. Gründung: 1993. Weltweit größter privater Metallhändler und zweitgrößter Ölhändler. Beschäftigte 2020: 8.600 Mitarbeiter.
CEO: Jeremy Weir
Umsatz 2021: 231 Milliarden US-Dollar

Uber Technologies

US-amerikanisches Dienstleistungsunternehmen mit Sitz in San Francisco. 2009 gegründet. Bietet weltweit Online-Vermittlungsdienste zur Personenbeförderung an. Anzahl Mitarbeiter 2021 weltweit: 29.300
CEO: Dara Khosrowshahi
Umsatz 2021: ca. 17,5 Milliarden US-Dollar

UBS

Schweizer Großbank mit Sitz in Zürich. 1998 aus der Fusion der Schweizerischen Bankgesellschaft (SBG) mit zwei anderen Banken hervorgegangenen. Größte Bank der Schweiz, zählt zu den 30 weltweit als systemrelevant eingestuften Großbanken. Beschäftigte 2021 weltweit 72.000 Mitarbeiter.
CEO: Ralph Hamers
Umsatz 2021: 35,5 Milliarden US-Dollar

Unilever

Britischer Konzern mit Sitz in London. 1929 gegründet. Weltweit einer der größten Hersteller von Nahrungsmitteln, Kosmetika, Körperpflege-, Haushalts- und Textilpflegeprodukten. Anzahl der weltweit Beschäftigten 2021: 148.000.
CEO: Alan Jope
Umsatz 2021: 52,4 Milliarden Euro

UPS

Global tätiges US-amerikanisches Kurier-Express-Paket-Dienstunternehmen mit Hauptsitz in Atlanta, Georgia. 1907 gegründet. Bietet weltweit integrierte Logistiklösungen für Kunden an. Beschäftigte 2021 534.000 Mitarbeiter.
CEO: Carol B. Tomé
Umsatz 2021: 97,3 Milliarden US-Dollar

Volvo Group

Schwedische Unternehmensgruppe mit Hauptsitz in Stockholm, 1927 gegründet. Produktpalette: Lastkraftwagen, Baumaschinen, Omnibusse, Schiffsmotoren. Bietet auch Finanzdienstleistungen an. Beschäftigte 2021 knapp 96.000 Mitarbeiter.
CEO: Martin Lundstedt
Umsatz 2021: ca. 34 Milliarden US-Dollar

Verizon Communications

US-amerikanischer Telekommunikationskonzern mit Hauptsitz in New York. 2000 durch die Fusion der Bell Atlantic Corporation mit der GTE Corporation (ehemals General Telephone & Electronics Corporation) entstanden. Anzahl der Beschäftigten 2021: 118.400
CEO: Hans Vestberg
Umsatz 2021: 133,6 Milliarden US-Dollar

Visa

US-amerikanischer Konzern für Kreditkarten, Debitkarten und Guthabenkarten mit Hauptsitz in San Francisco. 1970 gegründet. Vergibt weltweit Lizenzen an Banken für die Ausgabe von Karten und die Abrechnung von Vertragsunternehmen. Beschäftigt rund 20.500 Mitarbeiter.
CEO: Alfred F. Kelly Jr.
Umsatz 2021: 24,1 Milliarden US-Dollar

Volkswagen Group

Deutscher Automobilhersteller mit Sitz in Wolfsburg. 1937 gegründet. Zu den Tochterunternehmen zählen ŠKODA, SEAT, CUPRA, Audi, Lamborghini, Bentley, Porsche und Ducati. Beschäftigt weltweit rund 200.000 Mitarbeiter, davon etwa 120.000 in Deutschland.
CEO: Oliver Blume
Umsatz 2021: 250,2 Milliarden Euro

Wipro (Western India Products Limited) ·

Multinationales Unternehmen für Dienstleistungen in den Bereichen IT-Consulting und Systemintegration mit Hauptsitz in Bengaluru, Indien. 1945 gegründet. Zählt zu den größten IT-Providern der Welt. Anzahl der Beschäftigten 2021: ca. 231.000
CEO: Thierry Delaporte
Umsatz 2021: ca. 7,5 Milliarden US-Dollar

Yara International

Teilstaatliches norwegisches Unternehmen mit Firmensitz in Oslo. 2004 durch Abtrennung vom Unternehmen Hydro Agri entstanden. Hersteller und Anbieter von Chemikalien und Industriegasen wie Dünger, Harnstoff, Nitraten und Ammoniak. Beschäftigt international rund 13.000 Mitarbeiter.
CEO: Svein Tore Holsether
Umsatz 2020: 11,6 Milliarden US-Dollar

Zurich Insurance Group
International tätige Schweizer Finanzdienstleistungsgesellschaft mit Sitz in Zürich. 1872 gegründet. Größter Versicherungskonzern der Schweiz. In 210 Ländern und Gebieten aktiv. Beschäftigt weltweit rund 55.000 Mitarbeiter.
CEO: Mario Greco
Umsatz 2021: ca. 69,9 Milliarden US-Dollar

Quelle: www.weforum.org/communities/strategic-partnership-b5337725-fac7-4f8a-9a4f-c89072b96a0d (abgerufen im November 2022)

Bonuskapitel B

Young Global Leaders

2.518 Teilnehmer sortiert nach Land, Name, Jahr

Name	Position, Unternehmen	Jahr	Quelle	Land
Shaharzad Akbar	Director, Open Society Afghanistan	2017	P	Afghanistan
Christopher Alexander	Canadian Ambassador to Afghanistan, Embassy of Canada to Afghanistan	2006	D	Afghanistan
Fahim Hashimy	CEO, Hashimy Group	2016	O	Afghanistan
Fawzia Koofi		2009	Z	Afghanistan
Farkhunda Zahra Naderi	Member of Parliament, Afghanistan Government	2016	O	Afghanistan
Ahmad Nader Nadery	Head and Commissioner, Afghan Independent Human Rights Commission	2008	F	Afghanistan
Orzala Ashraf Nemat		2009	Z	Afghanistan
Rory Stewart	Chief Executive, Turquoise Mountain Foundation	2008	F	Afghanistan
Hassina Syed	Owner, Syed Group	2016	O	Afghanistan
Gazmend Haxhia	President, Avis Rent A Car Albania	2008	F	Albania
Pandeli Majko	Minister of Defence	2005	C	Albania
Soraya Djermoun	Geopolitical expert, author and Entrepreneur, Kheyma	2022	U	Algeria
Vera Daves de Sousa	Minister of Finance, Ministry of Finance of Angola	2021	T	Angola
Esteban Bullrich		2010	AA	Argentina
Eugenio Burzaco	Founder, Fundación Fundar Justicia y Seguridad	2006	D	Argentina
Wenceslao Casares		2011	BB	Argentina
Alejandro Gustavo Elsztain	Chief Executive Officer, Cresud S.A.C.I.F. y A.	2006	D	Argentina
Federico Sturzenegger	Director, Universidad Torcuato di Tella	2005	C	Argentina
Andres Freire	Chief Executive Officer, Axialent	2008	F	Argentina
Andy Freire		2008	Y	Argentina
Facundo Garreton		2012	CC	Argentina
Martín Guzman	Former Minister of Economy of Argentina, Ministry of Economy of Argentina	2021	T	Argentina
Delfina Irazusta	Founder and Executive Director, Asociacion Civil Red de Innovacion Local (Local Innovation Network)	2020	S	Argentina
Martin Lousteau	Minister of the Economy and Production of Argentina	2008	F	Argentina

Name	Position, Unternehmen	Jahr	Quelle	Land
Lucas E. Pescarmona	President, Mercantil Andina Compañía de Seguros	2005	C	Argentina
Luis M. Saguier	Chief Executive Officer, La Nación	2005	C	Argentina
Alejandro Malgor	Founder, Xinca	2018	Q	Argentina
Pia Mancini	Chairwoman, The Democracy Earth Foundation	2016	O	Argentina
Gabriel Marcolongo	Founder and Chief Executive Officer, Incluyeme.com	2020	S	Argentina
Alec Oxenford	Founder, DeRemate.com	2006	D	Argentina
Sebastian Palla	Undersecretary of State for Finance, Ministry of Finance	2005	C	Argentina
Rodrigo Teijeiro	Founder and Chief Executive Officer, Fnbox.com	2014	M	Argentina
Maria Eugenia Vidal		2011	BB	Argentina
Gregorio Werthein	Co-Chief Executive Officer, Replay Acquisition Corp	2019	R	Argentina
Suren Aloyan	Founder and Chief Executive Officer, Dasaran EdTech Company	2021	T	Armenia
Armen Darbinian		2006	W	Armenia
Armen Darbinyan	Chairman of the Board of Trustees, International Centre for Human Development (ICHD)	2006	D	Armenia
Tony Abrahams	Co-Founder and Chief Executive Officer, AI-MEDIA	2013	L	Australia
Jeremy Balkin	President, Karma Capital	2013	L	Australia
Paul Bassat	Chief Executive Officer, Seek Limited	2009	G	Australia
Candice Beaumont	Managing Director and Chief Investment Officer, L Investments, LLC	2014	M	Australia
Christian Behrenbruch	Founder and Chief Executive Officer, ImaginAb Inc.	2011	I	Australia
Karen Bell		2009	Z	Australia
Marcela Bilek	Professor of Applied Physics, University of Sydney, Australia	2008	F	Australia
Rachel Botsman	Founder, Collaborative Lab	2013	L	Australia
Andrew Bragg	Senator for New South Wales, Parliament of the Commonwealth of Australia	2021	T	Australia
Zoe Butt	Executive Director and Curator, San Art	2015	N	Australia
Michael Cannon-Brookes	Co-Founder, Atlassian Software Systems	2009	G	Australia
Lisa MacCallum Carter	Managing Director, Access to Sport, Nike Inc.	2012	K	Australia
Andrew Charlton	Strategic Advisor, Wesfarmers Limited	2011	I	Australia
Adrian D. Cheok		2008	Y	Australia
Rachael Chong	Founder and Chief Executive Officer, Catchafire	2014	M	Australia
Cameron Clyne	Managing Director and Chief Executive Officer, Bank of New Zealand (BNZ)	2008	F	Australia
Andrew L. Cohen	Chief Executive Officer JPMorgan Private Bank	2007	E	Australia
Stuart Cook	Chief Executive Director, Zambrero	2015	N	Australia

Name	Position, Unternehmen	Jahr	Quelle	Land
Lucy d'Arville	Partner, Bain International Inc.	2019	R	Australia
Mei Ling Doery	Founder and Executive Director, Live Council	2014	M	Australia
Hamish Douglass	Chairman, Magellan Financial Group Limited	2009	G	Australia
Kate Ellis	Minister for Employment Participation and Childcare and Minister for the Status of Women of Australia	2012	K	Australia
Samantha Freebairn	Squadron Leader and Pilot, Royal Australian Air Force	2016	O	Australia
James Gifford	Executive Director, United Nations Principles for Responsible Investment (UNPR)	2010	H	Australia
Benjamin Gray	Managing Director, Partner and Head, Australia and New Zealand, TPG Capital	2009	G	Australia
Saul Griffith	Chief Scientist, Other Lab	2011	I	Australia
Sophia Hamblin Wang	Chief Operating Officer, Mineral Carbonation International (MCi)	2022	U	Australia
Sarah Hanson-Young	Senator of South Australia, Government of South Australia	2016	O	Australia
Jeremy Heimans	Co-Founder and Chief Executive Officer, Purpose	2011	I	Australia
David Hill	Partner, Deloitte	2011	I	Australia
Joe Hockey	Minister for Human Services, Department of Human Services	2006	D	Australia
Jeremy Howard	President and Chief Scientist, Kaggle	2013	L	Australia
Gordon Hughes	Managing Director, Rhythmscape Publishing	2013	L	Australia
Rory Hunter	Chairman and Chief Executive Officer, Song Saa Resorts	2015	N	Australia
Caroline Blanch Israel	Managing Director and Partner, Boston Consulting Group	2022	U	Australia
James Bradfield Moody	Chief Executive Officer, Space and Environment Technologies	2005	C	Australia
Tan Le	Co-Founder, SASME	2009	G	Australia
Jason Yat-Sen Li	Managing Director, Yatsen Associates	2009	G	Australia
Jane McAdam	Professor and Australian Research Council Future Fellow, University of New South Wales	2013	L	Australia
Amanda McCluskey	Head of Responsible Investment, Colonial First State Global Asset Management	2012	K	Australia
Lucy McRae	Science Fiction Artist, Body Architect, Film Maker,	2018	Q	Australia
Geraldine Chin Moody	Chief Operating Officer, Baker & McKenzie	2011	I	Australia
Kala Mulqueeny		2011	BB	Australia
Kaila Murnain	General Secretary, New South Wales Branch, Australian Labor Party	2018	Q	Australia

Name	Position, Unternehmen	Jahr	Quelle	Land
Clare O'Neil	Member of Parliament for Hotham, Parliament of Australia	2019	R	Australia
Clare Payne	Member of the Board and Founder, Banking and Finance Ethics Panel, Banking and Finance Oath	2014	M	Australia
Melanie Perkins	Chief Executive Officer and CoFounder, Canva Pty Ltd	2019	R	Australia
Jimmy Pham		2011	BB	Australia
Sol Rabinowicz	Chief Executive Officer, Timbercorp	2009	G	Australia
Kathleen Reen	Vice-President for Asia, Environment and New Media, Internews	2012	K	Australia
Edward Santow	Human Rights Commissioner, Australian Human Rights Commission	2017	P	Australia
Simon Sheikh	Managing Director, Future Super	2018	Q	Australia
Simon Smiles	Managing Director, UBS Switzerland AG	2016	O	Australia
Dhananjayan Sriskandarajah		2012	CC	Australia
Dorjee Sun	Chief Executive Officer, Carbon Conservation	2014	M	Australia
Le Tan		2009	Z	Australia
Ian Thorpe	Founder, Fountain for Youth	2010	H	Australia
Matthew Tilleard	Managing Partner, CrossBoundary	2015	N	Australia
Hayley Warren	Chief Executive Officer, Halo Medical Devices	2014	M	Australia
Alex Wyatt	Chief Executive Officer, Climate Bridge	2013	L	Australia
Jason Li Yat-Sen		2009	Z	Australia
Eva Dichand		2010	AA	Austria
Josef Penninger	Director, Institute of Molecular Biotechnology (IMBA)	2005	C	Austria
Verena Knaus		2009	Z	Austria
Sebastian Kurz	Federal Minister for Europe, Integration and Foreign Affairs, Federal Ministry for Europe, Integration and Foreign Affairs of Austria	2016	O	Austria
Christopher Schläffer		2007	X	Austria
Christopher Schlaffer	Chief Executive Officer, yetu	2007	E	Austria
Severin Schwan	Member of the Corporate Executive Committe, F. Hoffmann-La Roche Ltd	2008	F	Austria
Werner Wutscher		2009	Z	Austria
Murad Sofizade		2011	BB	Azerbaijan
Barbara Ann Bernard	Founder and Chief Investment Officer, Wincrest Capital Ltd	2018	Q	Bahamas
Andrew Serazin	President, Templeton World Charity Foundation, Inc.	2019	R	Bahamas
Hessa Khalifa Al Khalifa	Founder and Executive Director, INJAZ	2007	E	Bahrain

Name	Position, Unternehmen	Jahr	Quelle	Land
Hamad AlMahmeed	Director General, Prime Minister's Office	2022	U	Bahrain
Esam Janahi	Chief Executive Officer, Gulf Finance House	2005	C	Bahrain
Shaikh Mohammed Bin Essa Al Khalifa	Adviser for Political and Economic Affairs, Court of the Crown Prince of Bahrain	2007	X	Bahrain
Arif Dowla		2009	Z	Bangladesh
Sara Hossain	Lawyer, Supreme Court of Bangladesh	2008	F	Bangladesh
Ivy Huq Russell	Founder and Chief Executive Officer, Maya	2019	R	Bangladesh
Zunaid Ahmed Palak	Minister of State for Posts, Telecommunication s and Information Technology, Ministry of Post and Telecommunication s of Bangladesh	2016	O	Bangladesh
Faustina Pereira	Deputy Director, Ain O Salish Kendra (ASK)	2006	D	Bangladesh
Kamal Quadir		2009	Z	Bangladesh
Maliha M. Quadir	Founding Managing Director, Shohoj Limited	2017	P	Bangladesh
Zafar Sobhan	Assistant Editor, The Daily Star	2005	C	Bangladesh
Asif Zahir	Deputy Managing Director, Ananta Apparels Ltd	2019	R	Bangladesh
Niel Harper	Senior Manager, Next Generation Leaders, Internet Society	2014	M	Barbados
Aleh Tsyvinski		2009	Z	Belarus
Alexander De Croo	Deputy Prime Minister and Minister of Development Cooperation, the Digital Agenda, Telecommunications and Postal Services , Ministry of Foreign Affairs, Foreign Trade and Development Cooperation of Belgium	2015	N	Belgium
Fabrice Franzen	Partner, Bain & Company Inc.	2014	M	Belgium
Livia Jaroka	Member, European Parliament	2006	D	Belgium
Sebastian Kind	Chief Executive Officer and Chairman, Green Map	2018	Q	Belgium
Maja Kuzmanovic	Director, Foundation of Affordable Mysticism	2006	D	Belgium
Eva Maydell	Member of the European Parliament, European Parliament	2022	U	Belgium
Aaron McCormack	Chief Executive Officer, BT Conferencing, BT Plc	2008	F	Belgium
H.R.H. Princess Mathilde of Belgium	Crown Princess of Belgium, Royal Palace Belgium	2007	E	Belgium
Vincent Van Quickenborne		2010	AA	Belgium
Marietje Schaake	Member, European Parliament	2014	M	Belgium
Raphael Schoentgen		2011	BB	Belgium
Virginijus Sinkevicius	Commissioner for Environment, Oceans and Fisheries, European Commission	2021	T	Belgium
Nathalie van Ypersele de Strihou		2010	AA	Belgium
Silvia Wiesner	General Manager, Belgium and Luxembourg, Unilever	2021	T	Belgium

Name	Position, Unternehmen	Jahr	Quelle	Land
Axel Miller	Chairman of the Managing Board, Dexia Bank Belgium	2005	C	Belgium
Ugyen Dorji	Minister of Home and Cultural Affairs, Ministry of Home and Cultural Affairs of Bhutan	2020	S	Bhutan
H.R.H. King Jigme Khesar Namgyal Wangchuck	King of Bhutan	2008	F	Bhutan
Tashi Wangmo		2010	AA	Bhutan
Angela Daniella Garcia Moreno	Founder and Chief Executive Officer, Elemental School	2019	R	Bolivia
Kurt Koenigsfest Sanabria	General Manager, BancoSol S.A.	2006	D	Bolivia
Sejla Kameric	Member, European Cultural Parliament	2006	D	Bosnia and Herzegovina
Bogolo Joy Kenewendo	Member of Parliament, The National Assembly of the Republic of Botswana	2019	R	Botswana
Olebile Makhupe		2012	CC	Botswana
Rapelang Rabana	Founder and Chief Executive Officer, Rekindle Learning	2017	P	Botswana
Renato Amorim	Executive Director, Public Policy, Latin America, Merck	2007	E	Brazil
Nathalia Arcuri	Founder/CEO, Me Poupe! Conteudo e Servicos Financeiros Eireli	2021	T	Brazil
Julia Bacha	Filmmaker and Creative Director, Just Vision	2014	M	Brazil
Antonio Bonchristiano	Partner, GP Investimentos	2006	D	Brazil
Rodrigo Brito		2010	AA	Brazil
Bárbara Luiza Coutinho do Nascimento	State Prosecutor, Rio de Janeiro State Prosecutor's Office	2022	U	Brazil
Daniela Mercury	Singer	2005	C	Brazil
Samuel Elia		2012	CC	Brazil
Patricia Ellen	Principal, McKinsey & Company	2016	O	Brazil
André Esteves	Chairman and Chief Executive Officer, UBS Investment Bank, Latin America	2008	F	Brazil
Gabriel Chalita	Secretary of Education, State of Sao Paolo	2005	C	Brazil
Luana Genot	Executive Director, Brazilian Identities Institute	2022	U	Brazil
David Hertz		2012	CC	Brazil
Carlos Jereissati Junior	Chief Executive Officer, Iguatemi Empresa de Shopping Centers SA - Grupo Jereissati	2007	E	Brazil
Irina Lachowski	Chief Executive Officer, RenovaBR	2022	U	Brazil
Christina K. Lopes		2010	AA	Brazil
Fernando Madeira	President and Chief Executive Officer, Latin America eCommerce, Walmart de México y Centroamérica	2007	E	Brazil
Ricardo Villela Marino	Chief Executive Officer, Banco Itau SA	2008	F	Brazil

Name	Position, Unternehmen	Jahr	Quelle	Land
Luiza Mattos	Partner; Head of Healthcare South America, Bain & Company	2021	T	Brazil
Rodrigo Hübner Mendes	Founder and Coordinator, Associaçâo Rodrigo Mendes	2008	F	Brazil
Denis B. Minev		2012	CC	Brazil
Marcelo Bahia Odebrecht	Chief Operating Officer, Engineering and Construction, Odebrecht SA	2006	D	Brazil
José Pereira de Oliveira Junior	Founder and Coordinator, Cultural Afro Reggae	2006	D	Brazil
Jill Otto		2010	AA	Brazil
Tatiana Lacerda Prazeres	Adviser to the General Director, World Trade Organization Brazil (WTO)	2014	M	Brazil
Rodrigo Baggio	Executive Director, Committee for Democracy in Information Technology	2005	C	Brazil
Carolina Rossini	Vice President, International Policy, Public Knowledge	2016	O	Brazil
Claudia Sender	Chief Executive Officer, TAM Linhas Aereas SA	2014	M	Brazil
Sandro José De Souza		2009	Z	Brazil
Ilona Szabo de Carvalho	Executive Directoer, Igarape Institute	2015	N	Brazil
Joice Toyota	Executive Director and Founder, Vetor Brasil	2019	R	Brazil
Mariana Vasconcelos	Chief Executive Officer, Agrosmart	2022	U	Brazil
Leila Cristina Velez	Founder and Managing Director, Beleza Natural	2014	M	Brazil
Vanessa Vilela		2012	CC	Brazil
Ivan Krastev	Chairman of the Board and Research Director, Centre for Liberal Strategies	2006	D	Bulgaria
Milen Veitchev	Minister of Finance	2005	C	Bulgaria
Nikolina Nikolova	Advisor to the President of the Republic on European Regional Cooperation, Office of the President of the Republic	2014	M	Bulgaria
Yana Buhrer Tavanier		2012	CC	Bulgaria
Ivan Vatchkov	Chief Executive Officer and Chief Investment Officer, Algebris Investments Asia Pte Ltd	2014	M	Bulgaria
Zoya Phan	International Coordinator, The Burma Campaign UK	2010	H	Burma
Serey Chea	Assistant Governor, National Bank of Cambodia	2019	R	Cambodia
Vannarith Chheang	Executive Director, Cambodian Institute for Cooperation and Peace	2013	L	Cambodia
Sophal Ear	Assistant Professor of National Security Affairs, US Naval Postgraduate School	2011	I	Cambodia
Jeremy Hockenstein	Chief Executive Officer, Digital Divide Data	2009	G	Cambodia
Cham Krasna	Chief Executive Officer, SOMA Group	2020	S	Cambodia
Somaly Mam	Director, AFESIP	2008	F	Cambodia

Name	Position, Unternehmen	Jahr	Quelle	Land
Somaly Mam	Founder, Somaly Mam Foundation	2010	H	Cambodia
Aun Porn Moniroth	Secretary of State, Ministry of Economy and Finance of Cambodia	2006	D	Cambodia
Chanthol Oung	Founder and Executive Director, CWCC (Cambodian Women's Crisis Center)	2006	D	Cambodia
Achankeng Leke	Partner, McKinsey & Company	2008	F	Cameroon
Landry Signe	Distinguished Fellow, Center for African Studies, Stanford University	2015	N	Cameroon
Miki Agrawl	Founder and Chief Executive Officer, Thinx	2017	P	Canada
Payam Akhavan	Senior Fellow, McGill University	2006	D	Canada
Khaled Al-Sabawi	President, MENA Geothermal	2015	N	Canada
Matthew Anestis	Project Leader/Consultant, The Boston Consulting Group Inc.	2006	D	Canada
Dominique Anglade	President and CEO, Montreal International	2014	M	Canada
John R. Baird	Minister of Environment of Canada	2008	F	Canada
Barry Appleton	Managing Partner, Appleton and Associates International Lawyers	2005	C	Canada
Terry Beech	Member of Parliament; Parliamentary Secretary for the Department of Fisheries, Oceans and the Canadian Coast Guard, Parliament of Canada	2017	P	Canada
Belinda Stronach	Minister of Human Resources and and Skills Development and Minister responsible for Democratic Renewal	2005	C	Canada
Caroline Berube	Managing Partner, HJM Asia Law and Co.	2015	N	Canada
Adam Bly	Founder and Chief Executive of Seed	2007	E	Canada
David Boehmer		2012	CC	Canada
Jessica Burgner-Kahrs	Associate Professor, University of Toronto Mississauga	2019	R	Canada
Jillian Buriak	Professor of Chemistry, University of Alberta	2004		Canada
Ailish Campbell	Vice-President, Policy, International and Fiscal Issues, Canadian Council of Chief Executives	2014	M	Canada
François-Philippe Champagne		2009	Z	Canada
Matthew Corrin	Founder, Freshii	2017	P	Canada
Donald A. Mattrick	President, Worldwide Studios, Electronic Arts	2005	C	Canada
Salimah Yvette Ebrahim		2009	Z	Canada
Ilwad Elman	Chief Operating Officer, Elman Peace Centre	2022	U	Canada
Joelle Faulkner	President and Chief Executive Officer, Area One Farms	2020	S	Canada
Jocelyn Formsma	Executive Director, National Association of Friendship Centres	2021	T	Canada
Sean Fraser	Badruun	2022	U	Canada

Name	Position, Unternehmen	Jahr	Quelle	Land
Jean-François Gagné	Chief Executive Officer, Element AI	2019	R	Canada
Brian Gallant	Premier of New Brunswick, Government of New Brunswick	2015	N	Canada
Scott Gilmore		2011	BB	Canada
Elissa Golberg		2010	AA	Canada
George Gosbee		2009	Z	Canada
Karina Gould	Minister of Families, Children and Social Development, Employment and Social Development Canada	2020	S	Canada
Kim Hailwood	Head, Corporate Sustainability, HSBC Bank Canada	2022	U	Canada
Kaliya Hamlin		2012	CC	Canada
Roy Hessel	Chief Executive Officer, Clearly	2016	O	Canada
Brett House		2010	AA	Canada
Jennifer Corriero	Co-Founder and Executive Director, TakingITGlobal	2005	C	Canada
Jilian Buriak	Professor of Chemistry, University of Alberta	2005	C	Canada
Melanie Joly	Minister for Canadian Heritage, Ministry of Canadian Heritage of Canada	2016	O	Canada
Zoe Keating		2011	BB	Canada
Sami Khoreibi		2012	CC	Canada
Marc Kielburger	Co-Founder, Free the Children	2007	E	Canada
Johann O. Koss	President and Chief Executive Officer, Right To Play International	2006	D	Canada
Kristine Layfield	Director of Programming, CBC Television	2008	F	Canada
K. Kellie Leitch		2010	AA	Canada
Alison Loat	Co-Founder and Executive Director, Samara	2014	M	Canada
Yael Maguire		2009	Z	Canada
Irshad Manji	Founder and President, Project Ijtihad	2006	D	Canada
John McArthur		2009	Z	Canada
Désirée McGraw		2010	AA	Canada
Patrick McWhinney		2009	Z	Canada
Amish Mehta	Chairman, Corel Corporation	2006	D	Canada
James Moore	Minister of Industry, Industry Canada	2014	M	Canada
Naheed Nenshi		2011	BB	Canada
Samantha Nutt		2009	Z	Canada
Ricken Patel		2010	AA	Canada
Aaron Pereira	Founder, CanadaHelps and Vartana	2008	F	Canada
Hubert de Pesquidoux	President and Chief Executive Officer, Alcatel	2006	D	Canada

Name	Position, Unternehmen	Jahr	Quelle	Land
Shahrzad Rafati	Founder and Chief Executive Officer, BroadbandTV Corp (BBTV)	2014	M	Canada
Catherine Raw	CHIEF OPERATING OFFICER, NORTH AMERICA, Barrick Gold Corporation	2018	Q	Canada
Michelle Rempel	Federal member of parliament, Government of Canada	2016	O	Canada
Michele Romanow	Co-Founder and Chief Executive Officer, Clearco	2020	S	Canada
Maya Roy	Director of Partnerships, Institute for Change Leaders	2019	R	Canada
Rebecca Saxe		2012	CC	Canada
Scott Brison	Minister of Public Works and Government Services	2005	C	Canada
Jagmeet Singh	Leader, Canada's New Democrats, New Democratic Party of Canada	2018	Q	Canada
Liam Sobey	Vice-President, Merchandising, Sobeys Inc.	2021	T	Canada
George Stroumboulopoulos		2012	CC	Canada
Eira Thomas	Chief Executive Officer and Director, Stornoway Diamond Corp	2008	F	Canada
Mark Turrell		2010	AA	Canada
Nolan Watson	Chairman, Chief Executive Officer and President, Sandstorm Gold Ltd. & Sandstorm Metals & Energy Ltd	2014	M	Canada
Alicia Woods	General Manager, Marcotte Mining	2017	P	Canada
Tim Wu		2012	CC	Canada
Michelle Zatlyn	Co-Founder and Director, CloudFlare	2014	M	Canada
Felipe Aldunate		2010	AA	Chile
Cristina Bitar	Executive Director, Hill & Knowlton Captiva SA	2008	F	Chile
Axel Christensen	Managing Partner, Institutional Clients Director, Moneda Asset Management	2008	F	Chile
Komal Dadlani	Chief Executive Officer, Lab4U	2020	S	Chile
Juan Carlos Eichholz	Director, Center for Strategic Leadership, University Adolfo Ibañez	2006	D	Chile
Paula Escobar	Magazines Editor, Empresa Periodistica El Mercurio SAP	2006	D	Chile
Alejandro Ferreiro	Superintendent, Superintendence of Securities and Insurance	2006	D	Chile
Conrod Kelly	President and Managing Director, Merck & Co., Inc	2021	T	Chile
Eduardo Navarro	Chief Executive Officer, Empresas Copec	2007	E	Chile
Nicolas Mockeberg	Congressman, Chamber of Deputies	2005	C	Chile
Eric Parrado		2011	BB	Chile
Alfonso Marquez de la Plata	Chief Executive Officer, Empresas Aquachile SA	2008	F	Chile

Name	Position, Unternehmen	Jahr	Quelle	Land
Tomás Recart		2011	BB	Chile
Leo Schlesinger		2010	AA	Chile
Nicolás Shea	Founder and Chief Executive Officer, Cumplo Chile S.A.	2014	M	Chile
Felipe Kast Sommerhoff		2012	CC	Chile
Carolina Toha Morales	Deputy, Liberal Party for Democracy, Chamber of Deputies of Chile	2006	D	Chile
Zhong Biao	Artist	2008	F	China
Shen Bing	President, Bodao Culture Ltd	2008	F	China
Shao Bo	Chairman, eBay EachNet	2006	D	China
Wen Bo		2009	Z	China
Yanqing (Kenny) Cai	Co-Founder and Chief Executive Officer, BottleDream	2022	U	China
Ron Cao	Co-Founder and Managing, Lightspeed China Partners	2013	L	China
Charles Chao	President and Chief Executive Officer, Sina.com	2008	F	China
Lu Chaoyang	Professor of Physics, University of Science and Technology of China	2021	T	China
Charles C.Y. Zhang	Chairman and Chief Executive Officer, sohu.com	2005	C	China
Diana Chen	Chairwoman, Lawrence Livermore National Laboratory	2008	F	China
Yao Chen	Actress, Beijing Chen Xin Culture and Art Studio	2016	O	China
Man Chen	Founder, Beijing Man Xiang Ya Tian Advertising Ltd.	2017	P	China
Calvin Chin	Chief Executive Officer, Qifang Inc.	2010	H	China
Chang Dingjie	President and Chairman, Beijing Hualian Group Investment Holding Co. Ltd	2008	F	China
Huang Dinglong	Co-Founder and Chief Executive Officer, Malong Technologies	2019	R	China
D.F. Dong	Chairman, TechFaith	2008	F	China
Wei Dong	Artist	2008	F	China
Zhang Donghai	Chairman and President, Inner Mongolia Yitai Coal Company Ltd	2008	F	China
Yang Dongning	Director, Information and Publicity Division, General Executive Office, China Banking Regulatory Commission	2014	M	China
He Fan	Assistant Director, Institute of World Economics and Politics, Chinese Academy of Social Sciences	2006	D	China
Ling Fan	Chief Executive Officer, Tezign Tech & Design Limited	2017	P	China
Anna Fang Hamm	Partner and General Manager, Zhen Fund	2016	O	China
Deng Fei	Director, Journalist Department, Phoenix Weekly	2014	M	China
Sheng Fu	CEO, Cheetah Mobile	2016	O	China

Name	Position, Unternehmen	Jahr	Quelle	Land
Qiaomei Fu	Professor at the Institute of Vertebrate Paleontology and Paleoanthropology, Chinese Academy of Sciences	2020	S	China
Pan Gang	Chairman, Inner Mongolia Yili Industrial Group Co Ltd.	2006	D	China
Chao (Amy) Gao	Founder, Shanghai May Foundation	2019	R	China
Wang Guan	News Anchor and Host, China Global Television Network	2021	T	China
Mina Guli	Executive Director and Chief Investment Officer, Peony Capital Limited	2010	H	China
Pan Haidong		2011	BB	China
Lu Hao	Politician, Minister of Natural Resources (2018–)	2004		China
Zhou Hongyi	Founder, Qihoo.com	2008	F	China
Jacob Hsu	Chief Executive Officer, The Symbio Group	2010	H	China
Ma Huateng	Chief Executive Officer and Chairman, Tencent Inc.	2006	D	China
James Ding	Chairmen of the Board, AsiaInfo Technologies	2005	C	China
Xiaohua Ji	Flunder and CEO, guokr.com; Guokr MOOC Academy	2016	O	China
Yuan Jiakai	Vice-President and Chief Representative, China, United Way Worldwide	2019	R	China
Pan Jian-Wei	Professor and Director, Division of Quantum Physics and Quantum Information, University of Science and Technology of China	2010	H	China
Pan Jiang	First Secretary of Economic Affairs, Embassy of the People's Republic of China	2015	N	China
He Jin	Co-Founder and Vice-President, Maimai	2020	S	China
Feng Jun		2007	X	China
Michael Ma Jun	Director, Institute of Public and Environmental Affairs	2008	F	China
Zhu Jun	Chairman and Chief Executive Officer, The9 Limited	2008	F	China
Feng Jung	Chairman, President and Chief Executive Director, Aigo Digital Technology	2007	E	China
Ma Ke	Designer, Wuyong	2010	H	China
Jin Keyu	Professor of Economics, London School of Economics	2014	M	China
Yiyun Li	Author	2008	F	China
Yinuo Li	Director, China Country Office, Bill & Melinda Gates Foundation	2016	O	China
Carol Li Rafferty	Managing Director, Yale University	2016	O	China
Lei Liang	Composer	2008	F	China
Lianjie Ma	Director, Urban Managment, School of Public Administration, Huazhong University of Science and Technology	2005	C	China
Lifen (Ana Wang) Wang	Director, CCTV 2	2005	C	China

Name	Position, Unternehmen	Jahr	Quelle	Land
Yang Lin	President, Innovation Ideas Institute	2015	N	China
Xiangjun Liu	Director, Bioinformatics Laboratory, Tsinghua University	2008	F	China
Dora Liu		2009	Z	China
Jean Liu	President, Didi Kuaidi	2015	N	China
Meng Liu	China Representative, UN Global Compact, United Nations Global Compact	2015	N	China
Annabelle Long		2011	BB	China
Chen Lu	Assistant Professor, Neuroscience, Molecular and Cell Biology, University of California, Berkeley	2010	H	China
Wenjuan Mi	Founder and Chief Executive Officer, VIPKID	2018	Q	China
Yanliang Miao	Senior Advisor to the Administrator and Head of Research, State Administration of Foreign Exchange	2016	O	China
Qin Min		2006	W	China
Xu Ming	President, Dalian Shide Group	2006	D	China
Li Ni	Vice-Chairman and Chief Operating Officer, Bilibili Inc.	2021	T	China
Nick Yang Ning		2012	CC	China
Tian Ning		2012	CC	China
Cherie Nursalim	Executive Director, GITI Tire Group	2006	D	China
Andrea Pasinetti	Founder and Chief Executive Officer, Teach for China	2014	M	China
Xue Peng	Founder and Chief Executive Officer, Beijing Tongcheng Biying Technology Ltd	2021	T	China
Shen Peng	Founder and Chief Executive Officer, Shuidi Company	2022	U	China
Jia Ping		2009	Z	China
Liu Qian	Managing Director, The Economist Group	2019	R	China
Zhuang Qian	Founder & Chief Executive Officer, KnowYourself	2021	T	China
Liu Qiangdong	Chairman and Chief Executive Officer, JD.com	2014	M	China
Charles Huang Qin	Founder, Chief Executive Officer and Chairman, Netbig Education Holdings, Ltd.	2008	F	China
Yuefei Qin	Founder & Chairman, Serve for China	2017	P	China
Qin Min	Third Secretary, Ministry of Foreign Affairs of the People's	2006	D	China
Fang (Miranda) Qu	Founder, Xiaohongshu	2020	S	China
Li Ruigang		2009	Z	China
Bo Shao		2006	W	China
Zou Shasha	Founder and Chief Executive Officer, AHA Entertainment	2022	U	China
Yichen Shen	Founder and Chief Executive Officer, Lightelligence	2022	U	China

Name	Position, Unternehmen	Jahr	Quelle	Land
Wei Shi	Director, Department of International Economic Affairs of the Chinese Foreign Ministry	2016	O	China
Yan Shi	Director, Shared Harvest Farm	2016	O	China
Liu Shichun	President and General Manager, Finance Street Holding Company Ltd	2008	F	China
Wang Shuo		2012	CC	China
Ba Shusong		2009	Z	China
Li Sixuan	Freelancer	2018	Q	China
Hou Songrong	President and Chairman, Konka Group Co. Ltd	2008	F	China
Christy Lei Sun	Chief Marketing Officer, Yatsen Global	2022	U	China
Tianqiao Chen	Chief Executive Officer, Shanda Interactive Entertainment	2005	C	China
Shu Wang	Deputy Director, National Development and Reform Commission	2016	O	China
Harry (Huai) Wang	Chief Executive Officer and Founder, Linear Capital	2018	Q	China
Chen Wei	Deputy Chief Executive Officer, Bocom International Holdings Company Ltd	2014	M	China
Luo Weibing	Visual Artist	2008	F	China
Lu Weiding	Chief Executive Officer, Wanxiang Group Company	2008	F	China
Wang Weixian	Founder, SPG Land Holdings	2008	F	China
Gong Wen	Senior Editor, Economic Department, People's Daily (Renmin Ribao)	2008	F	China
Li Wenzi	Owner, Three Quarters Art Gallery	2007	E	China
Michelle M. Wu	Chief Executive Officer, MediaZone	2008	F	China
Chen Wu	Professor at the National Cancer Center, Chinese Academy of Medical Sciences	2021	T	China
Xiang Xi		2010	AA	China
Li Xiangqian	Chairman and Chief Executive Officer, Shenzhen BAK Battery Co. Ltd	2008	F	China
Daniel Zhang Xianming	Vice President, Broad Group	2022	U	China
Su Xianze	Chairman and President, Zheijiang Supor Cookware Company	2008	F	China
Liu Xiao	Chief Partner, Beijing Vanke	2018	Q	China
Lee Xiaodong	Chief Executive Officer, China Internet Network Information Center	2014	M	China
Peng Xiaofeng	Chairman and Chief Executive Officer, LDK Solar Co., Ltd.	2008	F	China
Chen Xiaowei	General Manager, Multimedia, China.com, Inc.	2008	F	China

Name	Position, Unternehmen	Jahr	Quelle	Land
Zhu Xiaoxuan	Deputy Director, China Science and Technology Exchange Center, Ministry of Science and Technology	2020	S	China
Xin Zhang	Co-Chief Executive Officer, SOHO China	2005	C	China
Xinghai Fang	Deputy Chief Executive Officer, Shanghai Stock Exchange	2005	C	China
Li Xinhai	Vice-Chairman and President; Acting Chairman of the Board, Xinjiang Talimu Agriculture Development Company	2008	F	China
Liang Xinjun	Co-Founder and VicePresident, Fosun High-Tech Group	2008	F	China
Sun Xuemei	Chairperson, Beijing All in One Public Welfare Foundation	2022	U	China
Zhou Xun		2011	BB	China
Luhui Yan	Founder and Chief Executive Officer, Carbonstop	2022	U	China
Luhan Yang	Chief Scientific Officer, eGenesis Biosciences	2017	P	China
Ma Yansong	Founder and Principal Architect, MAD Architects	2014	M	China
Deng Yaping		2009	Z	China
Li Yifan	Chief Executive Officer, Hesai Technology	2021	T	China
Jiang Ying	Professor, Peking University	2020	S	China
Liu Yingxia		2011	BB	China
Gong Yingying	Chief Executive Officer, Chairwoman and Founder, Yidu Tech	2019	R	China
Wang Yong		2011	BB	China
Leng You-bin	Chairman, President and Chief Executive Officer, American Dairy	2008	F	China
Rebecca Yuancao Yang	CEO, IPCN LTD	2016	O	China
Yun (Jack Ma) Ma	Chief Executive Officer, alibaba.com	2005	C	China
Bai Yunfeng	Chairman, CPCEP	2014	M	China
Wen Yunsong	Chairman China Satellite Communications (CASC)	2007	E	China
David Zhang	Managing Director and Head of China, WI Harper Group	2008	F	China
Boju Zhang	Secretary General, Ginkgo Foundation	2022	U	China
Jinxing Zheng	Division Head, Professor, Institute of Plasma Physics, Chinese Academy of Sciences	2022	U	China
He Zhengyu	Principal Scientist, Ant Group	2021	T	China
Zhenmin Wang	Law Professor and Vice-Dean, Qinghua University Law School, Qinghua University	2005	C	China
Tong Zhilei	Chairman and Chief Executive Officer, ChineseAll	2014	M	China
Xin Zhou	Chairman and Chief Executive Officer, E-House (China) Holdings Limited	2008	F	China

Name	Position, Unternehmen	Jahr	Quelle	Land
Liu Zhouwei		2009	Z	China
Liu Zihong	Chairman and Chief Executive Officer, Royole Corporation	2017	P	China
Hao Zou	Chair Professor, Tsinghua University	2017	P	China
Chih-Han Yu	CEO and COFounder, Appier	2016	O	Chinese Taipei
Bernardo Asuaje	Co-Founder and Managing Director, Grupo Attia (Colombia)	2020	S	Colombia
Juan Carlos Pinzón Bueno		2011	BB	Colombia
Luis Camargo	Executive Director, OpEPA	2008	F	Colombia
Freddy Castro	Chief Executive Officer, Banca de las Oportunidades	2022	U	Colombia
Catalina Cock Duque	Executive Director, Mi Sangre Foundation	2007	E	Colombia
Daniel Feldman	Founder & Architect, Zona Industrial Taller de Arquitectura	2022	U	Colombia
Simon Gaviria Munoz	Director, National Planning Department of Colombia	2016	O	Colombia
Ciro Guerra	Film Director, Ciudad Lunar	2017	P	Colombia
Juan Mario Laserna	Senator, Senate of Colombia	2007	E	Colombia
Maria Lopez Castano	Director, Semana Sostenible Magazine, and Sustainability, Semana Publishing Group	2016	O	Colombia
Maria Consuelo Araujo	Minister of Culture	2005	C	Colombia
Shakira Mebarak	Singer and Manager, Pies Descalzos Foundation, Colombia	2008	F	Colombia
Paula Marcela Moreno Zapata	Founder and President, Manos Visibles	2015	N	Colombia
Juan Carlos Ortiz	President, Leo Burnett North America, Leo Burnett Worldwide	2008	F	Colombia
Mia Perdomo	Co-Founder and Chief Executive Officer, Aequales	2022	U	Colombia
Luis Guillermo Plata	Chief Executive Officer, Proexport Colombia	2006	D	Colombia
Juan Carlos Rincón	Editor of the Opinion Section, El Espectador	2022	U	Colombia
Sonia H. Hazbleady Rodriguez Martinez	Editor-in-Chief, CM&	2006	D	Colombia
Alejandro Santo Domingo	Member of the Board, Grupo Empresarial Bavaria	2006	D	Colombia
Dikembe Mutombo	Founder, Dikembe Mutombo Foundation	2005	C	Congo
Joseph Kabila	President of the Democratic Republic of Congo	2008	F	Congo
Laura Alfaro	Associate Professor, Harvard Business School	2008	F	Costa Rica
Alejandro Brenes	Co-Founder and Chief Executive Officer, Enertiva	2017	P	Costa Rica
Kevin Casas-Zamora	Secretary for Political Affairs, Organization of American States (OAS)	2007	E	Costa Rica

Name	Position, Unternehmen	Jahr	Quelle	Land
Arturo Condo	President, INCAE Business School	2008	F	Costa Rica
Pablo Jenkins	Founder and President, Ideas en Acción	2015	N	Costa Rica
Laura Alfaro Maykall		2008	Y	Costa Rica
Matias De Tezanos		2009	Z	Costa Rica
Fatoumata Ba	Founder and Executive Chair, Janngo Capital	2018	Q	Côte d'Ivoire
Abdourahmane Cisse	Minister of Budget & State-Owned Entities, Government of Cote d'Ivoire	2017	P	Côte d'Ivoire
Eric Kacou		2010	AA	Côte d'Ivoire
Sébastian Kadio-Morokro	Chief Executive Officer, Petro Ivoire S.A.	2018	Q	Côte d'Ivoire
Irena Jolic Simovic		2010	AA	Croatia
Marin Soljacic		2011	BB	Croatia
Emil Tedeschi	President and Chief Executive Officer, Atlantic Grupa plc	2008	F	Croatia
Michaela Erbenova	Member of the Board and Chief Executive Director, Czech National Bank	2006	D	Czechia
Ivo Lukacovic	Founder and Chairman, Seznam.cz	2008	F	Czechia
Simon Panek	Director, Emergency and Cooperation Sector, People in Need Foundation (PINF)	2006	D	Czechia
Tomáš Pojar		2010	AA	Czechia
Björn Lomborg	Associate Professor, University of Aarhus	2005	C	Denmark
H.R.H. Crown Princess Mary Elizabeth of Denmark		2012	CC	Denmark
Soren Eriksen	Executive Vice-President and Chief Financial Officer, Danish State Railways (DSB)	2008	F	Denmark
Frederik of Denmark	Crown Prince of Denmark	2005	C	Denmark
Soulaima Gourani		2012	CC	Denmark
Christina Hvid	Managing Director, Danske Slagterier	2008	F	Denmark
Marianne Knuth		2009	Z	Denmark
James R. Lee		2011	BB	Denmark
Henrik Lind	Founder and Chief Executive Officer, Lind Invest	2015	N	Denmark
Mette Lykke	Chief Executive Officer, Too Good To Go	2020	S	Denmark
Tinna Nielsen	Founder and Chief Executive Officer, Move the Elephant for Inclusiveness	2015	N	Denmark
Marion Poetz	Assistant Professor, Copenhagen Business School	2014	M	Denmark
René Redzepi	Founder and Chef, Noma	2014	M	Denmark

Name	Position, Unternehmen	Jahr	Quelle	Land
Sheila Redzepi	Vice-President for External and Corporate Affairs, The World Bank	2017	P	Denmark
Jens Martin Skibsted		2009	Z	Denmark
Laura Storm	CEO, Sustainia	2016	O	Denmark
Lea Wermelin	Minister for Environment, Ministry of the Environment of Denmark	2021	T	Denmark
Eduardo A. Cruz		2011	BB	Dominican R.
Maria Eugenia del Castillo Cabrera	Envoy of the VicePresident of the Dominican Republic, The Presidency of the Dominican Republic	2022	U	Dominican R.
Darys Estrella	General Manager, Dominican Republic Stock Exchange	2008	F	Dominican R.
Rafael Paz	Executive Director, Consejo Nacional de Competitividad	2020	S	Dominican R.
Andrés A. van der Horst	Secretary of State for the Competitiveness and Productive Development, National Competitive Council	2007	E	Dominican R.
Pablo Arosemena	President, Chamber of Commerce of Guayaquil	2017	P	Ecuador
Carlos Moncayo		2012	CC	Ecuador
Otto Sonnenholzner	Vice-President of Ecuador (2018-2020)	2020	S	Ecuador
Mustafa Abdel-Wadood	Chief Executive Officer, Abraaj Capital	2007	E	Egypt
Rania A. Al-Mashat	Sub-Governor for Monetary Policy, Central Bank of Egypt	2014	M	Egypt
Sahar Albazar	Parliament Member & Deputy Chair of Foreign Affairs Committee, Egyptian Parliament	2022	U	Egypt
Riad Armanious	Chief Executive Officer, Eva Pharma	2018	Q	Egypt
Raghda El Ebrashi		2010	AA	Egypt
Amal Enan	Chief Investment Officer, American University in Cairo	2022	U	Egypt
Lamees Ali Al Hadidi	Executive Chief Editor, Al Alam Al Youm Newspaper	2006	D	Egypt
Heba R. Ezzat	Lecturer, Cairo University	2005	C	Egypt
Ayman Ismail		2012	CC	Egypt
Tamim Khallaf		2011	BB	Egypt
Mahmoud Safwat Mohieldin	Politician, Government of Egypt, Minister of Investment (2004–2010)	2005	C	Egypt
Noura Selim	Executive Director, Sawiris Foundation for Social Development	2019	R	Egypt
Marisol Argueta de Barillas		2009	Z	El Salvador
Christian Hernandez Gallardo	Co-Founder and Managing Partner, White Star Capital	2014	M	El Salvador
Alejandro Poma		2010	AA	El Salvador
Elias Antonio Saca	Politician, Government of El Salvador, President of El Salvador	2004		El Salvador

Name	Position, Unternehmen	Jahr	Quelle	Land
Diego de Sola		2012	CC	El Salvador
Juhan Parts	Prime Minister of the Republic of Estonia	2005	C	Estonia
Anu Tali	Music Director	2008	F	Estonia
Bethlehem Tilahun Alemu		2011	BB	Ethiopia
Tewodros Ashenafi		2009	Z	Ethiopia
Abebe Gellaw		2010	AA	Ethiopia
Yetnebersh Nigussie Molla	President and CoFounder, Ethiopian Lawyers with Disabilities Association	2020	S	Ethiopia
Shani Senbetta	Founder and Chief Executive Officer, Kidame Mart Plc	2020	S	Ethiopia
Anu Bradford		2010	AA	Finland
Pavel Durov	Chief Executive Officer, Telegram Messenger LLP	2017	P	Finland
Sanni Grahn-Laasonen	Member of Parliament, Parliament of Finland (Eduskunta)	2018	Q	Finland
Jyrki Katainen	Chairman, National Coalition Party	2005	C	Finland
Sanna Marin	Prime Minister of Finland, Office of the Prime Minister of Finland	2020	S	Finland
Tero Ojanpera	Executive VicePresident and Chief Strategy Officer, Nokia Corporation	2006	D	Finland
Ikka Paananen	Chief Executive Officer, Supercell Oy	2017	P	Finland
Pekka Himanen	Philosopher	2005	C	Finland
Pia-Noora Kauppi	Member, European Parliament	2005	C	Finland
Annika Saarikko	Minister of Finance, Ministry of Finance of Finland	2019	R	Finland
Alexander Stubb		2009	Z	Finland
Jean-Jacques Barberis	Member of the Executive Committee; CoHead, Institutional Clients Coverage, Amundi Asset Management	2019	R	France
Diane Binder	Executive Partner and Co-Founder, Regenopolis	2019	R	France
Yannick Bollord	CEO, Direct 8, Bollord Group	2008	F	France
Yannick Bolloré	Chief Executive Officer, Vivendi	2008	Y	France
Alexis Bonte		2012	CC	France
Geoffrey Bouquot	Chief Technology Officer and Group Vice-President, Corporate Strategy and External Relations, Valeo	2019	R	France
Anne-Laure de Chammard	Chief Executive Officer, ENGIE Energy Solutions International, ENGIE Group	2021	T	France
Alain Demarolle	Laura Capital Partners	2007	E	France
Mohamed Elkeiy	Associate Economic Affairs Officer, United Nations Conference on Trade and Development (UNCTAD), Switzerland	2008	F	France

Name	Position, Unternehmen	Jahr	Quelle	Land
Julien Faye		2009	Z	France
Maelle Gavet	Executive Vice President, Global Operations, Priceline Group	2016	O	France
Gilles Glicenstein	Chairman, BNP Paribas Asset Management, BNP Paribas Group	2006	D	France
Anne-Sophie Grouchka	Member of the Executive Board, France; Chief Customer Officer, Allianz	2019	R	France
Carlalberto Guglielminotti	Chief Executive Officer, NHOA	2020	S	France
Nicolas Hazard	President, Le Comptoir de l'Innovation	2015	N	France
Christel Heydemann		2012	CC	France
Khaled Igue	Founder and President, Club 2030 Afrique	2018	Q	France
Isabelle Guichot	Chief Executive Officer, Van Cleef & Arpels	2005	C	France
Jean-Charles Decaux	Chairman of the Board and Co-Chief Executive Officer, JCDecaux	2005	C	France
Sandrine Joseph		2012	CC	France
Tariq Krim	Chief Executive Officer and Founder, Netvibes	2008	F	France
Laurent Guez	General Manager, Le Figaro Enterprises	2005	C	France
Tristan Lecomte	Founder, Alter Eco	2008	F	France
Loic Le Meur	Executive Vice President, Six Apart	2005	C	France
Emmanuel Macron	Minister of the Economy, Industry and Digital Affairs of France, Ministry of Economy, Industry and Digital Affairs of France	2016	O	France
David Martinon	Spokesperson, Office of the President of the Republic of France	2008	F	France
Erwann Michel-Kerjan	Managing Director, Wharton Risk Center, Wharton School, University of Pennsylvania	2007	E	France
Pierre Kosciusko Morizet	Founder and Chief Executive Officer, PriceMinister.com	2014	M	France
Gabriel Naouri	Groupe Casino	2008	F	France
Olivier Sichel	Executive Vice-President, France Telekom	2005	C	France
Olivier Oullier		2011	BB	France
Apollonia Poiläne	Chief Executive, Poiläne Bread Company	2008	F	France
Nabila Ramdani		2012	CC	France
Andrea Sanke	Senior Presenter, Journalist, France 24	2008	F	France
Marlene Schiappa	Secretary of State for Social & Solidarity Economy & Associative Life of France, Office of the Prime Minister of France	2018	Q	France
Fabrice Seiman	Chief Executive Officer, Lutetia Capita	2007	E	France
Julien Steimer	Secretary-General, Director and Member of the Board of Directors, AXA Enterprises	2014	M	France

196

Name	Position, Unternehmen	Jahr	Quelle	Land
Pierre-Alexandre Teulié		2011	BB	France
Scott Weber		2009	Z	France
Rama Yade	Minister of State for Foreign Affairs and Human Rights of France	2008	F	France
Akim Daouda	Chief Executive Officer, Gabonese Sovereign Wealth Fund (FGIS)	2018	Q	Gabun
Mamuka Bakhtadze	Prime Minister of Georgia (2018 -2019), Office of the Prime Minister of Georgia	2019	R	Georgia
Ketevan Bochorishvili	Managing Partner, Business Georgia	2019	R	Georgia
Kakha Kaladze	Vice-Prime Minister and Minister of Energy, Ministry of Energy of Georgia	2015	N	Georgia
Vera Kobalia		2012	CC	Georgia
Mikheil Saakashvili	President of Georgia	2005	C	Georgia
Nino Zambakhidze	Chairwoman, Georgian Farmer's Association	2017	P	Georgia
Florian Hoffmann	Founder, The Do School	2017	P	German
Christian Angermayer		2011	BB	Germany
Annalena Baerbock	Federal Minister of Foreign Affairs, Federal Foreign Office of Germany	2020	S	Germany
Daniel Bahr		2012	CC	Germany
Katinka Barysch		2011	BB	Germany
Jan Bayer		2010	AA	Germany
Beatrice Weder di Mauro	Member, German Council of Economic Experts (Deutscher Sachverständigenrat)	2005	C	Germany
Christophe Beck	Managing Director, Nestlé Maggi GmbH	2006	D	Germany
Katharina Beumelburg	Senior VicePresident, Business Excellence, Siemens	2015	N	Germany
Adam C. Bird	Senior VicePresident and Managing Partner, Global Media and Consumer Practice, Booz Allen Hamilton	2006	D	Germany
Katharina Borchert		2011	BB	Germany
Christoph Bornschein	Chief Executive Officer, TLGG	2021	T	Germany
Björn Czinczoll	Chief Executive Officer, Kinderzentren Kunterbunt e.V.	2008	F	Germany
Mehmet G. Daimagüler	Board Member, Free Democratic Party (FDP)	2006	D	Germany
Michael Drexler		2010	AA	Germany
Olafur Eliasson	Artist	2006	D	Germany
Valerie Feldmann	Senior Director, Operations, FloDesign Wind Turbine	2014	M	Germany
Carola Ferstl	Anchor, N-TV	2008	F	Germany
Philipp Freise		2009	Z	Germany
Alexander Geiser	Managing Partner, Hering Schuppener Consulting	2014	M	Germany

Name	Position, Unternehmen	Jahr	Quelle	Land
Laura Gersch	Member of the Board of Management; Chief Financial Officer, Allianz Lebensversicherun gs-AG	2021	T	Germany
Steffi Graf	Founder and Chairperson, 'Children for Tomorrow'	2008	F	Germany
Gregor Hackmack		2010	AA	Germany
Bettina Hein	Founder and Chief Executive Officer, Pixability, Inc.	2014	M	Germany
Immanuel Hermreck		2009	Z	Germany
Solveigh Hieronimus	Senior Partner, McKinsey & Company	2018	Q	Germany
Lars Hinrichs	Chief Executive Officer, Xing AG	2008	F	Germany
Alan Hippe	Member of the Executive Board, Finance, Controlling and Law, Continental AG	2008	F	Germany
David Frederik von Rosen-von Hoewel		2008	Y	Germany
Dirk Hoke		2010	AA	Germany
Jan-Eric Peters	Editor-in-chief, Die Welt, Berliner Morgenpost and Welt Kompakt	2005	C	Germany
Ska Keller	Member of the European Parliament, European Parliament	2015	N	Germany
Insa Klasing	General Manager Germany, Austria, Switzerland & Denmark, KFC	2017	P	Germany
Daniel Klier	Global Head Strategy, HSBC Holdings Plc	2016	O	Germany
Michael Krause	Managing Director and Partner, Peek & Cloppenburg	2007	E	Germany
Melanie Kreis-Wilczak	Executive Vice-President Corporate Office, Corporate Organisation, Deutsche Post World Net	2008	F	Germany
Frank Krings	Chief Operating Officer, Europe, Deutsche Bank AG	2006	D	Germany
Christian Kroll	Professor of Sustainability, IU International University of Applied Sciences	2018	Q	Germany
Heike M. Kunstmann	Director General, Gesamtmetall	2006	D	Germany
Moritz Lehmkuhl		2010	AA	Germany
Katrin Ley		2011	BB	Germany
André Loesekrug		2011	BB	Germany
Marcel S. Reichart	Managing Director, Hubert Burda Media Marketing and Communications	2005	C	Germany
Philip Meissner	Founder and Director, European Center for Digital Competitiveness	2022	U	Germany
Souad Mekhennet	Reporter, Daily Beast	2014	M	Germany
Philipp Missfelder	Member of the German Parliament and Federal Chairman of the Youth Party CDU, German Parliament	2014	M	Germany
John Mollanger	Director, Business Units, Puma AG	2008	F	Germany
Bernd Montag	President, Computed Tomography (CT), Siemens Medical Solutions	2006	D	Germany

Name	Position, Unternehmen	Jahr	Quelle	Land
Henrik Naujoks	Director and Partner, Bain&Company Germany	2007	E	Germany
Oliver Niedermaier		2010	AA	Germany
Aygül Özkan		2011	BB	Germany
Oliver Samwer	Co-Founder and Chief Executive Officer, Jamba!	2005	C	Germany
Verena Pausder	Co-founder and Chief Executive Officer, Fox & Sheep	2016	O	Germany
Felicitas von Peter		2010	AA	Germany
Stefan Reichenbach		2011	BB	Germany
Philipp Rösler		2010	AA	Germany
Klaus Rosenfeld	Chief Financial Officer and Member of the Executive Management Board, Schaeffler AG	2007	E	Germany
Sabriye Tenberken	Programme Coordinator, Braille without Borders	2005	C	Germany
Thomas Saueressig	Member of the Executive Board, SAP Product Engineering, SAP	2019	R	Germany
Eva Scherer	SVP, Global Head, Investor Relations, Siemens	2019	R	Germany
David Schmutzler	Chief Executive Officer, CareerConcept AG	2008	F	Germany
Klaus Schweinsberg		2009	Z	Germany
Martin Seidenberg		2011	BB	Germany
Shai Agassi	Executive Board Member, SAP	2005	C	Germany
Silvana Koch-Mehrin	Member of the European Parliament	2005	C	Germany
Brigitte Sitzberger		2011	BB	Germany
Jens Spahn	State Secretary, Federal Ministry of Finance of Germany	2016	O	Germany
Andrea Stürmer		2012	CC	Germany
Ludovic Subran	Chief Economist, Allianz	2020	S	Germany
Anahita Thoms	Partner, International Trade Practice, Baker McKenzie	2020	S	Germany
Claudia Vergueiro Massei	Head, Executive Office and Transformation, Motion Control, Siemens	2021	T	Germany
Johannes Weber	Managing Director, Social Venture Fund	2014	M	Germany
Christian Wessels		2012	CC	Germany
Peter Würtenberger	Chef Marketing Officer, Axel Springer	2007	E	Germany
Fabio Ziemssen	Partner, Zintinus	2020	S	Germany
Violet E. Awotwi	Founder and Exec.Dir, Women's Initiative for Self Empowerment	2004		Ghana
Farida Bedwei	Co-founder and Chief Technical Officer, Logiciel Ltd	2016	O	Ghana
Franklin Cudjoe		2010	AA	Ghana
Bernice Dapaah	Executive Director, Ghana Bamboo Bikes	2014	M	Ghana

Name	Position, Unternehmen	Jahr	Quelle	Land
Sangu Delle	Chairman and Chief Executive Officer, Africa Health Holdings	2021	T	Ghana
Elikem Nutifafa Kuenyehia		2010	AA	Ghana
James Kwame Mensah	Senior Lecturer, University of Ghana	2022	U	Ghana
Françoise Moudouthe	Chief Executive Officer, African Women's Development Fund	2022	U	Ghana
Kojo Oppong Nkrumah	Minister of Information, Ministry of Information and Media Relations of Ghana	2020	S	Ghana
Ada Osakwe	Founder and Chief Executive Officer, Agrolay Ventures	2016	O	Ghana
Bright Simons		2012	CC	Ghana
Kimathi Kuenyehia Sr		2012	CC	Ghana
Fred Swaniker		2012	CC	Ghana
Hugh Whalan	Chief Executive Officer, PEG Ghana	2015	N	Ghana
Eleni Antoniadou	Chief of Science, Transplants Without Donors	2016	O	Greece
Dionysia-Theodora Avgerinopoulou		2011	BB	Greece
Danae Bezantakou	Managing Director, Navigator Shipping Consultants	2015	N	Greece
Ilias Chantzos	Senior Director, Government Affairs, Symantec Corporation	2014	M	Greece
Niki Kerameus	Minister of Education and Religious Affairs, Ministry of Education, Research and Religious Affairs of Greece	2020	S	Greece
Alexandros Manos		2009	Z	Greece
Byron Vassiliades	Chairman, Antipollution S.A., Green S.A.	2016	O	Greece
Luis Von Ahn		2010	AA	Guatemala
Yara Argueta		2011	BB	Guatemala
Salvador Biguria		2011	BB	Guatemala
Julio Hector Estrada	Executive Director, National Agency for Public Private Partnerships	2014	M	Guatemala
Jonathan Nathusius	Chief Executive Officer, CEMACO	2016	O	Guatemala
Salvador Paiz		2009	Z	Guatemala
Bharrat Jagdeo	President of Guyana	2005	C	Guyana
Kapil Mohabir	Founding Managing Partner, Plympton Farms	2018	Q	Guyana
Wyclef Jean		2010	AA	Haiti
Monique Péan	Founder, The Vanessa Pean Foundation	2014	M	Haiti
Stephanie Villedrouin	Minister of Tourism, Haiti Government	2016	O	Haiti
Carol Yu Ying	Producer and Host, Phoenix Satellite Television Co. Ltd	2018	Q	Hog Kong
Paul Chan	Artist	2008	F	Hong Kong
Sabrina Chao	Chairman, Wah Kwong Maritime Transport Holdings	2014	M	Hong Kong

Name	Position, Unternehmen	Jahr	Quelle	Land
Hanson Cheah	Co-Founder and Managing Partner, AsiaTech Ventures Ltd	2006	D	Hong Kong
Kelly Chen	Goodwill Ambassador (China Children's Health Ambassador), United Nations Children's Fund (UNICEF)	2009	G	Hong Kong
Adrian Cheng	Executive Director, New World Development	2012	K	Hong Kong
Calvin Choin	Executive Chairman and President, AMTD Group	2017	P	Hong Kong
Claire Cormier Thielke	Country Head, Greater China, Hines Asia Pacific	2022	U	Hong Kong
David Webb	Founder and Editor, Webb-Site.com	2005	C	Hong Kong
Shizhong Ding	Chairman and Chief Executive Officer, ANTA Sports Products	2009	G	Hong Kong
Dumith Fernando	Managing Director, Regional Chief Operating Officer Asia Pacific, Credit Suisse	2013	L	Hong Kong
Kent Ho	Founder and General Partner, S28 Capital	2018	Q	Hong Kong
Claire Hsu	Co-Founder and Executive Director, Asia Art Archive (AAA)	2013	L	Hong Kong
Christine Hsu	Managing Director, Financial Sponsors Group, Asia-Pacific, UBS Group AG	2017	P	Hong Kong
Deborah Kan	Journalist, STAR News Asia	2008	F	Hong Kong
James Law	Chairman and Chief Cybertect, James Law Cybertecture International Ltd	2010	H	Hong Kong
Yvonne Li	Founder and Chief Executive Officer, Avantage Ventures	2014	M	Hong Kong
Gary Liu	Chief Executive Officer, South China Morning Post	2019	R	Hong Kong
Stephanie Lo	Managing Director, Shui On Investment Company Limited	2020	S	Hong Kong
Christopher Logan	Chief of Strategy and Marketing, Agility Logistics	2009	G	Hong Kong
Shalini Mahtani	Founder, Community Business	2009	G	Hong Kong
Michelle Guthrie	Chief Executive Officer, STAR Group	2005	C	Hong Kong
Billy Wai-Lung Ng	Assistant Professor, School of Pharmacy, The Chinese University of Hong Kong	2022	U	Hong Kong
Yana Peel	Co-Director and Founder, Intelligence Squared Asia	2011	I	Hong Kong
Lo Sze Ping		2012	CC	Hong Kong
Jayne Plunkett	Head, Casualty Asia, Swiss Reinsurance Company	2010	H	Hong Kong
Dee Poon	Chief Executive Officer, Esquel Group	2014	M	Hong Kong
Jennifer Zhu Scott	Founder and Managing Partner, Establish Asia	2013	L	Hong Kong
Sing Wang	Chief Executive Officer and Executive Director, TOM Group	2005	C	Hong Kong
Francis Ngai Wah Sing	Founder and Chief Executive Officer, Social Ventures Hong Kong	2012	K	Hong Kong

Name	Position, Unternehmen	Jahr	Quelle	Land
Marie So		2009	Z	Hong Kong
Donald Tang	Chief Executive Officer, Greater China, D. E. Shaw & Co. (Asia Pacific) Limited	2016	O	Hong Kong
Diana Tsui	Director of Corporate Social Responsibility and Chief Executive Officer of KPMG Foundation, KPMG	2011	I	Hong Kong
Victor Li Tzar-kuoi	Deputy Chairman and Managing Director, Cheung Kong Holdings	2005	C	Hong Kong
Li Wai-yee	Professor of Chinese Literature, Harvard University	2008	F	Hong Kong
Jennifer Woo	Managing Director, Lane Crawford, Hong Kong	2010	H	Hong Kong
Douglas C K Woo	Chairman and Managing Director, Wheelock and Company Ltd	2017	P	Hong Kong
Thomas Wu	Deputy Managing Director, Hopewell Holdings Ltd	2006	D	Hong Kong
Thomas Jefferson Wu		2006	W	Hong Kong
Weiwei Xing	Partner, Bain & Company Inc.	2020	S	Hong Kong
Siu Yat	Chief Executive Officer, Outblaze Limited	2006	D	Hong Kong
Nancie Zhu	Anchor, Phoenix Satellite Television Co. Ltd	2020	S	Hong Kong
Nilda Bullain	Senior Legal Advisor, International Center for Not-for-Profit Law	2006	D	Hungary
Abel Garamhegyi	Deputy Minister of Economy and Transport of Hungary	2008	F	Hungary
Tamas Landesz		2010	AA	Hungary
Hrund Gunnsteinsdottir		2011	BB	Iceland
Thor Bjorgolfsson	Chairman, Actavis	2005	C	Iceland
Reuben Abraham		2009	Z	India
Anu Acharya		2011	BB	India
Pallavi S. Aiyar	Author and Journalist, The Hindu and Free Lance	2014	M	India
Farhan Akhtar	Film Director, Actor, Screenplay Writer, Singer, Producer and Choreographer, Excel Entertainment Production House	2014	M	India
Vikram K. Akula	Chief Executive Officer and Founder, SKS Microfinance Pvt. Ltd	2008	F	India
Sheetal Amte-Karajgi	Chief Executive Officer, Maharogi Sewa Samiti	2016	O	India
Vishwanathan Anand	Chess Player	2006	D	India
Ashok Aram		2010	AA	India
Aditi Avasthi	Founder and Chief Executive Officer, Embibe	2021	T	India
Sachin Bansal	Co-Founder and Chief Executive Officer, Flipkart.com	2014	M	India
Jaideep Bansal	Chief Executive Officer, Global Himalayan Expedition (GHE)	2022	U	India

Name	Position, Unternehmen	Jahr	Quelle	Land
Anurag Behar	Managing Director, Wipro Infrastructure Engineering Ltd.	2008	F	India
Sabeer Bhatia	Chairman, Bhatia Enterprises	2008	F	India
Rwitwika Bhattacharya-Agarwal	Founder and Chief Executive Officer, Swaniti Initiative	2017	P	India
Amit Burman	Vice-Chairman, Dabur India	2007	E	India
Raghav Chadha	Member of Parliament - Upper House (Rajya Sabha), Government of the National Capital Territory of Delhi	2022	U	India
Subhashini Chandran		2012	CC	India
Anand Chandrasekaran		2010	AA	India
Tejpreet Singh Chopra		2010	AA	India
Avani Davda	Chief Executive Officer, Tata Starbucks Limited	2014	M	India
Dayanidhi Maran	Minister of Communications and Information Technology	2005	C	India
Kanika Dewan	President, BRAMCO GROUP	2016	O	India
Tanya Dubash	Executive Director and Chief Brand Officer, Godrej Industries	2007	E	India
Ashok Giri Durgesh		2010	AA	India
Barkha Dutt	Senior Editor, New Delhi Television (NDTV)	2008	F	India
V. R. Ferose		2012	CC	India
Aditya Ghosh	President, IndiGo	2015	N	India
Manisha Girotra		2010	AA	India
Suhas Gopinath	Chief Executive Officer and President, Globals ITeS Pvt. Ltd	2008	F	India
Ashish Goyal	Portfolio Manager, BlueCrest Capital Management Ltd	2015	N	India
Gaurav Gupta	Founder and Chief Executive Officer, Gabit	2022	U	India
Radhika Gupta	Managing Director and Chief Executive Officer, Edelweiss Mutual Fund	2022	U	India
Priya Hiranandani-Vandrevala		2011	BB	India
Deepender Singh Hooda		2011	BB	India
Sonu Jain	Special Correspondent, The Indian Express	2006	D	India
Pooja Jain		2009	Z	India
Bhairavi Jani	Executive Director, SCA Group of Companies	2018	Q	India
Naveen Jindai	Chairman and Managing Director, Jindal Steel and Power	2007	E	India
Naveen Jindal		2007	X	India
Sminu Jindal		2009	Z	India
Binoy Job		2012	CC	India

Name	Position, Unternehmen	Jahr	Quelle	Land
Prasoon Joshi	Regional Creative Director, McCann Erickson India Ltd	2006	D	India
Mohit Joshi	Vice-President and Head, Financial Services and Insurance Unit, Europe, Infosys Ltd	2014	M	India
Manasi Joshi	Athlete, Sports Authority of India	2022	U	India
Gazal Kalra	Co-Founder, Rivigo	2021	T	India
Madhu Kannan	Group Head, Business Development, Tata Sons	2007	E	India
Ekta Kapoor	Creative Director, Balaji Telefilms Ltd	2006	D	India
Krithi Karanth	Associate Conservation Scientist and Executive Director, Wildlife Conservation Society	2015	N	India
Manish Kejriwal	Managing Director, Temasek Holdings Advisors India Pvt. Ltd	2006	D	India
Tarun Khanna	Jorge Paulo Lemann Professor, Harvard Business School	2007	E	India
Manish Khera		2011	BB	India
Shreevar Kheruka	Managing Director, Borosil Ltd.	2021	T	India
Neha Kirpal	Founding Director, India Art Fair	2015	N	India
Alok Kshirsagar		2012	CC	India
Adarsh Kumar		2012	CC	India
Kumar Mangalam Birla	Chairman, Aditya Birla Group	2005	C	India
Siddhartha Lal		2009	Z	India
C V Madhukar	Director, PRS Legislative Research	2008	F	India
Poonam Mahajan	Member of Parliament for Lok Sabha from Mumbai North Central, Maharashtra	2019	R	India
Chetan Maini		2011	BB	India
Boria Majumdar		2009	Z	India
Roshni Nadar Malhotra	Executive Director and Chief Executive Officer, HCL Corporation Ltd	2014	M	India
Ritesh Malik	Founder, Innov8 Coworking	2022	U	India
Malvinder Mohan Singh	President, Pharmaceuticals and Executive Director Ranbaxy Laboratories Limited	2005	C	India
Dayanidhi Maran	Politician, Government of India, Minister of Communications and Information Technology (2004–2007). Lower House MP (2019–), third time	2004		India
Shaffi Mather		2011	BB	India
Rhea Mazumdar Singhal	Chief Executive Officer, Ecoware Solutions Private Limited	2018	Q	India
Malini Mehra		2009	Z	India
Swapan Mehra	Chief Executive Officer, Iora Ecological Solutions Pvt. Ltd.	2020	S	India

Name	Position, Unternehmen	Jahr	Quelle	Land
Gaurav Mehta	Founder and Chief Executive Officer, Dharma Life	2018	Q	India
Nikhil Meswani	Executive Director, Reliance Industries Limited	2006	D	India
Ambarish Mitra	Chief Executive Officer and Founder, Blippar	2017	P	India
Narendra Murkumbi		2010	AA	India
Vinati Mutreja	Managing Director and Chief Executive Officer, Vinati Organics Limited	2020	S	India
Sandeep A. Naik		2010	AA	India
Ashwin Naik		2012	CC	India
Lokesh Nara	Member, Andhra Pradesh Legislative Council	2019	R	India
Vishwarupe Narain	Country Head, Texas Pacific Group	2014	M	India
Armstron Pame	Administrator, Government of Manipur	2018	Q	India
Sandeep Parekh	Executive Director, Enforcement and Legal Affairs, Securities and Exchange Board of India (SEBI)	2008	F	India
Sachin Pilot	Member of Parliament, India	2008	F	India
Nandini Piramal	Executive Director and Head of Human Resources, Piramal Enterprises Limited (PEL)	2014	M	India
Ameya Prabhu	Managing Director, NAFA Capital	2021	T	India
Rishad Premji	Chief Strategy Officer, IT Business, Wipro Limited	2014	M	India
Meher Pudumjee	Chairperson, Thermax Limited	2008	F	India
Ratul Puri	Executive Director, Moser Baer India Ltd	2008	F	India
Allah Rakha Rahman	Music Composer	2008	F	India
Sanjiv Rai		2012	CC	India
Chhavi Rajawat		2012	CC	India
Rajiv Bajaj	Joint Managing Director, Bajaj Auto	2005	C	India
Srikrishna Ramakarthikeyan		2011	BB	India
Anoop Ratnaker Rao	Chief Operating Officer, Naandi Foundation	2014	M	India
Raul Gandhi	Congress Member, Parliament of India	2005	C	India
Byju Raveendran	Founder and Chief Executive Officer, BYJU'S	2020	S	India
Hriday Ravindranath	Chief Product and Digital Officer, BT Global, BT Group Plc	2021	T	India
Satish Reddy	Chief Operating Officer and Managing Director, Dr Reddy's Ltd	2007	E	India
Phanindra Sama	Chief Innovation Officer, Government of Telangana	2019	R	India
Suhail Sameer	Chief Executive Officer, Resilient Innovation Private Limited (BharatPe)	2022	U	India
Sanjeev Sanyal		2010	AA	India
Chiki Sarkar	Chief Executive Officer, Penguin Random House India	2014	M	India

205

Name	Position, Unternehmen	Jahr	Quelle	Land
Trilochan Sastry	Founder and Director, Association for Democratic Reform & Centre for Collective Development	2008	F	India
Jyotiraditya Madhavrao Scindia	Minister of State for Commerce and Industry, Ministry of Commerce and Industry of India	2007	E	India
Hindol Sengupta	Editor-at-Large, Fortune India	2017	P	India
Monisha Shah		2009	Z	India
Parmesh Shahani	Head, Innovation Laboratory, Godrej Industries Ltd	2014	M	India
Anoushka Shankar	Musician, Sitar player	2008	F	India
Vijay Shekhar Sharama	Founder and Chief Executive Officer, Paytm	2017	P	India
Pooja Shetty	Director, Adlabs Films Ltd	2008	F	India
Shruti Shibulal	Director, Strategy and Development, The Tamara Hospitality	2017	P	India
Joseph Sigelman	Founder & President, PetroTiger	2008	F	India
Pia Singh	Managing Director, DLF Universal & DLF Retail	2008	F	India
Sangita Singh		2010	AA	India
Tara Singh Vachani	Chief Executive Officer, Antara Senior Living Pvt. Ltd	2020	S	India
Rajamanohar (Raja) Somasundaram		2012	CC	India
Sulajja F. Firodia Motwani	Joint Managing Director, Kinetic Engineering	2005	C	India
Kanika Tekriwal	Founder and Chief Executive Officer, JetSetGo Aviation Services Pvt Ltd	2018	Q	India
Piyush Tewari	Founder and Chief Executive Officer, SaveLife	2019	R	India
Anurag Thakur	MP & National President, BJYM (BJP's Youth Wing)	2014	M	India
Bhavin Turakhia		2011	BB	India
Sangeeth Varghese		2010	AA	India
Shaurya Veer Himatsingka	Deputy Managing Director, India Carbon Limited	2016	O	India
Jeh Wadia	Chairman, Wadia Group	2008	F	India
Amit Wanchoo		2009	Z	India
Ratheesan Yoganathan	Co-Founder and Group Chairman, Lebara Group	2014	M	India
Anies Baswedan	President, Paramadina University	2009	G	Indonesia
Veronica Colondam	Chief Executive Officer, YCAB (Yayasan Cinta Anak Bangsa) Foundation	2006	D	Indonesia
Nia diNata	Film Director	2009	G	Indonesia
Aldi Haryopratomo	Co-Founder, Ruma Inc.	2012	K	Indonesia
Iim Fahima Jachja	Chief Executive Officer, Virtual Consulting	2014	M	Indonesia
Stefanie Kurniadi	Founder and Chief Operating Officer, FOODIZZ.ID	2019	R	Indonesia
Thomas Trikasih Lembong	Partner, Quvat Management Pte Ltd	2008	F	Indonesia

Name	Position, Unternehmen	Jahr	Quelle	Land
Veronika Linardi	Chief Executive Officer, PT. Qareer Harapan Asia	2020	S	Indonesia
Grace Natalie Louisa	Co-Founder; ViceChairperson, Honorary Council, Partai Solidaritas Indonesia - PSI (Indonesian Solidarity Party)	2020	S	Indonesia
Muhammad Lutfi	Chairman, Investment Coordinating Board (BKPM), Indonesia	2008	F	Indonesia
M. Arsjad Rasjid P. Mangkuningrat	President Director, PT Indika Energy Tbk	2011	I	Indonesia
Arsjad Rasjid P. Mangkuningrat		2011	BB	Indonesia
Butet Manurung	Educator and Conservationist	2009	G	Indonesia
Nurul Arifin	Actress	2005	C	Indonesia
Rieke Diah Pitaloka	Member of Parliament, Indonesian Democratic Party of Struggle	2011	I	Indonesia
Arif P. Rachmat	Chief Executive Officer, PTTriputra Investindo Arya (Triputra Group)	2013	L	Indonesia
John Riady	Chief Executive Officer, PT Lippo Karawaci Tbk	2018	Q	Indonesia
Najwa Shihab	Anchor, Metro TV	2011	I	Indonesia
Ananda Siregar	Founder, Blitz Megaplex, Global Entrepreneurship Program	2012	K	Indonesia
Benjamin Soemartopo	Principal, McKinsey & Company	2010	H	Indonesia
Steve Suryadinata	Managing Director, BSA Land	2022	U	Indonesia
William Tanuwijaya	Co-Founder and Chief Executive Officer, Tokopedia	2016	O	Indonesia
Silverius O. Unggul		2009	Z	Indonesia
Achmad Zaky	Founder, Bukalapak	2021	T	Indonesia
Nasreen Mustafa Sideek-Barwari	Minister of Public Works, Interim Government of Iraq	2005	C	Iraq
Zainab Salbi	Founder, Women for Women International	2007	E	Iraq
Sinead Burke	Chief Executive Officer, Tilting The Lens	2021	T	Ireland
Charles Butterworth	Chief Executive Officer, Vodafone Ireland	2008	F	Ireland
Caroline Casey	Founding Chief Executive Officer, The Aisling Foundation	2006	D	Ireland
Valerie Casey		2011	BB	Ireland
Niall Dunne		2012	CC	Ireland
Tadhg Flood		2010	AA	Ireland
Damian Gammell		2009	Z	Ireland
Nora Khaldi	Founder and Chief Science Officer, Nuritas	2019	R	Ireland
David McWilliams	Broadcaster, Writer and Commentator, McWilliams Production	2007	E	Ireland

Name	Position, Unternehmen	Jahr	Quelle	Land
Leo Varadkar	Tânaiste and Minister for Enterprise, Trade and Employment, Leader of Fine Gael, Department of Enterprise, Trade and Employment of Ireland	2018	Q	Ireland
Siobhan Walsh	Executive Director, Concern Worldwide USA	2007	E	Ireland
Ian Walsh	Partner and Managing Director, The Boston Consulting Group	2015	N	Ireland
Anousheh Ansari	Co-Founder and Chief Executive Officer, Prodea Systems	2007	E	Iran
Fatemeh Haghighat-Joo	Professor, Faculty of Educational Sciences and Psychology, Shahid Beheshti University	2005	C	Iran
Bahman Ghobadi	Film Maker and Photographer	2008	F	Iran
Shadi Sadr	Editor-in-Chief, Women in Iran	2006	D	Iran
Nariman Sadri	General Manager, Sanofi Group Iran	2015	N	Iran
Mohammad Ali Shabani	Researcher, School of Oriental and African Studies (SOAS)	2014	M	Iran
Jonathan Adiri		2012	CC	Israel
Eli Beer		2012	CC	Israel
Ofra Anne Eshed		2011	BB	Israel
Gaby Lasky	Legal Advisor, Public Committee against Torture in Israel	2005	C	Israel
Gila Demri Gamliel		2010	AA	Israel
Yair Goldfinger		2009	Z	Israel
Eyal Gura	Venture Partner, Pitango Venture Capital	2014	M	Israel
Darko Horvat	Member of the Board of Directors, IDB Holding Corporation Ltd	2006	D	Israel
Forsan Hussein	CO-Founder and Managing Partner, Zaitoun Ventures	2016	O	Israel
Shira Kaplan	Founder and Chief Executive Officer, Cyverse AG	2017	P	Israel
Efrat Peled		2009	Z	Israel
Kira Radinsky	Founder & Chief Technology Officer, Diagnostic Robotics	2021	T	Israel
Stav Shaffir	Member of the Knesset, Knesset	2017	P	Israel
Fainy Sukenik	Partnerships Manager, Collective Impact Initiative, Intimate Partner Violence Prevention, Sheatufim	2020	S	Israel
Gadi Taub	Professor, The Hebrew University of Jerusalem	2006	D	Israel
Achinoam (Noa) Nini	Singer and Songwriter, More Productions	2005	C	Israel
Alberto Alemanno	Jean Monnet Professor of European Union Law, HEC School of Management	2015	N	Italy
Erica Alessandri	Member of the Board, Technogym	2021	T	Italy
Andrea Guerra	Chief Executive Officer, Luxottica Group	2005	C	Italy

Name	Position, Unternehmen	Jahr	Quelle	Land
Beatrice Trussardi	President and Chief Executive Officer, Trussardi Group	2005	C	Italy
Selene Biffi		2009	Z	Italy
Giulio Boccaletti	Managing Director, The Nature Conservancy	2014	M	Italy
Roberto Bolle		2009	Z	Italy
Francesca Carlesi	Managing Director, Deutsche Bank	2014	M	Italy
Francesca Colombo		2011	BB	Italy
Marco Fiorese		2009	Z	Italy
Alessandra Galloni	Chief for the Wall Street Journal in the Southern Europe Bureau	2007	E	Italy
Luca Garavoglia	Chairman, Davide Campari Group	2008	F	Italy
Andres SImon Gonzales-Silen	Chief Executive Officer, Grupo Venemergencia	2015	N	Italy
Rula Jebreal	Author and Journalist, RaiDue	2008	F	Italy
Paola Lanzarini	Acting Executive Director, Fondazione Isabella Seragnoli	2006	D	Italy
Marco Magnani		2010	AA	Italy
Matteo Arpe	Chief Executive Officer, Capitalia	2005	C	Italy
Angela Morelli		2012	CC	Italy
Alessia Maria Mosca		2009	Z	Italy
Diana Verde Nieto		2011	BB	Italy
Cristina Pozzi	Chief Executive Officer, Treccani Futura	2019	R	Italy
Monica Regazzi		2009	Z	Italy
Consuelo Remmert		2010	AA	Italy
Paolo Ribotta	Head of Global Distribution and Network, XL Group	2007	E	Italy
Pasquale Salzano		2011	BB	Italy
Davide Serra		2010	AA	Italy
Irene Tinagli		2010	AA	Italy
Francesco Vezzoli	Artist	2008	F	Italy
Imani Duncan-Price	Senator of Jamaica, Senate of Jamaica	2015	N	Jamaica
Marlene Malahoo Forte		2010	AA	Jamaica
Nadeen Matthews	Chief Digital & Marketing Officer, National Commercial Bank of Jamaica	2017	P	Jamaica
Mariam McIntosh	Partner, Portland Private Equity	2014	M	Jamaica
Richard Powell		2009	Z	Jamaica
Iwao Aso	Group Chairman, ASO Corporation	2014	M	Japan
Shiho Azuma	Chief Executive Officer, Lily MedTech Inc.	2021	T	Japan
Kanae Doi	Director, Japan, Human Rights Watch	2011	I	Japan

Name	Position, Unternehmen	Jahr	Quelle	Land
Daniel Edwards	Regional Managing Partner, Asia Pacific, Heidrick & Struggles	2010	H	Japan
Ken Endo	Researcher, Sony Computer Science Laboratories, Inc.	2014	M	Japan
Kumi Fujisawa Tsunoda	Co-Founder, Think Tank SophiaBank	2007	E	Japan
Norika Fujiwara	Actress and Journalist	2008	F	Japan
Chikara Funabashi		2009	Z	Japan
Keisuke Goda	Professor of Physical Chemistry, The University of Tokyo	2014	M	Japan
Atsumi Hasegawa	Chief Executive Officer, Litalico	2017	P	Japan
Toru Hashimoto		2009	Z	Japan
Yusuke Hatori	Senior Managing Director, Gulliver International Co. Ltd	2008	F	Japan
Miku Hirano	Chief Executive Officer, Cinnamon	2022	U	Japan
Hiroshi Mikitani	President and Chief Executive Officer, Rakuten	2005	C	Japan
Hiroshi Nakada	Mayor of Yokohama	2005	C	Japan
Akihiko Hoshide	JAXA Astronaut, Japan Aerospace Exploration Agency (JAXA)	2008	F	Japan
Kentaro Ichiki	Creative Director, Hakuhodo Inc.	2014	M	Japan
Kentaro Iemoto	President and Chief Executive Officer, Clara Online Inc.	2012	K	Japan
Hideyuki Inoue		2009	Z	Japan
Daisuke Iwase	Co-Founder and Chief Operating Officer, Lifenet Insurance	2010	H	Japan
Mitsuru Izumo	President, Euglena Co. Ltd	2012	K	Japan
James Kondo	Associate Professor, University of Tokyo	2005	C	Japan
Drue Kataoka	Artist	2012	K	Japan
Kentaro Katayama	Non-residential fellow, SAIS John Hopkins University	2016	O	Japan
Kazuyo Katsuma		2009	Z	Japan
Ryuhei Kawada	memeber of the House of Councillors, House of Councillors of Japan	2007	E	Japan
Naomi Kawase	Film Director	2008	F	Japan
Keiichiro Asao	Member of the House of Councillors	2005	C	Japan
Mineko Kengaku	Laboratory Head, Laboratory for Neural Cell Polarity, RIKEN Brain Science Institute	2006	D	Japan
Masatada Kobayashi	Director and Senior Executive Officer, Rakuten Inc.	2011	I	Japan
Lin Kobayashi	Executive Director, Foundation for International School of Asia, Karuizawa	2012	K	Japan
Fumiaki Kobayashi	Member,House of Representatives, The Liberal Democratic Party of Japan	2020	S	Japan
Shinjiro Koizumi	Member of the House of Representatives, Japan	2011	I	Japan

Name	Position, Unternehmen	Jahr	Quelle	Land
Ohtani Kojun	Head Priest, Jodo-shinshu Temple	2016	O	Japan
Masami Komatsu	President and Chief Executive Officer, Music Securities, Inc.	2013	L	Japan
Junya Kondo	Chief Executive Officer, Hatena Co. Ltd	2012	K	Japan
Naomi Koshi	Major of Otsu City, Otis City	2015	N	Japan
Tonni Agustiono Kurniawan	Visiting Scholar, Institute of Advanced Studies, United Nations University	2014	M	Japan
Hideki Makihara	Member of Parliament, Japan	2008	F	Japan
Kouta Matsuda	Member of the House of Councillors , House of Councillors of Japan	2007	E	Japan
Nami Matsuko		2009	Z	Japan
Shoukei Matsumoto	Managing Director and Buddhist Monk, Japan Fellowship of Buddhists	2013	L	Japan
Yasukane Matsumoto	Chief Executive Officer and Founder, Raksul Co. Ltd	2019	R	Japan
Etsuko May Okajima	Chief Executive Officer, ProNova Inc.	2007	E	Japan
Taizo Mikazuki	Member, House of Representatives, Japan	2010	H	Japan
Soichiro Minami	Founder and Chief Executive Officer, BizReach	2014	M	Japan
Misa Matsuzaki	President and Chief Executive Officer, Agasta	2005	C	Japan
Mitsuru Claire Chino	Corporate Council, Itochu Corporation	2005	C	Japan
Haruo Miyagi	President, ETIC (Entrepreneurial Training for Innovative Communities)	2011	I	Japan
Koichi Mizutome	Managing Partner, Roland Berger	2008	F	Japan
Motohisa Furukawa	Member of House of Representatives	2005	C	Japan
Yoshinobu Nagamine	Head of Office, International Committee of the Red Cross (IRC)	2010	H	Japan
Tomoaki Nigo Nagao	Founder, A Bathing Ape	2008	F	Japan
Akiko Naka	CEO, Wantedly Inc	2020	S	Japan
Toshihiro Nakamura	Co-Founder and Chief Executive Officer, Kopernik	2012	K	Japan
Hidetoshi Nakata	Chairman, Take Action Foundation	2010	H	Japan
Tomomi Nishimoto	Conductor, Office Sequenz	2007	E	Japan
Kohei Nishiyama	Chariman and Founder, elephant design	2007	E	Japan
Nobuo Nomae	Executive Vice-President, Fast Retailing Co. (UNIQLO)	2005	C	Japan
Ken Noguchi	Alpinist	2011	I	Japan
Yoichi Ochiai	Associate Professor, University of Tsukuba	2022	U	Japan
Genki Oda	Chairman and Chief Executive Officer, Remixpoint	2019	R	Japan
Kensuke Onishi	Chief Executive Officer, Peace Winds Japan	2006	D	Japan
Taku Otsuka	Member of the House of Representatives of Japan	2008	F	Japan

Name	Position, Unternehmen	Jahr	Quelle	Land
Taro Otsuka	President, Otsuka-Warehouse Co., Ltd.	2013	L	Japan
Sputniko Ozaki	Assistant Professor, MIT Media Laboratory	2017	P	Japan
William H. Saito	Founder and Chief Executive Officer, InTecur	2011	I	Japan
Akimitsu Sano	Chief Executive Officer, Cookpad	2012	K	Japan
Teruhide Sato	President and Group Chief Executive Officer, netprice. com Ltd	2008	F	Japan
Yohei Shibasaki	Founder and Chief Executive Officer, Fourth Valley Concierge Corporation	2013	L	Japan
Kunihiko Shimada		2012	CC	Japan
Taejun Shin	Founder and Chief Executive Officer, Gojo & Company Inc.	2018	Q	Japan
Shokei Suda		2012	CC	Japan
Naomichi Suzuki	Mayor of Yubari	2013	L	Japan
Eikei Suzuki	Governor, Mie Prefectural Government	2014	M	Japan
Shoko Takahashi	Chief Executive Officer and Founder, Genequest Inc.	2018	Q	Japan
Kohey Takashima	Chief Executive Officer and Founder, Oisix	2007	E	Japan
Yoshikazu Tanaka	Chief Executive Officer, Gree.jp	2011	I	Japan
Kiyohiko Toyama	Member, New Komeito Party, Japan	2008	F	Japan
Daisuke Tsuda	Journalist, Media Activist and Chief Executive Officer, Neo-logue inc.	2013	L	Japan
Keisuke Tsumura	Member of the House of Representatives, House of Representatives of Japan	2007	E	Japan
Sotaro Uemera	Professor, University of Tokyo	2016	O	Japan
Katsuya Uenoyama	Founder and Chief Executive Officer, PKSHA Technology Inc	2020	S	Japan
Risa Wataya	Author	2008	F	Japan
Yuito Yamada	Partner, McKinsey & Company	2022	U	Japan
Eriko Yamaguchi	Chief Executive Officer, Motherhouse Company	2008	F	Japan
Satoru Yamamoto		2012	CC	Japan
Koichi Yamauchi	Member of the House of Representatives, Japan	2011	I	Japan
Naoko Yamazaki	Astronaut, Japan Aerospace Exploration Agency (JAXA)	2011	I	Japan
Yasui Yoshiki	Chief Executive Officer, Yasui & Company	2020	S	Japan
Malak Jehad Al Akiely	Founder and Chief Executive Officer, Golden Wheat for Grain Trading Ltd.	2017	P	Jordan
Samer I. Asfour		2009	Z	Jordan
Suleiman Bakhit	Founder and Chief Executive Officer, Hero Factor	2016	O	Jordan
Bassem I. Awadallah	Minister of Finance	2005	C	Jordan

Name	Position, Unternehmen	Jahr	Quelle	Land
Nasser bin Nasser	Managing Director, Middle East Scientific Institute for Security	2015	N	Jordan
Emile Najib Cubeisy	Vice-President, Group Business Development, Accelerator Technology Holdings	2006	D	Jordan
Lama Hourani		2012	CC	Jordan
Kamel A. Husseini	Managing Partner, Ellam Tam	2007	E	Jordan
Yasar Jarrar		2009	Z	Jordan
Karim T. Kawar	Ambassador of the Hashemite Kingdom of Jordan, Embassy of the Hashemite Kingdom of Jordan	2005	C	Jordan
Reem Khouri	Founder and Partner, Kaamen	2018	Q	Jordan
Ennis Rimawi	Managing Director, Catalyst Private Equity - Cleantech Fund	2007	E	Jordan
Salaheddin Al-Bashier	Minister of Justice	2005	C	Jordan
Soraya Salti	Senior Vice-President, Middle East and North Africa, INJAZ al Arab, JA Worldwide	2008	F	Jordan
Dina Shoman		2012	CC	Jordan
Khaldoon Tabaza	Chairman and Managing Director, Riyada Ventures	2006	D	Jordan
Zeid Raad Al-Hussein	Ambassador and Permanent Representative of Jordan to the UN, Permanent Mission of Jordan	2005	C	Jordan
Jamila Abass	Founder, M-Farm	2017	P	Kenya
Nasreen Ali Mohamed	Founder and Chief Executive Officer, Afrikapu Ltd	2022	U	Kenya
Ayisi Makatiani	Chief Executive Officer, Gallium Capital Partners	2005	C	Kenya
Julie Gichuru		2009	Z	Kenya
Ndungi Githuku	Founder, Mulika Communications Trust	2006	D	Kenya
John Githongo	Permanent Secretary for Governance, Office of the President	2005	C	Kenya
Wanuri Kahiu	Filmmaker, AFROBUBBLEGU M	2019	R	Kenya
Neema Kaseje	Surgeon, Médecins Sans Frontières	2017	P	Kenya
Mugo Kibati	Group Chief Executive Officer, East African Cables Ltd	2008	F	Kenya
Naisula Lesuuda	Member of Parliament, Kenyan Parliament	2017	P	Kenya
Marie Lora-Mungai	Chief Executive Officer and Executive Producer, Restless Global	2017	P	Kenya
Louise Leakey	Palaeontologist, Kombi Fora Research Project, National Geographic Explorer in Residence	2005	C	Kenya
Michael Macharia	Founder and Group Chief Executive Officer, Seven Seas Technologies (SST)	2014	M	Kenya
Edwin Macharia	Partner, Dalberg Global Development Advisors	2015	N	Kenya
Larry Madowo	Correspondent, CNN Worldwide	2020	S	Kenya

Name	Position, Unternehmen	Jahr	Quelle	Land
Sara Menker	Founder and Chief Executive Officer, Gro Ventures	2014	M	Kenya
Jesse Moore	Chief Executive Officer and CoFounder, M-Kopa	2017	P	Kenya
Kanini Mutooni	Chief Executive Officer, MyAzimia Ltd	2014	M	Kenya
James Mworia	Chief Executive Director, Centum Investment Company Limited	2016	O	Kenya
Wawira Njiru	Founder and Executive Director, Food for Education	2021	T	Kenya
Isis Nyong'o		2012	CC	Kenya
Ory Okolloh		2011	BB	Kenya
Umra Omar	Founder and Executive Director, Safari Doctors	2019	R	Kenya
Eva Otieno	Africa Strategist, Standard Chartered Bank Kenya Ltd	2022	U	Kenya
Mayur Patel	Chief Commercial Officer, M-KOPA	2020	S	Kenya
Juliana Rotich	Venture Partners, Africa Technology Ventures	2016	O	Kenya
James Shikwati	Founder and President, Inter-Region Economic Network	2008	F	Kenya
Zain Verjee	Journalist, Zian Varjee Group	2004		Kenya
Dominic Wadongo	Group Head of Operational Risk, Equity Group Holdings Plc	2022	U	Kenya
James Wanjohi		2009	Z	Kenya
Omar K. Alghanim		2008	Y	Kuwait
Mohammed Alghanim	Group Chief Executive Officer, Hamad S. Al-Ghanim Group	2022	U	Kuwait
Noor Boodai	Chief Executive Officer, TenX	2022	U	Kuwait
Omar Ghanim	Chief Executive Officer and Chairman, Alghanim Industries	2008	F	Kuwait
Hassan El Houry	Chief Executive Officer, National Aviation Services	2014	M	Kuwait
Ghosson Khaled	Chief Operating Officer, ACICO Industries Company	2017	P	Kuwait
Naif Al Mutawa		2011	BB	Kuwait
Mubarak A. Al Sabah		2009	Z	Kuwait
Musaed Al Saleh		2009	Z	Kuwait
Maria Lisitsyna		2009	Z	Kyrgyzstan
Ainars Siesers	Minister of Transport and Communication	2005	C	Latvia
Valdis Dombrovskis	Member, European Parliament	2005	C	Latvia
Habib Haddad		2009	Z	Lebanon
Georges Harik		2011	BB	Lebanon
Rima Maktabi		2011	BB	Lebanon
Azmi Mikati	Chief Executive Officer, M1 Group	2007	E	Lebanon
Christine Sfeir	Chief Executive Officer and Founder, Treats Holding	2014	M	Lebanon

Name	Position, Unternehmen	Jahr	Quelle	Land
Patrick Youssef	Deputy Director of Operations, International Committee of the Red Cross (ICRC)	2016	O	Lebanon
Mona Hammami	Director, Crown Prince Court of Abu Dhabi	2017	P	Lebaon
Kimmie Weeks		2010	AA	Liberia
Saif al Islam al Gaddafi	President, Gaddafi International Foundation for Charity Associations	2006	D	Libya
Julian Rachlin	Violinist/Violist/Conductor/UNICEF Goodwill Ambassador	2007	E	Lithuania
Kalin Anev Janse	Secretary-General, European Stability Mechanism	2016	O	Luxembourg
Fatmir Besimi		2010	AA	Macedonia
Zhivko Mukaetov	Chief Executive Director, Alkaloid AD Skopje	2014	M	Macedonia
Radmila Sekerinska	Deputy Prime Minister of the Republic Macedonia	2005	C	Macedonia
Wan Nadiah Wan Mohd Abdullah Yaakob	Executive Director and Group Chief Executive Officer, TMC Life Sciences Berhad	2020	S	Malaysia
Suryani Senja Alias	Senior Vice-President, Khazanah Research and Investment Strategy, Khazanah Nasional Berhad	2010	H	Malaysia
Anthony F. Fernandes	Chief Executive Officer, Air Malaysia	2005	C	Malaysia
Syed Saddiq bin Syed Abdul Rahman	Member of Parliament, Parliament of Malaysia	2019	R	Malaysia
Francesca Chia	Co-Founder and Chief Executive Officer, GoGet	2021	T	Malaysia
Yeoh Keong Hann	Executive Director, YTL Power Generation	2022	U	Malaysia
Khairy Jamaluddin	Deputy Leader, United Malays National Organisation Youth (UMNO YOUTH)	2006	D	Malaysia
Steven Sim Chee Keong		2012	CC	Malaysia
Justin Leong	Head of Strategic Investments, Genting BhD	2006	D	Malaysia
HH Tunku Ali Redhauddin Tuanku Muhriz	Tunku Besar Seri Menanti, Negeri Sembilan	2013	L	Malaysia
Omar Mustapha	Managing Principal and Director, Ethos & Company	2007	E	Malaysia
Joel Neoh	Chief Executive Officer, Groupon Malaysia	2013	L	Malaysia
Rohan Ramakrishnan	Founder and Chief Executive Officer, The ASEAN Post	2021	T	Malaysia
Yeen Seen Ng	COO, Asian Strategy and Leadership Institute (ASLI)	2016	O	Malaysia
Chew Seow-Chien		2011	BB	Malaysia
Anjhula Mya Singh Bais	Chair, International Board, Amnesty International	2019	R	Malaysia
Jeffrey Tau-Hoong Lim	Chief Executive Director, NOW Group	2015	N	Malaysia
Ricky Wong	Chief Executive Officer and Founder, Asia Media Group	2014	M	Malaysia
Pei Lou Yeoh	Executive Director, FrogAsia Sdn Bhd	2017	P	Malaysia
Hannah Yeoh	Member of Parliament, Segambut, Ministry of Women, Family and Community Development of Malaysia	2018	Q	Malaysia

Name	Position, Unternehmen	Jahr	Quelle	Land
Yeo Bee Yin	Member, Parliament for Bakri, Johor	2019	R	Malaysia
Cheng Ming Yu	Professor and Chair of Mr and Mrs Chua Chai Leng Professor of Economics, Universiti Tunku Abdul Rahman	2011	I	Malaysia
Shauna Aminath	Minister of Environment, Climate Change and Technology, Ministry of Environment, Climate Change and Technology of the Republic of Maldives	2020	S	Maldives
Matthew Caruana Galizia	Director, Daphne Caruana Galizia Foundation	2020	S	Malta
Nazir Razak	Chief Executive Officer, Commerce International Merchant Bankers	2005	C	Malysia
Alejandro Ramirez	Chief Operating Officer, Organizacion Ramirez	2005	C	Mexico
Emilio Ricardo Lozoya Austin		2012	CC	Mexico
Gina Badenoch		2012	CC	Mexico
Alfredo Capote		2010	AA	Mexico
Carlos Danel	Co-Chief Executive Officer, Financiera Compartamos	2005	C	Mexico
Mario Martin Delgado Carrillo		2011	BB	Mexico
Luis Cervantes	Managing Director; Head, Mexico Office, General Atlantic	2021	T	Mexico
Jesús "Chuy" Cepeda	Founder and Chief Executive Officer, OS City	2020	S	Mexico
Vicente Corta Fernandez	Partner, White & Case Sc	2006	D	Mexico
Gabriela Enrique Ganozales	Founder, and Chief Executive Officer, Prospera	2017	P	Mexico
Roberto Ibarra	Chief Executive Officer, Innox	2017	P	Mexico
Javier Martinez Staines	Editorial Director, Expansion	2005	C	Mexico
Juan Domingo Beckmann Legorreta	Executive Director, Jose Cuervo SA de CV	2008	F	Mexico
Carlos Loret de Mola	Anchor and Director, Newsprogramme, Grupo Televisa SAB	2008	F	Mexico
Alicia Morga		2011	BB	Mexico
Carlos Mota		2011	BB	Mexico
Santiago Cosio Pando		2012	CC	Mexico
Enrique Pena Nieto	President Elect of Mexico, Mexican Presidency	2007	E	Mexico
Carlo Perez-Arizti	Partner, Baker McKenzie	2022	U	Mexico
Carlos Miguel Prieto	Music Director, Xalapa Symphony Orchestra	2006	D	Mexico
Viridiana Rios	Founding Director, México ¿cómo vamos?	2020	S	Mexico
Guillermo Romo		2011	BB	Mexico
Pablo Salazar Rojo	Managing Partner, NxtpLabs	2015	N	Mexico
José Ignacio Peralta Sanchez		2010	AA	Mexico
Jorge Volpi	Writer	2006	D	Mexico

Name	Position, Unternehmen	Jahr	Quelle	Land
Ricardo Weder	Founder and Chief Executive Officer, JUSTO, INC.	2021	T	Mexico
Alejandro Werner	Undersecretary, Secretariat of Finance and Public Credit, Mexico	2008	F	Mexico
Salomon Chertorivski Woldenberg	Secretary of Economic Development, Government of the Federal District, Secretariat of Economic Development	2014	M	Mexico
Alvaro Rodriguez Arregui	Chief Financial Officer, Vitro	2005	C	Mexiko
Idalia Cruz	Director, Strategy, Grupo Salinas	2007	E	Mexiko
Stela Mocan	ICAM Manager, World Bank	2015	N	Moldova
Nico Rosberg	Greentech Entrepreneur and F1 2016 World Champion	2018	Q	Monaco
Zolzaya Batkhuyag	Co-Founder, Adviser and Member of the Board, Women for Change	2021	T	Mongolia
Bolor-Erdene Battsenge	State Secretary, Ministry of Digital Development	2022	U	Mongolia
Bayanjargal Byambasaikhan	Managing Partner, NovaTerra LLC	2014	M	Mongolia
Nomin Chinbat	Chief Executive Officer, Mongol TV	2016	O	Mongolia
Zorigt Dashdorj		2010	AA	Mongolia
Ganhuyag Chuluun Hutagt		2009	Z	Mongolia
Bayartsetseg Jigmiddash	Secretary of State, Ministry of Justice	2013	L	Mongolia
Sanjaasuren Oyun	Leader of Civil Will Party and Member of Parliament of Mongolia, Parliament of Mongolia	2006	D	Mongolia
Oyun Sanjaasuren		2006	W	Mongolia
Ganzorig Ulziibayar	Chief Executive Officer, Golomt Bank LLC	2017	P	Mongolia
Ganzorig Vanchig	Senior Vice-President and Director of Strategic Planning, Shunkhlai Group	2014	M	Mongolia
Dashdorj Zorigt	Minister of Minerals and Energy of Mongolia	2010	H	Mongolia
Aboubakr Jamal	Editor-in-Chief, Le Journal Hebdomadaire and Assahifa Al Ousbouiya	2005	C	Morocco
Abdelmalek Alaoui	Chief Executive Officer, Guepard Consulting Group	2015	N	Morocco
Mohamed Alami Berrada	General Manager, Yasmine Orfèvres de l'immobilier	2017	P	Morocco
Mbarka Bouaida		2012	CC	Morocco
Merieme Chadid	Explorer/Astronomer, Concordia Research Station, Concordia Research Station, Antartica	2008	F	Morocco
Ismail Douiri		2010	AA	Morocco
Sanae Lahlou	Country Representative, Morocco, United Nations Industrial Development Organization (UNIDO)	2021	T	Morocco
Laila Lalami		2009	Z	Morocco
Fatima Zahra Mansouri	Mayor of Marrakech	2014	M	Morocco

Name	Position, Unternehmen	Jahr	Quelle	Land
Mustapha Mokass	Founder, Climate and Poverty Innovations	2015	N	Morocco
Lalla Salma	Queen of Morocco	2008	F	Morocco
Rachid Slimi	Director, General Affairs and Corporate Relations, Groupe ONA	2006	D	Morocco
Erik Charas	Director, Endowment and Investments, Foundation for Community Development (FDC)	2006	D	Mozambique
Zin Mar Aung	Founder, Director of Boards and Director, Political Education, Yangon School of Political Science	2014	M	Myanmar
Matthew Guilford	Co-Founder and Chief Executive Officer, Common Health	2019	R	Myanmar
Thura Ko	Founder and Managing Director, YGA Capital Limited	2013	L	Myanmar
Khin Zaw Latt	Founder, KZL ART Gallery & Bamboo School	2014	M	Myanmar
Thaung Su Nyein	Managing Director/ CEO, nformation Matrix Co., Ltd.	2016	O	Myanmar
Win Win Tint	Managing Director, City Mart Holdings Co Ltd	2013	L	Myanmar
Ken Tun	Chairman and Chief Executive Officer, Parami Energy Group of Companies	2014	M	Myanmar
Slim Amamou		2012	CC	n.v.
David Chubak		2019	R	n.v.
Amélie de Montchali		2021	T	n.v.
Tony Fadell	Founder and Chief Executive Officer, Nest Labs	2007	E	n.v.
Kazutomo Robert Hori	Chief Executive Officer, CYBIRD co., Ltd.	2005	C	n.v.
Joseph P. Kennedy III		2018	Q	n.v.
Eduardo Leite		2020	S	n.v.
Courtney O'Donnell		2011	BB	n.v.
Victoria Ransom	Founder and Chief Executive Officer, Wildfire, Google	2015	N	n.v.
Albert Rivera Diaz		2018	Q	n.v.
Kush Saxena		2020	S	n.v.
Izkia Siches		2021	T	n.v.
Kirstine Stewart		2008	Y	n.v.
Hua Fung Teh	Vice-President, TPG Capital	2015	N	n.v.
Christian Zeinler		2020	S	n.v.
James Mnyupe	Presidential Economic Adviser; Green Hydrogen Commissioner, Office of the President of Namibia	2022	U	Namibia
Nirvana Chaudhary	Managing Director, Chaudhary Group	2021	T	Nepal
Tshering Lama	Country Director, Childreach Nepal	2015	N	Nepal
Pradip Pariyar	Executive Chairperson, Samata Foundation	2020	S	Nepal
Aashmi Rana	Managing Director, Himali Pashmina Udhyog, Kathmandu	2008	F	Nepal

Name	Position, Unternehmen	Jahr	Quelle	Land
Aashmi Rajya Lakshmi Rana		2008	Y	Nepal
Ashutosh Tiwari		2011	BB	Nepal
Hajo Van Beijma	Founder and Partnership Director, Text to Change	2014	M	Netherlands
Claire Boonstra		2012	CC	Netherlands
Rose Damen	Managing Director, Damen Yachting	2021	T	Netherlands
Daniel de Boer	Chief Executive Officer, ProQR Therapeutics N.V.	2019	R	Netherlands
H.R.H. Prince Jaime de Bourbon Parme	Special Envoy, Natural Resources, Ministry of Foreign Affairs of the Netherlands	2007	E	Netherlands
Ronald De Jong	Chief Executive Officer Markets and Member of the Executive Team, Royal Philips Electronics	2007	E	Netherlands
Steven Everts		2009	Z	Netherlands
Andre Faaij		2009	Z	Netherlands
Karien van Gennip	Member of the House of Representatives, Netherlands	2008	F	Netherlands
Dennis Karpes	Founder, Dance4Life	2008	F	Netherlands
Willem-Alexander of the Netherlands	Crown Prince of the Netherlands	2005	C	Netherlands
Sarah Nicholls	Global Head of ESG, Sourcing & Procurement, Jones Lang LaSalle	2019	R	Netherlands
Daan Rosegaarde	Artist, Studio Roosegaarde	2015	N	Netherlands
Lucas Simons		2011	BB	Netherlands
Stacey Tank	Chief Corporate Affairs and Transformation Officer, Heineken International B.V.	2020	S	Netherlands
Conrad van Oostrom	Chief Executive Officer, OVG Real Estate	2007	E	Netherlands
Yousef Yousef	Chief Executive Officer, LG Sonic B.V.	2022	U	Netherlands
Jamil Anderlini	Beijing Bureau Chief, The Financial Times	2013	L	New Zealand
Jacinda Ardern	Member of Parliament, New Zealand Labour Party	2014	M	New Zealand
Privahini Bradoo		2012	CC	New Zealand
Simon Bridges	Minister of Labour and of Energy and Resources	2013	L	New Zealand
Rachel Carrell	Chief Executive Officer, DrThom	2014	M	New Zealand
Clayton Cosgrove	Member of Parliament	2005	C	New Zealand
Golriz Ghahraman	Member of Parliament, New Zealand Parliament	2020	S	New Zealand
Lucy Hockings	Presenter, BBC World News	2010	H	New Zealand
Mitchell Khoa Dang Pham		2011	BB	New Zealand
Simon Power	Minister of Justice of New Zealand	2010	H	New Zealand
David Rodin		2011	BB	New Zealand
David Skilling	Chief Executive Officer, The New Zealand Institute	2008	F	New Zealand
Mark Weldon	Chief Executive Officer, New Zealand Exchange	2008	F	New Zealand

Name	Position, Unternehmen	Jahr	Quelle	Land
Felix A. Maradiaga		2009	Z	Nicaragua
Maria Nelly Rivas		2012	CC	Nicaragua
Lorna Solis		2010	AA	Nicaragua
Ricardo Terán Terán		2011	BB	Nicaragua
Hafsat Abiola	Founder and Director, Kudirat Initiative for Democracy (KIND)	2006	D	Nigeria
Iyinoluwa Aboyeji	General Partner, Future Africa	2018	Q	Nigeria
Joseph Akinkugbe Adelegan	Director-General, Global Network for Environment and Economic Development Research	2006	D	Nigeria
Joseph Adelegan		2006	W	Nigeria
Debo Adesina	Editor, Guardian Newspapers Ltd	2006	D	Nigeria
Biola Alabi		2012	CC	Nigeria
Osayi Alile Oruene	Executive Director, Fate Foundation	2007	E	Nigeria
Lois Auta	Executive Director, Cedar Seed Foundation	2017	P	Nigeria
Abayomi Awobokun	Chief Executive Officer, Oando Downstream, Oando Plc	2016	O	Nigeria
Kingsley Bangwell		2009	Z	Nigeria
Godwin N. Obaseki	Founder and Chief Executive Officer, Securities Transactions and Trust Company	2005	C	Nigeria
Akudo Anyanwu Ikemba		2012	CC	Nigeria
Funmi Iyanda		2011	BB	Nigeria
Kola Karim	Chief Executive Officer and Managing Director, Shoreline Energy International	2008	F	Nigeria
Tunde Kehinde	Co-Founder and Chief Executive Officer, Lidya Holdings, Inc	2020	S	Nigeria
Ken Wiwa	Writer and Social Justice Activist	2005	C	Nigeria
Simon Kolawole		2012	CC	Nigeria
Folashade Laoye		2011	BB	Nigeria
Nneka Mobisson-Etuk	Executive Director, Institute for Healthcare Improvement	2014	M	Nigeria
Ndidi Okonkwo Nwuneli	Founder and Chief Executive Officer, Leadership Effectiveness Accountability and Professionalism (LEAP)	2005	C	Nigeria
Akinwale Ojomo		2009	Z	Nigeria
Obi Ozor	Founder & Chief Executive Officer, Kobo360	2021	T	Nigeria
Jubril Adewale Tinubu	Group Chief Executive, Oando	2007	E	Nigeria
Muntaqa Umar-Sadiq	Chief Executive Officer, Private Sector Health Alliance of Nigeria	2016	O	Nigeria
Danladi Verheijen	Founder and Chief Executive Officer, Verod Capital	2014	M	Nigeria

Name	Position, Unternehmen	Jahr	Quelle	Land
Adebola Williams	Chief Executive Officer, Red Media Africa	2019	R	Nigeria
Dilek Ayhan	State Secretary of Norwegian Ministry of Trade, Industry and Fisheries, Norway Government	2016	O	Norway
Pablo Alberto Barrera Lopez	Chief Executive Officer, Haugaland Kraft	2019	R	Norway
Haakon Magnus of Norway	Crown Prince of Norway	2005	C	Norway
Camilla Hagen Sørli	Member of the Board, Canica Holding	2018	Q	Norway
Nina Jensen	Conservation Director, WWF - World Wide Fund for Nature - Norway	2014	M	Norway
Jon S. Tetzchner	Chief Executive Officer and Co-Founder, Opera Software	2005	C	Norway
H.R.H. Crown Princess Mette-Marit of Norway		2010	AA	Norway
Bjarte Reve		2009	Z	Norway
Gunhild A. Stordalen	Founder and Chair, Stordalen Foundation	2015	N	Norway
Hadia Tajik	Member of the Storting (Norwegian Parliament), Storting (Norwegian Parliament)	2016	O	Norway
Lamya Al Haj	Associate Professor of Molecular Biology, Sultan Qaboos University	2020	S	Oman
Assilah Z. Al-Harthy	Head, Corporate Affairs, Oman Oil Company	2005	C	Oman
Lujaina Mohsin Haider Darwish	Member of the Consultative Council(Majis al-Shura)	2005	C	Oman
Nadia Maqbool	Founding Partner, 23 Degrees North	2019	R	Oman
Romana Abdullaha	CEO and Founder, Highpoint Ventures (Pvt.) Limited	2016	O	Pakistan
Imtiaz Ali		2009	Z	Pakistan
Zulfikar Ali Bader	Chief Executive Officer, Bader and Bader Law Associates	2015	N	Pakistan
Maleeka Ali Bokhari	Member of Parliament, National Assembly of Pakistan	2021	T	Pakistan
Jahangir Amir		2010	AA	Pakistan
Muhammad Hammad Azhar	Former member of National Assembly of Pakistan	2020	S	Pakistan
Abid Butt	Chief Executive Officer, e2e Supply Chain Management (Pvt) Ltd	2015	N	Pakistan
Hina Butt	Minster, Government of Punjab	2016	O	Pakistan
Umer Cheema	Executive Director, Center for Investigative Reporting in Pakistan	2016	O	Pakistan
Nighat Dad	Founder and Executive Director, Digital Rights Foundation	2018	Q	Pakistan
Shahzada Dawood		2012	CC	Pakistan
Osman Haneef	Managing Director, MILVIK Mobile Pakistan (Pvt) Limited	2017	P	Pakistan

Name	Position, Unternehmen	Jahr	Quelle	Land
Munizae Jahangir	Film Producer, Human Rights Activist	2008	F	Pakistan
Kasim M. Kasuri		2009	Z	Pakistan
Nauman Khan		2012	CC	Pakistan
Faisal Khan	Co-Founder and Chief Executive Officer, Peshawar 2.0	2019	R	Pakistan
Hina Rabbani Khar	State Minister for Economic Affairs and Statistics Economic Affairs Division of Pakistan	2008	F	Pakistan
Sara Saeed Khurram	Chief Executive Officer and CoFounder, Sehat Kahani	2022	U	Pakistan
Awais Ahmad Khan Leghari	Minister of Information Technology, Ministry of Information Technology	2006	D	Pakistan
Sabeen Mahmud	Founder, T2F	2014	M	Pakistan
Nafisa Shah	Nazim (Mayor) of Khairpur	2005	C	Pakistan
Mir Ibrahim Rahman		2011	BB	Pakistan
Umar Saif		2010	AA	Pakistan
Ali J. Siddiqui	Chief Executive Officer, Mahvash and Jahangir Siddiqui Foundation	2014	M	Pakistan
Muhammad Ali Tabba		2010	AA	Pakistan
Saad Hayat Tamman	Member - Strategic Reforms and Implementation Unit, Office of the Prime Minister of Pakistan	2022	U	Pakistan
Farzana Yaqoob	Former Minister for Social Welfare and Women's Development, Ministry of Kashmir Affairs and Gilgit-Baltistan	2017	P	Pakistan
Mosharraf Zaidi	Founder and Campaign Director, Alif Ailaan - Time to End Pakistan's Education Emergency	2014	M	Pakistan
Lily Habash	Special Assistent to the Bureau Chief, Office of the Prime Minister	2005	C	Palestinian Authority
Michael Tarazi	Member and Legal Adviser, Palestinian Authority Negotiation Affairs Department	2005	C	Palestinian Authority
Hania Bitar	Director-General, Pyalara	2006	D	Palestinian Territories
Dalal Saeb Iriqat	Vice-President, International Relations, Arab American University-Palestine	2021	T	Palestinian Territories
Ramzi Jaber	CO-Founder, Visualizing Impact (VI)	2017	P	Palestinian Territories
Wissam Joubran	Composer, Performer, Luthier, Le Trio Joubran	2022	U	Palestinian Territories
Hakam Kanafani	Chief Executive Officer, Palestine Cellular Communications Ltd	2006	D	Palestinian Territories
Nisreen Haj Mohammed Shahin		2012	CC	Palestinian Territories

Name	Position, Unternehmen	Jahr	Quelle	Land
Hashim Shawa	Chairman and General Manager, Bank of Palestine	2014	M	Palestinian Territories
Shireen Shelleh	Partner and Managing Director, Center for Engineering and Planning	2016	O	Palestinian Territories
Raya Yusuf-Sbitany	Chief Executive Officer, Derma Beauty Lab Ltd	2020	S	Palestinian Territories
Alejandro G. Ferrer	Minister of Commerce and Industry of Panama	2008	F	Panama
Alejandro Ferrer		2008	Y	Panama
Carolina Freire		2012	CC	Panama
Sandro Salsano	Founding Partner, Columbus Frontiers	2014	M	Panama
Anthony Smare	Director, Nambawan Super Limited	2014	M	Papua New Guinea
Maria Soledad Nunez Mendez	Minister of Housing and Habitat, Ministry of Housing of Paraguay	2017	P	Paraguay
Adriana Ortiz	President, National Handcraft Institute (IPA)	2021	T	Paraguay
Ruben Ramirez Lezcano	Vice-Minister for Economic Affairs and Integration, Ministry of Foreign Relations of Paraguay	2006	D	Paraguay
Gonzalo Begazo	Executive Vice-President, AJE Group	2014	M	Peru
Luis Felipe Carrillo	President and Chief Executive Officer, GE Andean and Caribbean, GE	2015	N	Peru
Kerstin Forsberg	Founder and Director, Planeta Océano	2018	Q	Peru
Claudia Belmont Graña	Member of the Board and Belcorp Director, Social Innovation	2014	M	Peru
Kurt Holle	Founder and General Manager, Rainforest Expeditioin	2008	F	Peru
Carlos Ananos Jeri	Chief Executive Officer, Kola Real	2008	F	Peru
Augusto Townsend Klinge	Editor, Economics and Business Department, Empresa Editora El Comercio	2014	M	Peru
Joaquin F. Leguia Orezzoli	Executive Director, ANIA (Association for Children and Their Environment)	2007	E	Peru
Vania Masías	Founding Director, Ángeles D1	2014	M	Peru
Alvaro Vargas Llosa	Director, Center on Global Prosperity, The Independent Institute	2007	E	Peru
Fernando Zavala	Vice-President of Corporate Affairs, SABMiller Peru	2008	F	Peru
Julia Andrea Abad	Chief of Presidential Management Staff, Office of the President of the Philippines	2014	M	Philippines
Paolo Benigno Aquino IV	Chairperson and Chief Executive Officer, National Youth Commission, Office of the President	2006	D	Philippines
Maria Antonia Arroyo	Chief Executive Officer, Hybridigm Consulting Inc.	2015	N	Philippines
Cherrie Atilano	Founder and Chief Executive Officer, Agrea	2020	S	Philippines

Name	Position, Unternehmen	Jahr	Quelle	Land
Analisa Balares		2012	CC	Philippines
Diosdado Rey Banatao		2012	CC	Philippines
Rex Bernardo		2011	BB	Philippines
Benedict Carandang		2012	CC	Philippines
Winston Damarillo		2010	AA	Philippines
Karen Davila		2010	AA	Philippines
Clarissa Delgado	Co-Founder and Chief Executive Officer, Teach For the Philippines	2022	U	Philippines
Illac Diaz	Founder, CentroMigrante	2008	F	Philippines
Maria Doris Dumlao	Senior Business Reporter Philippines Daily Inquirer	2014	M	Philippines
Patricia Dwyer	Founder, The Purpose Business Ltd	2015	N	Philippines
Francis Joseph Guevara Escudero	Senator, Philippines	2008	F	Philippines
Therese Fernandez-Ruiz		2012	CC	Philippines
Donald Patrik Lim	Chief Digital Officer, ABS-CBN Broadcasting Corporation	2015	N	Philippines
Sheila Lirio Marcelo		2011	BB	Philippines
Henry Motte-Munoz	Founder and Executive Chairman, Edukasyon.ph	2020	S	Philippines
Alexandra Prieto-Romualdez	President, Philippine Daily Inquirer	2006	D	Philippines
Paul Rivera	Co-Founder and Chief Executive Officer, Kalibrr Technology Ventures	2021	T	Philippines
Earl Martin Sawit Valencia	President, IdeaSpace Foundation	2014	M	Philippines
Ayesha Vera-Yu	Chief Executive Officer and Co-Founder, Advancement for Rural Kids (ARK)	2014	M	Philippines
Jacek Szwajcowski	President of the Board and Chief Executive Officer, Polska Grupa Farmaceutyczna	2005	C	Poland
Michal Krupinski		2012	CC	Poland
Tomasz Lis	Anchor Telewizja Polska (TVP)	2007	E	Poland
Arkadiusz Nowak	Director, Krajowe Centrum D/S Aids	2006	D	Poland
Jacek Olechowski	Partner & General Manager, DougFaberFamily	2006	D	Poland
Pawel Bartlomiej Piskorski	Member of the European Parliament	2005	C	Poland
Katarzyna Pisarska	Director, European Academy of Diplomacy	2014	M	Poland
Ewa Sadowska	Director, BARKA UK	2008	F	Poland
Pawel Surowka	Chief Executive Officer, Eurocash	2019	R	Poland
Gustavo Cardoso	Professor, ISCTE (Instituto de Cieencias do Trabalho e da Empresa), Portugal	2008	F	Portugal
Cristina Fonseca	Partner, Indico Capital Partners	2021	T	Portugal

Name	Position, Unternehmen	Jahr	Quelle	Land
Brent Hoberman		2009	Z	Portugal
Inna Modja	Land Ambassador, United Nations Convention to Combat Desertification (UNCCD)	2022	U	Portugal
Tiago Monteiro	F1 Driver	2006	D	Portugal
Stephan Morais		2010	AA	Portugal
Antonio Simoes		2009	Z	Portugal
Rodrigo Tavares	Founder and Chief Executive Officer, Granito & Partners	2017	P	Portugal
Ahmed Ali Al-Hammadi	Chief Investment Officer, Europe, Qatar Investment Authority	2019	R	Qatar
Abdulrahman Essa Al-Mannai	Chief Executive Officer, Milaha Group	2022	U	Qatar
Alanoud Bint Hamad Al Thani	Deputy Chief Executive Officer, Qatar Financial Centre (QFC)	2021	T	Qatar
Wadah Khanfar	Director-General, Al Jazeera Satellite Network	2008	F	Qatar
Hanadi N. Al Thani	Managing Director and ViceChairman, Qatar Ladies Investment Company	2006	D	Qatar
Abdulla Bin Ali Al Thani		2011	BB	Qatar
Milos Ristic		2011	BB	Republic of Serbia
Irina Anghel-Enescu	Secretary-General, South Eastern European Private Equity and Venture Capital Association	2014	M	Romania
Cristina Batlan	Founder and Chief Executive Officer, Musette Group	2014	M	Romania
Oana Bizgan-Gayral	Member of Parliament, Parliament of Romania	2018	Q	Romania
Emilia Macarie	Chief Financial Officer, Allianz Re Dublin dac	2017	P	Romania
Ioana Popescu		2009	Z	Romania
Leonid Bershidsky	Chief Publisher, Media Ventures Print	2005	C	Russian Federarion
William F. Browder	Chief Executive Officer, Hermitage Capital Management	2005	C	Russia
Sergei Guriev	Chief Executive Officer, Centre for Economic and Financial Research (CEFIR)	2006	D	Russia
Ruben K. Vardanian	Chairman of the Board and Chief Executive Officer, Troika Dialog Group	2006	D	Russia
Kirill Androsov	Deputy Minister of Economic Development and Trade of the Russian Federation	2008	F	Russia
Arkady Dvorkovich	Head, Expert Department of the Russian President	2005	C	Russia
Elena Barmakova		2009	Z	Russia
Ekaterina Berezyiy	Founder vand Chief Executive Officer, ExoAtlet	2017	P	Russia

Name	Position, Unternehmen	Jahr	Quelle	Land
Kirill Dmitriev		2009	Z	Russia
Nick Dobrovolskiy		2012	CC	Russia
Andrei Elinson		2011	BB	Russia
Alexander Ivlev	CIS SubArea Leader for Accounts, Industries and Business Development, Ernst & Young	2007	E	Russia
Marina Kolesnik	Founder and Chief Executive Officer, travel.ru	2015	N	Russia
Artemij Lebedev	Web Designer, Lebedev Studio	2008	F	Russia
Denis Morozov		2012	CC	Russia
Olga K Dergunova	Chairman, Microsoft	2005	C	Russia
Maxim Oreshkin	Minister Economic Development, Ministry of Economic Development of the Russian Federation	2017	P	Russia
Nikolay Pryanishnikov	Executive Vice-President and General Director, AO VimpelCom	2008	F	Russia
Julia Shakhnovskaya	Director, Polytechnic Museum	2016	O	Russia
Yuri Soloviev		2009	Z	Russia
Lila Tretikov	Executive Director, Wikimedia Foundation Inc.	2016	O	Russia
Vladimir Ryzhkov	Member, State Duma	2005	C	Russia
Natalia Vodianova	Founder and President, Naked Heart Foundation	2014	M	Russia
Stanislav Voskresenskiy		2010	AA	Russia
Ksenia Yudaeva		2009	Z	Russia
Clare Akamanzi		2012	CC	Rwanda
Paula Ingabire	Minister of Information Communication Technology and Innovation, Ministry of Information Communication Technology and Innovation of Rwanda	2020	S	Rwanda
Muna AbuSulayman	Partner, Directions Consultancy	2007	E	Saudi Arabia
Mohamed Al Hashemi	Country Head, Majid Al Futtaim	2021	T	Saudi Arabia
Sarah Al Suhaimi	Chairperson of the Board of Directors, Saudi Stock Exchange (Tadawul)	2018	Q	Saudi Arabia
Esraa Al-Buti	Partner, EY	2021	T	Saudi Arabia
Omar Al-Madhi	Senior Managing Director & Member of the Board, Abdul Latif Jameel Investments	2017	P	Saudi Arabia
Fahad Aldhubaib	Director, National Strategic Programmes, Supreme Economic Council of Saudi Arabia	2015	N	Saudi Arabia
Faisal Alibrahim	Minister of Economy and Planning, Ministry of Economy and Planning of Saudi Arabia	2020	S	Saudi Arabia
Khalid Alkhudair	Chief Executive Officer and Founder, Glowork	2014	M	Saudi Arabia
Ibrahim AlMojel	Chief Executive Officer, Saudi Industrial Development Fund	2019	R	Saudi Arabia

Name	Position, Unternehmen	Jahr	Quelle	Land
Nabeel Amudi	President, Aramco Services Company, Saudi Aramco	2014	M	Saudi Arabia
Kamal A. S. Bahamdan	Vice-Chairman, Sara Holding/BV Group Ventures	2006	D	Saudi Arabia
Loulwa M. Bakr		2011	BB	Saudi Arabia
Reema Bint Bandar Al-Saud	Chief Executive Officer, Alfa International	2015	N	Saudi Arabia
Makarem Batterjee	Founder and Chief Executive Officer, Shababco Enterprises	2008	F	Saudi Arabia
Fares Bugshan	Chief Executive Officer, Bugshan Investment	2022	U	Saudi Arabia
May Al Dabbagh		2011	BB	Saudi Arabia
Fawaz Farooqui	Managing Director, Cruise Saudi	2021	T	Saudi Arabia
Rayan Fayez	Deputy Chief Executive Officer, NEOM	2018	Q	Saudi Arabia
Ayman Hariri	Deputy CEO, Saudi Oger Ltd	2016	O	Saudi Arabia
Dana Juffali	Member of the Board, Juffali and Brothers, Saudi	2021	T	Saudi Arabia
Gassan Al Kibsi	Managing Director, McKinsey & Company	2014	M	Saudi Arabia
Ahmed Mater	Contemporary Artist and Founder, Edge of Arabia	2014	M	Saudi Arabia
Nimah Ismail Nawwab	Poet	2006	D	Saudi Arabia
Nimah I. Nawwab		2006	W	Saudi Arabia
Loay Nazer	Chairman, Nazer Group	2006	D	Saudi Arabia
Fahd Al Rasheed		2011	BB	Saudi Arabia
Ameer Sherif	Partner / VC Investor	2019	R	Saudi Arabia
Naif Sheshah	Assistant Deputy Governor for Planning and Development & Chief Digital Officer, Communications and Information Technology Commission (CITC)	2022	U	Saudi Arabia
Asma Siddiki	Chief Executive Officer, Alpha1Education	2014	M	Saudi Arabia
H.R.H. Prince Khalid Bin Bandar Bin Sultan		2010	AA	Saudi Arabia
Bandar Bin Khalid Al Faisal	Publisher and Chairman, ALWatan Newspaper	2005	C	Saudi Arabia
Mohammed K.A. Al Faisal	President, Al Faisaliah Group Holding	2005	C	Saudi Arabia
Mouhamed Moustapha Fall	Chair, African Institute for Mathematical Sciences	2017	P	Senegal
Amadou Hott		2012	CC	Senegal
Aminata Kane Ndiaye	Senior Adviser, Amadou Mahtar Mbow Foundation	2019	R	Senegal
Papa Ndiaye	Managing Director, Emerging Markets Partnership	2005	C	Senegal
Karim Wade	Special Advisor to the President of Senegal	2008	F	Senegal
Magatte Wade		2011	BB	Senegal
Bozidar Djelic	President and Founder, Altes Consulting	2005	C	Serbia and Montenegro
Rolph Antoine Payet	President and Vice-Chancellor, University of Seychelles	2007	E	Seychelles
David Moinina Sengeh	Ministry of Basic and Senior Secondary Education	2019	R	Sierra Leone

Name	Position, Unternehmen	Jahr	Quelle	Land
Bernise Ang	Principal & Methodology Lead, Zeroth Labs	2017	P	Singapore
Natalie Black	Her Majesty's Trade Commissioner for Asia Pacific, Department for International Trade	2022	U	Singapore
Julie Bonamy	CEO, Indonesia, Malaysia and Singapore, Saint-Gobain (Singapore) Pte. Ltd.	2019	R	Singapore
Juliana Chan	Assistant Professor, Nanyang Technological University (NTU)	2015	N	Singapore
Serene Chen Huijing	Managing Director; Global Co-Head, Emerging Markets Sales, Deutsche Bank	2019	R	Singapore
Calvin Cheng		2009	Z	Singapore
Adrian Cheok	Director, Mixed Reality Lab, NUS	2008	F	Singapore
Shou Zi Chew	Chief Executive Officer, TikTok	2020	S	Singapore
Chua Chim Kang	Editor, Commentary Desk, Lianhe Zaobao	2006	D	Singapore
Cassandra Chiu	Psychotherapist and Founder, The Safe Harbour Counselling Centre	2014	M	Singapore
Sangeet Paul Choudary	Director, Platformation Labs	2017	P	Singapore
Chim Kang Chua		2006	W	Singapore
Victor Tong Joo Chuan		2012	CC	Singapore
Mohamed Faizal Mohamed Abdul Kadir	Director, The Criminal Justice Division at Attorney-General's Chambers	2016	O	Singapore
Carlos Fernandes		2011	BB	Singapore
Han Tan Cheng	Associate Professor, Dean and Head Senior Council, National University of Singapore	2005	C	Singapore
Lee Huei-Min		2009	Z	Singapore
Se-hong Hur	Vice-President, GS Caltex Corporation	2008	F	Singapore
Tan Chin Hwee		2010	AA	Singapore
Jacky Y. Ying	Executive Director, Institute of Bioengineering and Nanotechnology	2005	C	Singapore
Elaine Kim	Co-Founder, Trehaus	2018	Q	Singapore
Daniel Koh		2010	AA	Singapore
Vivian Claire Liew	Founding Director, PhilanthropyWorks	2015	N	Singapore
Areena Loo		2011	BB	Singapore
Jeffrey Lu	Chief Executive Officer and CoFounder, Engine Biosciences Pte Ltd	2020	S	Singapore
Kuok Meng Wei	Director, Wilmar Investment Holdings	2015	N	Singapore
Lena Ng	Board Advisor, Amata Corporation PCL	2014	M	Singapore
Eunice Olsen		2009	Z	Singapore
Tan Ye Peng		2010	AA	Singapore

228

Name	Position, Unternehmen	Jahr	Quelle	Land
Penny Low	Member of the Parliament of Singapore	2005	C	Singapore
Kishin R K	Chief Executive Officer, RB Capital Limited	2021	T	Singapore
Jonathan Rake	Chief Executive Officer and Principle Officer, Zurich and Singapore, Zurich Insurance Group	2014	M	Singapore
Vivek Salgaocar	Director, Vimson Group	2020	S	Singapore
Anneliese Schulz	Chief Sales Officer, Syncron AB	2021	T	Singapore
Geoffrey See	Chief Executive Officer and CoFounder, Poko	2019	R	Singapore
Divya Seshamani	Partner, TPG Europe LLP	2016	O	Singapore
David Sin	Co-Founder, Group President and Deputy Chairman, Fullerton Health	2018	Q	Singapore
Kang So-Young	Catalyst, Founder and Chief Executive Officer, Awaken Group	2014	M	Singapore
Christopher De Souza		2009	Z	Singapore
Cheng Han Tan	Dean and Head Senior Counsel, National University of Singapore	2004		Singapore
Hooi Ling Tan	CO-Founder, GrabTaxi	2017	P	Singapore
Anderson Tanoto	Managing Director, RGE	2022	U	Singapore
Sue Anne Tay	Head, Strategy and Planning, Singapore, The Hongkong and Shanghai Corporation Limited (HSBC SGH)	2019	R	Singapore
Pingtjin Thum	Research Fellow, University of Oxford	2015	N	Singapore
Wang Wen	Food Scientist, Nestlé R&D Centre Singapore	2018	Q	Singapore
Yap Kwong Weng		2012	CC	Singapore
Gareth Wong	Senior VicePresident, Group Strategy and Projects, Sembcorp Industries Ltd	2021	T	Singapore
Tan Yinglan		2012	CC	Singapore
Martin Bruncko		2012	CC	Slovakia
Emilia Sicáková-Beblavá		2009	Z	Slovakia
Alja Bgrlez	Director and Researcher, The Institute of Civilization and Culture	2005	C	Slovenia
Andrej Nabergoj		2009	Z	Slovenia
Waris Dirie	Founder, Waris Dirie Foundation	2005	C	Somalia
Yolanda Cuba	Chief Executive Officer, Mvelaphanda Holdings	2008	F	South Africa
Martyn Davies		2010	AA	South Africa
Khanyi Dhlomo		2010	AA	South Africa
Kuseni Douglas Dlamini	Executive Chairman, Richards Bay Coal Terminal	2008	F	South Africa
Dave Duarte	Chief Executive Officer, Treeshake	2014	M	South Africa
Theodore Ernest 'Ernie' Els	Founder, The Ernie Els and Fancourt Foundation	2008	F	South Africa
Adria Greene		2009	Z	South Africa

Name	Position, Unternehmen	Jahr	Quelle	Land
Oya-Hazel Gumede		2012	CC	South Africa
Ferial Haffajee	Editor-in-chief, Mail & Guardian	2008	F	South Africa
Avril Halstead		2011	BB	South Africa
Vuyo Jack		2009	Z	South Africa
Mmaki Jantjies	Head of Innovation, Telkom	2022	U	South Africa
Michael Jordaan	Chief Executive, First National Bank, FirstRand Ltd	2008	F	South Africa
Vuyo D. Kahla		2011	BB	South Africa
Unathi Kamlana	Commissioner, Financial Sector Conduct Authority	2018	Q	South Africa
Paul Kapelus	Chief Executive Officer, African Institute of Corporate Citizenship	2006	D	South Africa
Alan Knott-Craig		2009	Z	South Africa
Lisa Kropman	Founder, Investec Ltd	2008	F	South Africa
Basetsana Kumalo		2011	BB	South Africa
Vinny Lingham		2009	Z	South Africa
Leslie W. Maasdorp	President South Africa, Bank of America Merrill Lynch	2007	E	South Africa
Mmusi Aloysias Maimane	Parliamentary Leader, Democratic Alliance (DA)	2017	P	South Africa
Mokena Makeka	Creative Director and Managing Director, Makeka Design Lab	2015	N	South Africa
Tumi Makgabo	Head of Communications, 2010 FIFA World Cup Organising Committee	2008	F	South Africa
Mondli Makhanya	Editor, Sunday Times	2006	D	South Africa
Phuti Malabie	Chief Executive Director, Shanduka Group (Pty)	2007	E	South Africa
Esha Mansingh	Executive VicePresident, Corporate Affairs and Investor Relations, Imperial Logistics	2022	U	South Africa
Nkosana Mashiya	Deputy-Registrar for Banks, South Africa Reserve Bank (SARB)	2014	M	South Africa
Billy Mawasha	Executive Head of Operations & Integration, Anglo American Plc	2017	P	South Africa
Lerato Mbele	Presenter, BBC World Service	2014	M	South Africa
Anthony Miller		2009	Z	South Africa
Zibusiso Mkhwanazi		2011	BB	South Africa
Karabo Module	Founder, Capital Art	2018	Q	South Africa
Brian Molefe	Chief Executive Officer, Public Investment Corporation	2006	D	South Africa
Funeka Montjane	Chief Executive, Personal and Business Banking, South Africa, Standard Bank Group	2015	N	South Africa
Jonitha Gugu Msibi		2010	AA	South Africa
David Munro	Deputy Chief Executive, Corporate and Investment Banking, Standard Bank Group Ltd	2008	F	South Africa

Name	Position, Unternehmen	Jahr	Quelle	Land
Euvin Naidoo		2009	Z	South Africa
Zuriel Naiker	Managing Director: Industry (Middle East & Africa), and Sales (Africa), Marsh & McLennan Companies	2022	U	South Africa
Lesley Ndlovu	Chief Executive Officer, African Risk Capacity (ARC)	2022	U	South Africa
Cyrille Nkontchou	Chief Executive Officer and Founder, LiquidAfrica (Pty) Limited	2006	D	South Africa
Gugu Nxiweni	Chairman, Etrostep	2014	M	South Africa
Jasandra Nyker		2012	CC	South Africa
Marlon Parker	Founder, Reconstructed Living Lab	2014	M	South Africa
Sunette Pienaar-Steyn	Executive Chairperson, Heartbeat Centre for Community Development	2008	F	South Africa
Anton du Plessis	Managing Director, Institute for Security Studies (ISS)	2014	M	South Africa
Hanli Prinsloo	Filmmaker and Ocean Adventurer	2014	M	South Africa
Allon Raiz	Founder, Raizcorp	2008	F	South Africa
Christine Ramon	Executive Director and Chief Financial Officer, Sasol	2007	E	South Africa
Christine Ramon		2007	X	South Africa
Hanneli Rupert	Founder and Creative Director, Okapi, Merchants on Long	2014	M	South Africa
Sonja Sebotsa		2010	AA	South Africa
Mandla Sibeko		2010	AA	South Africa
Natalie Simons	Priest, Anglican Church of Southern Africa	2007	E	South Africa
Zukie Siyotula	Executive Head: Oil and Gas, Thebe Investment Corporation	2016	O	South Africa
Tebogo Skwambane		2011	BB	South Africa
Brent Stirton		2009	Z	South Africa
Taddy Blecher	Co-Founder and Chief Executive Officer, CIDA City Campus	2005	C	South Africa
Aarti Takoordeen	Chief Financial Officer, Johannesburg Stock Exchange Ltd	2017	P	South Africa
Raenette Taljaard	Senior Lecturer, Graduate School for Public and Development Management, WITS University	2006	D	South Africa
Charlize Theron	Actress and Founder, Charlize Theron Africa Outreach Project	2014	M	South Africa
Thoko Didiza	Minister of Agriculture and Land Affairs	2005	C	South Africa
Natalie Du Toit	Athlete and Ability Rights Activist	2008	F	South Africa
Sumayya Vally	Founder and Principal, Counterspace,	2022	U	South Africa
Zabulon Vilakazi		2010	AA	South Africa
Mary Vilakazi	Group Chief Financial Officer, MMI Holdings Limited	2016	O	South Africa

Name	Position, Unternehmen	Jahr	Quelle	Land
Mark Williams	Chief Executive Officer, Teba Bank	2008	F	South Africa
Paul van Zyl	Executive Vice-President, International Centre for Transitional Justice	2008	F	South Africa
Gugu Moloi	Chief Executive Officer, Umgeni Water	2005	C	South Africa
Jonathan Oppenheimer	Managing Director, De Beers Consolidated Mines	2005	C	South Africa
Kumi Naidoo	Secretary-General and Chief Executive Officer, Civicus: World Alliance for Citizen Paricipation	2005	C	South Africa
Nicky Newton-King	Deputy Chief Executive Officer, JSE Securities Exchange	2005	C	South Africa
Sarah Chang	Violinist	2008	F	South Korea
H.S. Cho	Executive President and Board Member, Hyosung Group	2007	E	South Korea
Euisun Chung	President and Chief Executive Officer, Hyundai-Kia Motors Group, Hyundai Motor Company	2006	D	South Korea
Nami Chung	Director, Asan Nanum Foundation	2018	Q	South Korea
Kim Hana		2012	CC	South Korea
Hee-Ryong Won	Member, National Assembly, Minister of Land, Infrastructure and Transport since May 11, 2022	2005	C	South Korea
Jae-Woong Lee	President and Chief Executive Officer, Daum Communications	2005	C	South Korea
Jeong Jaeseung		2009	Z	South Korea
Hong Jeongdo		2010	AA	South Korea
Jihyun Juliane Lee	Spokesperson, National Security Council	2005	C	South Korea
Jungwook Hong	Chief Executive Officer and Publisher, Herald Media	2005	C	South Korea
Joo Young Kim	Managing Partner, Hannuri Law Offices	2006	D	South Korea
Yeon-Hee Kim	Partner, Bain & Company Inc.	2006	D	South Korea
Jin Kim	Attorney, LeeAn	2008	F	South Korea
Ju-ha Kim	Anchor, MBC TV- Munhwa Broadcasting Corporation	2008	F	South Korea
Sophie Seula Kim	Founder & Chief Executive Officer, Kurly	2021	T	South Korea
Ellana Lee	Managing Editor, Asia Pacific, CNN	2008	F	South Korea
Seung Gun Lee	Chief Executive Officer and Founder, Viva Republica (Toss)	2021	T	South Korea
Mi-Hyung Kim	Executive Vice-President and General Council, Kumho Asiana Business Group	2005	C	South Korea
Eric Sungkyun Na		2011	BB	South Korea
Ji-Young Park	Chief Executive Officer, Com2uS Corporation	2014	M	South Korea
Hur Saehong		2008	Y	South Korea
Chang Seung-Joon	Chief Executive Officer, Maekyung Media Group	2019	R	South Korea

Name	Position, Unternehmen	Jahr	Quelle	Land
Daniel M. Shin	Head of Corporate Development (Executive Director), MCM	2016	O	South Korea
Suk-Mynn Yoon	Chief Executive Officer and President, SBSi, SBS Seoul Broadcasting System	2005	C	South Korea
Taek-Jin Kim	President and Chief Executive Officer, NCSoft	2005	C	South Korea
Hines Ward	Founder, Hines Ward Helping Hands Foundation	2008	F	South Korea
Songyee Yoon	Vice-President, SK Telecom Co. Ltd	2006	D	South Korea
Rebeca Hwang Eun Young		2012	CC	South Korea
Park Yu-Hyun	Founder, iZ HERO Lab	2015	N	South Korea
Alek Wek	Model and Member of the US Committee for Refugees and Immigrants, USCRI	2014	M	South Sudan
Jimena Blázquez Abascal		2009	Z	Spain
Carlos Barrabés		2010	AA	Spain
María Blasco	Director of the Molecular Oncology Program, National Center for Cancer Research (CNIO)	2006	D	Spain
Lucas Carné		2011	BB	Spain
Carme Chacón		2010	AA	Spain
Patricia Cobian	Managing Director, Telefónica Europe	2014	M	Spain
Jose Enrique Concejo	Director, Société Générale Corporate & Investment Banking	2014	M	Spain
Jesus Encinar	Owner and Chief Executive Officer, Idealista.com	2008	F	Spain
Javier Garcia-Martinez		2009	Z	Spain
Marga Gual Soler	Founder and Chief Executive Officer, SciDipGLOBAL	2020	S	Spain
Alvaro Fernández Ibáñez		2012	CC	Spain
Juan Jose Nieto	Chairman and Chief Executive Officer, Palmera Capital y Servicios-Madrid	2005	C	Spain
Carlota Mateos	Founder and Chief Executive Office, Rusticae	2015	N	Spain
Sonia Medina	Partner and Chief Operating Officer, Africa Renewables	2014	M	Spain
Rebeca Minguela	Founder & Chief Executive Officer, Clarity	2017	P	Spain
Pedro Moneo Lain	Founder and CEO, Opinno	2016	O	Spain
Javier Olivan	Vice-President, Growth, Facebook Inc.	2016	O	Spain
Ana Maria Plaza	Adviser and Member of the Board of Directors of Loyola University Spain	2007	E	Spain
Carlos Reines Gonzalez	President and CoFounder, RubiconMD	2019	R	Spain
Enric Sala	Scientific Researcher, Spain's National Council for Scientific Research	2008	F	Spain
Javier Santiso		2009	Z	Spain
David del Ser		2011	BB	Spain

Name	Position, Unternehmen	Jahr	Quelle	Land
Gloria Fluxa Thienemann	Vice-Chairman and Chief Sustainability Officer, Iberostar Group	2018	Q	Spain
Cayetana Alvarez de Toledo	Journalist, El Mundo	2008	F	Spain
Asanga Abeyagoonasekera		2012	CC	Sri Lanka
Asoka Milinda Moragoda	Member of the Parliament of Singapore	2005	C	Sri Lanka
Suranga Chandratillake		2009	Z	Sri Lanka
Deshal De Mel	Economic Adviser to the Minister of Finance, Ministry of Finance Sri Lanka	2019	R	Sri Lanka
Asha De Vos	Founder, Sri Lankan Blue Whale Project	2015	N	Sri Lanka
Aroon Hirdaramani	Owner/Director, Hirdaramani Group	2016	O	Sri Lanka
John Bul Dau	Founder, John Dau Sudan Foundation	2008	F	Sudan
Nima Elbagir	Senior International Correspondent, CNN International	2016	O	Sudan
Emmanuel Jal		2012	CC	Sudan
Marcel Pinas		2010	AA	Suriname
Treasure Maphanga	Chief Executive Officer, Federation of Swaziland Employers	2006	D	Swaziland
Victoria of Sweden	Crown Princess of Sweden	2005	C	Sweden
Niklas Adalberth	Founder and Executive Chairman, Norrsken Foundation	2020	S	Sweden
Sasja Beslik		2011	BB	Sweden
Henrik Borelius	Chief Executive Officer, Nordic region, Attendo	2008	F	Sweden
Anders Borg	Minister of Finance of Sweden	2008	F	Sweden
Mattias Klum	Photographer	2008	F	Sweden
John Nevado	President, Nevado Roses	2006	D	Sweden
Birgitta Ohlsson		2012	CC	Sweden
Claudia Olsson	Managing Director, Exponential AB	2017	P	Sweden
Karl-Johan Persson	President and Chief Executive Officer, Hennes & Mauritz AB	2014	M	Sweden
Nina Rawal	Head of Live Science, Industrifonden	2017	P	Sweden
Daniel Sachs	Chief Executive Officer, Proventus AB	2007	E	Sweden
Thomas Aeschi	Member of Parliament, National Council of Switzerland	2014	M	Switzerland
Razan Al Mubarak	President, International Union for Conservation of Nature (IUCN)	2018	Q	Switzerland
Pasha Bakhtiar		2012	CC	Switzerland
Guillaume Barazzone	Vice-Mayor of Geneva and Member of Swiss Parliament, Swiss Parliament	2015	N	Switzerland
David Blumer	Chief Executive Officer, Asset Management Division, Credit Suisse	2006	D	Switzerland
David J. Blumer		2006	W	Switzerland

Name	Position, Unternehmen	Jahr	Quelle	Land
Pascale Bruderer-Wyss		2009	Z	Switzerland
Thomas Buberl	Head of Distribution and Marketing, Axa Winterthur Insurance	2008	F	Switzerland
Chappatte	Editorial Cartoonist, Globe Cartoon	2006	D	Switzerland
Patrick Chappatte		2006	W	Switzerland
Christian Mumenthaler	Chief Risk Officer and Member of the Executive Board, Swiss Re Group	2005	C	Switzerland
Thomas Crowther	Assistant Professor, Global Ecosystem Ecology, ETH Zurich	2021	T	Switzerland
Domenico Scala	Chief Financial Officer and Member of the Executive Committee, Syngenta	2005	C	Switzerland
Laure Forgeron	Managing Director; Head, Facultative Underwriting, Europe, Middle East and Africa, Swiss Re	2021	T	Switzerland
Geroges Kern	Chief Executive Officer, International Watch Company (IWC)	2005	C	Switzerland
Felix R. Graf	Head, Energy, Centralschweizerische Kraftwerke	2007	E	Switzerland
Frederic Hoffmann	Member of the Board, MAVA Foundation	2022	U	Switzerland
Philipp Justus	Senior VicePresident and General Manager, Europe, eBay Europe	2006	D	Switzerland
Samuel Keller	Director, Art Basel	2006	D	Switzerland
Christer Kjos	Chief Executive Officer, Canica Holding	2022	U	Switzerland
Guillaume Lefevre	Managing Director, New Ventures and Business Development, Zurich Insurance Group	2019	R	Switzerland
Torsten Lichtenau	Partner, Bain & Company Inc.	2016	O	Switzerland
Siwan (Swan) Lu	Principal, Zurich Global Ventures	2022	U	Switzerland
Seraina Maag		2009	Z	Switzerland
Francois-Xavier de Mallmann		2009	Z	Switzerland
Christa Markwalder		2011	BB	Switzerland
Carolina Müller-Möhl	President, Müller-Möhl Group	2007	E	Switzerland
Adriana Ospel-Bodmer	Managing Partner at Adbodmer and Adbodmer Capital	2007	E	Switzerland
Gregoire Pictet	Head of Human Resources, Asia, Pictet Group	2021	T	Switzerland
Jasmin Staiblin	Chief Executive Officer, Switzerland, ABB Switzerland	2008	F	Switzerland
Mirjam Staub-Bisang		2009	Z	Switzerland
Christoph Sutter		2009	Z	Switzerland
Christophe Villemin	President, ALCAN Specialty Sheet	2008	F	Switzerland
Christian Wenk		2009	Z	Switzerland
Eyad Alkassar	Chief Executive Officer and Founder, Middle East Internet Holding SARL, Rocket Internet	2017	P	Syria

Name	Position, Unternehmen	Jahr	Quelle	Land
Abdulsalam Haykal		2009	Z	Syria
Razan Zaitouneh	Human Rights Lawyer, Violation Documentation Center in Syria	2014	M	Syria
Tina Y. Lo		2011	BB	Taiwan
Steven Chen Shijun		2010	AA	Taiwan
Cynthia Wu		2011	BB	Taiwan
Mohammed Dewji		2012	CC	Tanzania
Angellah Jasmine Kairuki	Deputy Minister, Government of Tanzania	2014	M	Tanzania
Elsie S. Kanza		2011	BB	Tanzania
Lawrence Kego Masha		2010	AA	Tanzania
Susan Mashibe		2011	BB	Tanzania
Luca H. Neghesti	Chief Executive Officer, Jefag Logistics Tanzania Ltd	2014	M	Tanzania
Faraja Nyalandu	Founder and Chief Executive Officer, Shule Direct	2020	S	Tanzania
Fredros Okumu	Director, Science, Ifakara Health Institute (IHI)	2020	S	Tanzania
Abhisit Vejjajiva	Member of the Parliament	2005	C	Thailand
Kongpan Pramojna Ayudhaya	Director, Gaysorn Property Co., Ltd.	2008	F	Thailand
Choak Bulakul	President, Farm Chokchai Group of Companies	2006	D	Thailand
Tanit Chearavanont	Managing Director, Siam Makro Plc	2021	T	Thailand
Parinda Hasdarngkul	Managing Director, Thailand, The Procter & Gamble Company	2008	F	Thailand
Yashovardhan Lohia	Executive Director and Chief Sustainability Officer, Indorama Ventures	2022	U	Thailand
Nick Pisalyaput		2011	BB	Thailand
Krating Ruangroj Poonpol	Managing Partner, TrueNorth Venture Co. Ltd	2019	R	Thailand
Ho Ren Hua	Chief Executive Officer, Thai Wah Public Company Limited	2018	Q	Thailand
Kritaya Sreesunpagit		2009	Z	Thailand
Aswin Techajareonvikul	President and Chief Executive Officer, Berli Jucker Public Co. Ltd.	2014	M	Thailand
Nahathai Thewphaingarm		2006	W	Thailand
Cina Lawson		2012	CC	Togo
El Seed Faouzi	Artist & Founder, El Seed Studio	2021	T	Tunesia
Amira Yahyaoui	President, Al Bawsala	2016	O	Tunesia
Lina Ben Mhenni	Professor of Linguitic, University of Tunis	2015	N	Tunisia
Faten Katell	Secretary of State, Ministry of Youth Affairs	2017	P	Tunisia
Wafa Makhlouf	Chief Executive Officer, Proclean	2016	O	Tunisia

Name	Position, Unternehmen	Jahr	Quelle	Land
Khelifa Omezzine	Adviser to Minister of Finance, Ministry of Finance of Tunisia	2014	M	Tunisia
Ali Babacan	Minister of State for the Economy	2005	C	Turkey
Ali Y. Koc	President, Koc Information Technology Group, Koc Holding	2005	C	Turkey
Arzuhan Yalcindag	Chief Executive Officer, Kanal D	2005	C	Turkey
Asli Ay		2011	BB	Turkey
Cenk Aydin		2010	AA	Turkey
Osman F. Boyner	Chief Executive Officer, Boyner Sanayi AS	2006	D	Turkey
Osman Feyzi Boyner		2006	W	Turkey
Sercan Celebi	Co-Founder and Former President/ Spokesperson, Vote and Beyond	2017	P	Turkey
M. Bilge Demirkoz	Professor, Department of Physics, Middle East Technical University	2019	R	Turkey
Ozlem Denizmen		2011	BB	Turkey
Suzan Sabanci Dinçer		2006	W	Turkey
Esra Eczacibaği Coşkun	Member of the Board of Directors and Group Digital Transformation Coordinator, Eczacibaği Holding	2022	U	Turkey
Ferit Sahenk	Chairman, Dogus Holding	2005	C	Turkey
Burcu Geris	Vice-President and Chief Financial Officer, TAV Airports	2015	N	Turkey
Ayla Göksel		2008	Y	Turkey
Ayla Goksel Goger	Chief Executive Officer, Mother Child Education Foundation	2008	F	Turkey
Ipek Ilicak Kayaalp	Chairperson, Ronesans Holding	2018	Q	Turkey
Bengi Korkmaz	Partner, McKinsey & Company	2015	N	Turkey
Umit Kumcuoglu	Vice-President, Kyraca Automotive Group	2008	F	Turkey
Sedat Laçiner	Director, International Strategic Research Organization (ISRO)	2006	D	Turkey
Demet Mutlu	Founder and Chief Executive Officer, trendyol.com	2016	O	Turkey
Ahmet Olcay Sunucu	Chief Executive Officer and Board Member of Moova Gida San	2007	E	Turkey
Mohammad Salem Omaid	Banker, Azizi Bank	2021	T	Turkey
Burcu Ozturk	Chief Financial Officer, MLP Saglik Hizmetleri A.Ç.	2021	T	Turkey
Murat Ozyegin	Member of the Board, Fiba Kapital Holding AS.	2008	F	Turkey
Safak Pavey	Member of Parliament, Parliament of Turkey (National Assembly)	2015	N	Turkey
Murat Sarayli	National Chairman, Turkish Young Businessmen	2006	D	Turkey
Serpil Timuray		2010	AA	Turkey

237

Name	Position, Unternehmen	Jahr	Quelle	Land
Reem Abdullah	Founder, Women's Charitable Organization for Elimination of Poverty	2006	D	U.A.E.
Sarah Al Amiri	Minister of Public Education and Future Technology, Government of United Arab Emirates	2019	R	U.A.E.
Omar Sultan Al Olama	Minister of State for Artificial Intelligence, Digital Economy and Remote Work Applications, Office of the Prime Minister of the United Arab Emirates	2022	U	U.A.E.
Elham Al Qasim	Chief Executive Officer, Digital14	2021	T	U.A.E.
Bodour Al Qasimi	Chairperson, Sharjah Investment and Development Authority - Shurooq	2015	N	U.A.E.
Thani Ahmed Al Zeyoudi	Minister of State for Foreign Trade, Ministry of Economy of the United Arab Emirates	2020	S	U.A.E.
Nasser Alshaali		2008	Y	U.A.E.
Nabil Alyousuf		2010	AA	U.A.E.
Mehdi Amjad	Chief Executive Officer and President, Omniyat Properties	2008	F	U.A.E.
Rima Assi	Managing Partner, Abu Dhabi; Senior Partner, McKinsey & Company LME Limited	2019	R	U.A.E.
Najla Al Awadhi		2010	AA	U.A.E.
Ola Doudin	Co-Founder and Chief Executive Officer, BitOasis	2022	U	U.A.E.
Reem Fadda	Director, Cultural Foundation and Abu Dhabi Cultural Sites, Abu Dhabi Department of Culture and Tourism	2018	Q	U.A.E.
Omar Ghobash		2009	Z	U.A.E.
Mohammed Ali Al Hashimi	Executive Chairman, Zabeel Investments	2008	F	U.A.E.
Leila Hoteit	Partner, Booz & Company	2014	M	U.A.E.
Badr H. Jafar		2011	BB	U.A.E.
Majid Jafar	Chief Executive Officer, Crescent Petroleum	2016	O	U.A.E.
Noura Al Kaabi	Chief Executive Officer, Media Zone Authority, TwoFour54	2014	M	U.A.E.
Majid Saif Al-Ghurair	Chief Executive Officer, Al Ghurair Group	2005	C	U.A.E.
H.H. Sheikh Hamdan Bin Mohammed Bin Rashid Al Maktoum	Chairman, Dubai Executive Council, United Arab Emirates	2008	F	U.A.E.
Anne-Laure Malauzat	Partner; Lead, Social Impact Practice, Europe, Middle East and Africa; Chief Diversity, Equity and Inclusion Officer, Middle East, Bain & Company	2022	U	U.A.E.
Mona Ghanem Al Marri	Director-General, Government of Dubai Media Office	2014	M	U.A.E.
Alisha Moopen	Deputy Managing Director, Aster DM Healthcare	2018	Q	U.A.E.
Khaldoon Al Mubarak	Chief Executive Officer and Managing Director, Mubadala Development Company	2008	F	U.A.E.

Name	Position, Unternehmen	Jahr	Quelle	Land
Lana Nusseibeh	Ambassador and Permanent Representative of the UAE, United Nations	2014	M	U.A.E.
Badr Olama	Chief Executive Officer, Strata Manufacturing PJSC	2016	O	U.A.E.
Ohood Al Roumi		2012	CC	U.A.E.
Nasser Al Shaali	Chief Executive Officer, Dubai International Financial Centre (DIFC)	2008	F	U.A.E.
Bhavin Shah	Partner & Head of MENA, Forensic Risk Alliance Ltd	2020	S	U.A.E.
Zaid Daoud Al Siksek		2011	BB	U.A.E.
Mayank Singhal	Global Head of Private Equity and Venture Capital, Abu Dhabi Growth Fund (ADG)	2022	U	U.A.E.
Omar Bin Sulaiman	Director-General, Dubai International Financial Centre (DIFC)	2006	D	U.A.E.
Noor Sweid	General Partner, Global Ventures	2020	S	U.A.E.
Enass Abo-Hamed	Chief Executive Officer, H2GO Power Ltd.	2022	U	U.K.
Aditya Mittal	President and Group Chief Financial Officer, Mittal Steel Company	2005	C	U.K.
Anulika Ajufo	Venture Partner, Europe, Middle East and Africa, Sagana	2021	T	U.K.
Patrick Allen	Head of News, Europe, Middle East and Africa, CNBC	2014	M	U.K.
Poppy Allonby	Managing Director and Co-Head of BlackRock's Energy Business, BlackRock Inc.	2016	O	U.K.
Salim Amin	Chairman, , A24 Media/Camerapix	2007	E	U.K.
Mark Boris Andrijanic	Member of the Governing Board, European Institute of Innovation and Technology	2022	U	U.K.
Anne Richards	Chief Investment Officer, Aberdeen Asset Management	2005	C	U.K.
Dawood Azami		2011	BB	U.K.
Ruzwana Bashir	Founder and Chief Executive Officer, peek.com	2015	N	U.K.
Andrew Bastawrous	Clinical Lecturer and Ophthalmologist, International Centre for Eye Health	2015	N	U.K.
Venetia Bell	Group Chief Sustainability Officer; Head, Strategy, Gulf International Bank (GIB)	2022	U	U.K.
Jem Bendell		2012	CC	U.K.
Dan Berelowitz	Chief Executive Officer and Founder, International Centre for Social Franchising (ICSF)	2017	P	U.K.
Maggie Berry		2012	CC	U.K.
Alexander Betts	Director of the Refugee Studies Centre,University of Oxford	2016	O	U.K.
Sebastian Bishop		2010	AA	U.K.

Name	Position, Unternehmen	Jahr	Quelle	Land
Sarah-Jayne Blakemore	Professor of Neuroscience, University College London (UCL)	2014	M	U.K.
Ozwald Boateng	Founder, Bespoke Couture	2007	E	U.K.
Kieron Boyle	Head, Social Investment and Finance, Cabinet Office	2014	M	U.K.
Tyler Brûlé	Chairman and Creative Director, Winkreative	2006	D	U.K.
Jane Burston		2012	CC	U.K.
Rachel Campbell	Global Head, People, Performance and Culture, KPMG	2007	E	U.K.
Pete Cashmore		2011	BB	U.K.
Shami Chakrabarti	Director, Liberty (Human Rights Group)	2006 ·	D	U.K.
Matthew Chamberlain	Chief Executive Officer, London Metal Exchange	2021	T	U.K.
Julie Chappell	Partner, Hawthorn	2016	O	U.K.
James Chau	Special Contributor, China Central Television	2015	N	U.K.
Chrystia Freeland	Deputy Editor, Financial Times	2005	C	U.K.
Neil Chugani		2009	Z	U.K.
Roksana Ciurysek-Gedir	Director, Head for Central and Eastern Europe, Edmond de Rothschild	2014	M	U.K.
Amal Clooney	Barrister, Doughty Street Chambers	2016	O	U.K.
Danny Cohen		2012	CC	U.K.
Tara Comonte		2012	CC	U.K.
Andrea Cooper	Head of Foundation, LFC	2015	N	U.K.
Lucy Cooper	Head, Customer Innovation, Europe, Middle East and Africa, Microsoft	2021	T	U.K.
Hilary Cottam	Director of Research and Development, Design Council	2006	D	U.K.
Jo Cox		2009	Z	U.K.
Brendan Cox		2012	CC	U.K.
Molly Crockett	Associate Professor of Experimental Psychology, University of Oxford	2017	P	U.K.
Nathalie Dauriac-Stoebe	Chief Executive, Signia Wealth	2014	M	U.K.
Alexander de Carvalho	Co-Founder and Chief Investment Officer, Public Group International Limited	2021	T	U.K.
David de Rothschild	Chief Executive Officer, MYOO	2007	E	U.K.
Rajeeb Dey		2012	CC	U.K.
Kathryn Dovey	Tax Policy Analyst, Global Forum on Tax Transparency, OECD	2014	M	U.K.
Luke Dowdney		2009	Z	U.K.
Jamie C. Drummond	Executive Director and Co-Founder, ONE	2007	E	U.K.
Miroslava Duma	Founder	2018	Q	U.K.

Name	Position, Unternehmen	Jahr	Quelle	Land
Ed Mayo	Chief Executive, National Consumer Council (NCC)	2005	C	U.K.
Edward Balis	Candidate for Normanton, Labour Party	2005	C	U.K.
Nina Elmi	Senior Adviser, Ministry of Foreign Affairs and International Cooperation of Somaliland	2016	O	U.K.
Michael Faye	Chief Executive Officer, GiveDirectly,	2018	Q	U.K.
Rio Ferdinand	Presenter, BT Group Plc	2017	P	U.K.
Mathieu Flamini	Founder, GFBiochemicals S.p.A	2018	Q	U.K.
Maya Foa	Director, Reprieve	2018	Q	U.K.
Justin Forsyth	Special Adviser to the Prime Minister, Minister of the United Kingdom	2006	D	U.K.
Martha Lane Fox		2012	CC	U.K.
Stephen Frost		2011	BB	U.K.
Jitesh Gadhia	Managing Director, ABN AMRO Bank NV	2008	F	U.K.
Katherine Garrett-Cox	Chief Investment Officer, Morley Asset Management, Morley Fund Management	2006	D	U.K.
Kate Garvey	Director, Freud Communications	2007	E	U.K.
Banafsheh Geretzki	Senior Director, Alvarez & Marsal Europe	2014	M	U.K.
Sadiq Gillani	Senior VicePresident and Chief Strategy Officer, Lufthansa Group	2015	N	U.K.
Zac Goldsmith	Head, Ecologist Magazine	2008	F	U.K.
Benjamin Goldsmith		2010	AA	U.K.
Charmian Gooch	Co-Founder and Co-Director, Global Witness	2006	D	U.K.
Sam Gregory		2012	CC	U.K.
Hélène Grimaud	Pianist	2006	D	U.K.
Helen Hai	Goodwill Ambassador, United Nations Industrial Development Organization (UNIDO)	2015	N	U.K.
Kate Hampton	Director of our Market Development Practice, Climate Change Capital	2008	F	U.K.
Lisa Heydlauff		2010	AA	U.K.
Christopher Cooper Hohn	Managing partner, The Children's Investment Fund Foundation (CIFF)	2008	F	U.K.
Catherine Howarth	Chief Executive Officer, ShareAction	2014	M	U.K.
Tom Hulme		2012	CC	U.K.
Ibrahim Helal	Project Director, BBC World Service Trust	2005	C	U.K.
Fidel Jonah		2009	Z	U.K.
Hannah Jones	Vice-President, Sustainable Business and Innovation, Nike	2007	E	U.K.
Nik Kafka		2009	Z	U.K.

Name	Position, Unternehmen	Jahr	Quelle	Land
Sony Kapoor	Managing Director, Re-Define	2014	M	U.K.
Freshta Karim	Founding Director, Charmaghz Cultural and Services Organization	2022	U	U.K.
Danae Kyriakopoulou	Senior Policy Fellow, Grantham Research Institute, London School of Economics and Political Science	2022	U	U.K.
Peter Lacy		2010	AA	U.K.
Shauneen Lambe		2010	AA	U.K.
Lily Lapenna		2011	BB	U.K.
Catherine Lenson	Managing Partner, SoftBank Investment Advisers (UK) Limited	2021	T	U.K.
Mark Leonard	Executive Director, European Council on Foreign Relations (ECFR)	2008	F	U.K.
Tim Levene		2012	CC	U.K.
Liz Lloyd	Programme Manager, Group Regulatory Risk, Standard Chartered Bank	2008	F	U.K.
Clare Lockhart		2011	BB	U.K.
Elisha London	Founder and Chief Executive Officer, Prospira Global	2020	S	U.K.
Ellen MacArthur	Founder, The Ellen MacArthur Trust	2006	D	U.K.
Marbel van Oranje	Director, EU Affairs, Open Society Institute	2005	C	U.K.
William Marshall	Co-Founder and CEO, Planet Labs	2016	O	U.K.
Martin South	Chief Executive Officer, Zurich International Business	2005	C	U.K.
Matthew Anderson	Chief Executive, Asia Pacific, Europe, African and Middle East, Ogilvy Public Relations Worldwide	2005	C	U.K.
Matthew Bishop	Business Editor, The Economist	2005	C	U.K.
M.Yasmina McCarty	Head of Mobile For Development, GSMA	2017	P	U.K.
Francesca McDonagh	Regional Head of Retail Banking Wealth Management, MENA, HSBC Bank Middle East Limited	2014	M	U.K.
Jake Leslie Melville		2009	Z	U.K.
Ed Miliband	Minister of the Cabinet Office of the United Kingdom and Chancellor of the Duchy of Lancaster	2008	F	U.K.
Jamie Mitchell	Managing Director, Innocent Drinks	2008	F	U.K.
Aditya Mittal	President and CFO, Mittal Steel Company	2004		U.K.
José Manuel Moller	Founder and Chief Executive Officer, Algramo	2019	R	U.K.
Gemma Mortensen		2011	BB	U.K.
Dambisa Moyo		2009	Z	U.K.
Elizabeth Murdoch	Chairman and Chief Executive Officer, Shine	2008	F	U.K.
Tom Mustill	Director, Gripping Films Ltd	2022	U	U.K.
Naguib Kheraj	Group Finance Director, Barclays Bank	2005	C	U.K.

Name	Position, Unternehmen	Jahr	Quelle	Land
Akshay Naheta	Senior VicePresident, SoftBank Group	2020	S	U.K.
Roland Nash		2012	CC	U.K.
Nathaniel Rothschild	President, Atticus Capital	2005	C	U.K.
Rain Newton-Smith		2012	CC	U.K.
Niklas Zennström	Co-Founder and Chief Executive Officer, Skype	2005	C	U.K.
Noreena Hertz	Author	2005	C	U.K.
David Novak		2009	Z	U.K.
Tolu Oni	Director, Global Diet and Activity Research Group and Network, MRC Epidemiology, University of Cambridge	2019	R	U.K.
Mina Al Oraibi		2009	Z	U.K.
Belinda Parmar	Chief Executive Officer and Author, Lady Geek	2014	M	U.K.
Catherine Parry	Chief Executive Officer, Templars Communications	2014	M	U.K.
loana Patriniche	Managing Director / Head of Investor Relations, Deutsche Bank	2022	U	U.K.
Ian Pearman		2012	CC	U.K.
Rouzbeh Pirouz	Founder and Chairman, Civility Project, The Foreign Policy Centre	2006	D	U.K.
Lila Preston	Partner, Generation Investment Management LLP	2014	M	U.K.
Lewis Gordon Pugh		2010	AA	U.K.
Richard Punt	Partner, Deloitte	2006	D	U.K.
Rani Raad		2011	BB	U.K.
Faisel Rahman		2009	Z	U.K.
Sarah Rawson	Regional Head of Business Management EMEA, Swiss Re Services Limited	2022	U	U.K.
Mark Read	Director, Strategy, WPP Plc	2006	D	U.K.
Atika Rehman	Deputy Editor, The Third Pole	2020	S	U.K.
Daniel Rimer	Operating Partner and Chief Financial Officer, Index Ventures Management Limited	2008	F	U.K.
Kate Roberts	Vice-President, PSI, and Founder, YouthAIDS, Five and Alive , Population Services International (PSI)	2007	E	U.K.
Susanna Rogers	Technical Adviser on Disability Inclusion, Climate and Environment Directorate, Foreign and Commonwealth Office of the United Kingdom,	2018	Q	U.K.
Nathaniel Philip Rothschild	Co-Chairman, Atticus Capital	2004		U.K.
Peter Rutland	Partner, CVC Capital Partners Ltd	2016	O	U.K.
Sahar Hashemi	Co-Founder, Coffee Republic	2005	C	U.K.
Robyn Scott		2012	CC	U.K.

Name	Position, Unternehmen	Jahr	Quelle	Land
Michael Sherwood	Co-Chief Executive Officer, Goldman Sachs International	2007	E	U.K.
Lutfey Siddiqi		2012	CC	U.K.
Rohan Silva	Entrepreneur in Residence, Index Ventures	2014	M	U.K.
Cameron Sinclair	Co-Founder, Architecture for Humanity	2008	F	U.K.
Bhavneet Singh		2009	Z	U.K.
Michael Acton Smith	Chief Executive Officer, Mind Candy Ltd	2014	M	U.K.
Scott Spirit		2010	AA	U.K.
Stelios Haji-Ioannou	Chariman, easyGroup	2005	C	U.K.
Steven Cain	Co-Founder and Director, GoinGreen	2005	C	U.K.
Anthony Stevens		2010	AA	U.K.
Tristram Stuart	Founder, Feedback	2015	N	U.K.
Suzanne Donohoe	Managing Director, Goldman Sachs Asset Management International	2005	C	U.K.
Lucian Tarnowski		2010	AA	U.K.
Natznet Tesfay	Senior Director, Africa Analysis, IHS Markit	2017	P	U.K.
Ashish J. Thakkar		2012	CC	U.K.
Tony O´Reilly, jr.	Chief Executive Officer, Wedgwood	2005	C	U.K.
Uday Harsh Khemka	Managing Director, SUN Group	2005	C	U.K.
Andrew Wales		2009	Z	U.K.
Lisa Walker	Chief Executive Officer, Ecosphere+	2017	P	U.K.
Richard Walker	Managing Director, Iceland Foods	2019	R	U.K.
Caroline Watson		2011	BB	U.K.
Christopher Wing To	Executive Director, Construction Industrial Council (CIC)	2007	E	U.K.
Yvette Cooper	Minister of State, Housing and Planning, Office of the Deputy Prime Minister	2005	C	U.K.
Maseena Ziegler	Author and Entrepreneur	2014	M	U.K.
Christopher Ategeka	Founder and CEO, Rides for Lives	2016	O	Uganda
Vincent W. Bagiire	Member of Parliament	2014	M	Uganda
Andrew Mwenda	Political Editor, The Monitor Publications	2008	F	Uganda
Victor Ochen	Executive Director, African Youth Initiative NetworkUganda	2016	O	Uganda
Andrew Rugasira	Chief Executive Officer, Good African Coffee	2007	E	Uganda
Mykhailo Fedorov	Vice-Prime Minister, Minister of Digital Transformation, Ministry of Digital Transformation of Ukraine	2022	U	Ukraine

Name	Position, Unternehmen	Jahr	Quelle	Land
Hanna Hopko	Member of Parliament, Parliament of Ukraine (Verkhovna Rada)	2016	O	Ukraine
Daria Kaleniuk	Executive Director, Anti-Corruption Action Centre	2019	R	Ukraine
Wladimir Klitschko	World Heavyweight Champion and Owner, Klitschko Management Group GmbH	2014	M	Ukraine
Andriy Kolodyuk	Co-Founder, AVentures Group	2008	F	Ukraine
Zoya Lytvyn	Head, Osvitoria	2022	U	Ukraine
Mustafa Nayyem	Blogger and Journalist, Newspaper Ukrainskaja Pravda	2016	O	Ukraine
Igor Shevchenko	Managing Partner, Shevchenko Didkovskiy & Partners Law Firm	2006	D	Ukraine
Victoria Alonsoperez	Founder and Chief Executive Officer, Chipsafer	2019	R	Uruguay
Penny Abeywardena	Commissioner of International Affairs, Mayor's Office, City of New York	2016	O	USA
Daron Acemoglu	Charles Kindelberger Professor of Applied Economics, MIT - School of Humanities and Social Science	2006	D	USA
Aerin Lauder	Senior Vice-President, Global Creative Directions, Estée Lauder	2005	C	USA ·
Afshin Molavi	Author	2005	C	USA
Usman Ahmed	Head of Global Public Policy and Research, Paypal, Inc.	2022	U	USA
Daniel Ahn	Global Fellow, The Woodrow Wilson International Center for Scholars	2021	T	USA
Peter Biar Ajak	Visiting Fellow and Adjunct Faculty, Africa Center for Strategic Studies	2021	T	USA
Laura Alber	President, Williams-Sonoma	2008	F	USA
Samuel Alemayehu	Managing Director, Cambridge Industries	2018	Q	USA
Saleem Ali		2011	BB	USA
Samar Ali	Attorney, Bass Berry & Sims	2017	P	USA
J. Allard	Corporate VicePresident, Microsoft Corporation	2006	D	USA
Wilmot Allen	Founder and Chief Executive Officer, 1 World Media Enterprises	2008	F	USA
Natalia Allen		2009	Z	USA
Colin Allred	Congressman from Texas (D), 32nd District, U.S. House of Representatives	2022	U	USA
Sam Altman	President, Y Combinator	2016	O	USA
Amy Butte	Executive Vice-President and Chief Financial Officer, New York Stock Exchange	2005	C	USA
Eric Anderson	President and Chief Executive Officer, Space Adventures Ltd	2008	F	USA

Name	Position, Unternehmen	Jahr	Quelle	Land
Angel Cabrera	President, Thunderbird, The Marvin School of International Management	2005	C	USA
Angela Belcher	Professor of Materials Science and Engineering and Biological Engineering, Massachusetts Institute of Technology	2005	C	USA
Andrea Armani	Professor, Viterbi School of Engineering, University of Southern California (USC)	2015	N	USA
Steve Arora	Head, Japan, Swiss Reinsurance Company	2015	N	USA
Neil M. Ashe	Chief Executive Officer, CNET Networks Inc.	2008	F	USA
Susan Athey	Professor for Economics, Harvard University, USA	2008	F	USA
Lera Auerbach	Composer, Poet and Concert Pianist	2007	E	USA
Jennifer (Jen) Auerbach-Rodriguez	Managing Director -MLWM Strategic Growth Markets, Merrill Lynch	2022	U	USA
Michael R. Auslin	Assistant Professor of History; Director, Project on Japan -US Relations, Yale University	2006	D	USA
Austan Gooisbee	Professor of Economics, University of Chicago	2005	C	USA
Gwenaelle Avice-Huet	Chief Strategy and Sustainability Officer, Schneider Electric	2018	Q	USA
Ronit Avni		2009	Z	USA
Ncik Ayers	Managing Partner, Ayers Neugebauer & Co.	2019	R	USA
Priyanka Bakaya	Director, BuySellSignals	2019	R	USA
Angela Baker	Chief Sustainability Officer, Qualcomm	2018	Q	USA
Daniella Ballou-Aares	Senior Adviser for Development, US Department of State	2014	M	USA
Lena Janel Bansal		2012	CC	USA
Rye Barcott		2011	BB	USA
Maria Bartiromo		2006	W	USA
Jessica Beckerman	Co-Founder and Chief Medical Officer, Muso	2022	U	USA
Brian Behlendorf	Founder and Chief Technology Officer, CollabNet	2006	D	USA
Georgie Benardete		2012	CC	USA
David Berry	Partner, Flagship Ventures	2014	M	USA
Jaime Herrera Beutler	Congresswoman from Washington (R), 3th District, United States House of Representatives	2014	M	USA
Neeraj Bharadwaj	Managing Director, Carlyle India Advisors	2007	E	USA
Shahzad A. Bhatti		2009	Z	USA
Gina Bianchini		2011	BB	USA
Bill Nguyen	Founder, Chairman and Co-Chief Executive Officer, Seven Networks	2005	C	USA

Name	Position, Unternehmen	Jahr	Quelle	Land
Peter Bisanz	Associate Director, World Economic Forum USA	2007	E	USA
Jorge R. Blanco	Vice-President, Avaya Inc.	2006	D	USA
Neil Blumenthal		2012	CC	USA
Matt Blunt	Governor of the State of Missouri, USA Office of the Governor	2006	D	USA
Zachary Bogue	Co-Managing Partner, Data Collective	2015	N	USA
Ruba Borno	Global Channel Chief, Amazon Web Services	2019	R	USA
Caroline Boudreaux		2009	Z	USA
Demetrios Boutris	President, Boutris Group, Inc	2008	F	USA
danah boyd		2011	BB	USA
Kate Brandt	Chief Sustainability Officer, Google	2020	S	USA
Bethann Brault	Managig Director and Co-Founder, Genesis Park PwC	2007	E	USA
David Bray	Chief Information Officer, Federal Communication Commission	2016	O	USA
Ian Bremmer	President, Eurasia Group	2007	E	USA
Binta Niambi Brown		2012	CC	USA
Aja Brown	Major, City of Compton	2017	P	USA
Kelly Buchanan	Head of Enterprise Payment Technologies, Truist Financial Corporation	2018	Q	USA
Agnes Budzyn	Co-Founder and Managing Partner, SFI	2019	R	USA
Antony Bugg-Levine	Chief Executive Officer, Nonprofit Finance Fund	2014	M	USA
Joy Buolamwini	Founder and Executive Director, Algorithmic Justice League	2022	U	USA
Leah Busque	Founder and Chief Executive Officer, TaskRabbit, Inc.	2014	M	USA
Pete Buttigieg	Secretary of Transportation, US Department of Transportation	2019	R	USA
David Wayne Callaway		2012	CC	USA
Kamissa Camara	Senior Adviser, Africa, United States Institute of Peace (USIP)	2019	R	USA
Niko Canner		2011	BB	USA
Adriana Cargill	Independent Radio Journalist	2021	T	USA
Julián Castro		2010	AA	USA
Navin Chaddha		2009	Z	USA
Pamela Chan	Global Head and Chief Investment Officer, BlackRock Alternative Solutions, BlackRock	2020	S	USA
Arvan Chan	Senior VicePresident; Chief Operating Officer, International, Centene	2021	T	USA
Candy Chang		2012	CC	USA

Name	Position, Unternehmen	Jahr	Quelle	Land
Charlene Begley	President and Chief Executive Officer, General Electric Rail	2005	C	USA
Sandeep Chatterjee		2011	BB	USA
Diana C. Chen		2008	Y	USA
Timothy Chen		2011	BB	USA
Jane Marie Chen		2012	CC	USA
Sarah Chen-Spellings	Co-Founder and Managing Partner, Beyond The Billion (launched as The Billion Dollar Fund for Women)	2020	S	USA
David Chiu		2009	Z	USA
Rohit Chopra	Managing Director, Lazard	2016	O	USA
Rohheit Chopra	Director, Consumer Financial Protection Bureau	2019	R	USA
Juliana L. Chugg	Senior Vice-President and President, Pillsbury USA, General Mills, Inc.	2008	F	USA
Eugene Chung	Chief Executive Officer and Founder, Penrose Studios	2022	U	USA
Marcelo Claire	President, Chairman of the Board and Chief Executive Officer, Brightstar	2007	E	USA
Marcelo Claure		2007	X	USA
Eunice Nuekie Cofie		2012	CC	USA
Jared Cohen	Director, Google Ideas, Google	2014	M	USA
Kat Cole	President, Cinnabon	2014	M	USA
Cesar Conde		2012	CC	USA
Anderson Cooper	Anchor, 360°, CNN	2008	F	USA
Peter L. Corsell		2010	AA	USA
Alexandra Cousteau		2011	BB	USA
Alexis Crow	Global Head, Geopolitical Investing, PwC	2021	T	USA
Daniel Cruise		2011	BB	USA
Amy Cuddy	Associate Professor, Harvard Business School	2014	M	USA
Curtis Nelson	President and Chief Operating Officer, Carlson Companies	2005	C	USA
Matt Dalio	Founder and Chair, Endless OS	2022	U	USA
Soraya Darabi	Co-Founder, Zady.com	2014	M	USA
Ernest Darkoh	Founding Partner and Chairman, BroadReach Healthcare	2006	D	USA
Sarah Daubenspeck	Managing Director, CFO and Enterprise Value Group, Accenture	2016	O	USA
Artur Davis	Congressman from Alabama (Democrat), 7th District, USA	2008	F	USA
Geoff Davis	President and Chief Executive Officer, Unitus	2008	F	USA

Name	Position, Unternehmen	Jahr	Quelle	Land
Eric Dayton	Co-Founder and Chief Executive Officer, Askov Finlayson	2019	R	USA
Alberto de Belaunde	Program Adviser, Global Advocacy, OutRight Action International	2021	T	USA
Erik Demaine	Assistant Professor of Computer Science, MIT	2004		USA
Aslihan Denizkurdu	Chief Operating Officer, Celsius Network	2020	S	USA
Christopher Deri		2010	AA	USA
Leslie Dewan	Chief Executive Officer, Transatomic Power Corporation	2016	O	USA
Subhash Dhar	Founder and Chief Executive Office, Enterprise Nube Services	2007	E	USA
Vilas Dhar	President and Trustee, Patrick J. McGovern Foundation	2022	U	USA
Leonardo DiCaprio	Actor	2008	F	USA
Dina Habib Powell	Assistant to the President of the USA for Presidential Personnel	2005	C	USA
Michelle Dipp	Co-Founder and Chief Executive Officer, OvaScience	2015	N	USA
William J. Dobson	Managing Editor, Foreign Policy Magazine	2006	D	USA
Margo Drakos		2010	AA	USA
Joshua Dubois		2012	CC	USA
Esther Duflo	Professor of Economics, Massachusetts Institute of Technology	2006	D	USA
Joy Dunn	Head, Operations, Commonwealth Fusion Systems	2018	Q	USA
Margot Edelman	General Manager, Edelman	2022	U	USA
Suzanne Ehlers		2012	CC	USA
Rana El Kaliouby	Chief Executive Officer and CoFounder, Affectiva	2017	P	USA
Phaedra Ellis-Lamkins		2010	AA	USA
Brooke Ellison	Member of the Board, Empire State Stem Cell Board	2014	M	USA
Jennifer Ellisseeff	Associate Professor of Biomedical Engineering, Johns Hopkins University, USA	2008	F	USA
Abasi Ene-Obong	Chief Executive Officer and Founder, 54gene	2021	T	USA
Erik Demaine	Assistant Professor of Computer Science, Massachusetts Institute of Technology	2005	C	USA
Sara Sutton Fell	Chief Executive Officer and Founder, FlexJobs.com	2014	M	USA
Rossanna Figuera		2010	AA	USA
Aria Finger	Chief Executive Officer, DoSomething.orgRu ns	2016	O	USA
Amy Finkelstein		2011	BB	USA
Betsy Fischer	Executive Producer, "Meet the Press", NBC News	2008	F	USA
David Fischer		2012	CC	USA
Heather Fleming		2010	AA	USA

Name	Position, Unternehmen	Jahr	Quelle	Land
William Foote	Founding President and Executive Director, Root Capital	2008	F	USA
Brian Forde	Director, Digital Currency, Massachusetts Institute of Technology (MIT) Media Laboratory	2015	N	USA
Scott J. Freidheim	Global Head, Strategy, Lehman Brothers Inc.	2006	D	USA
Limor Fried	Owner and Head Engineer, Adafruit Industries LLC	2014	M	USA
Adena Friedman	Chief Financial Officer, Carlyle Group	2007	E	USA
Roland G. Fryer	Professor of Economics, Harvard University	2016	O	USA
Steven Fulop	Mayor of Jersey City	2014	M	USA
Ashish Gadnis		2009	Z	USA
Kate Gallego	Mayor of Phoenix, Arizona, City of Phoenix	2020	S	USA
Badruun Gardi	LOEB Fellow, Harvard University Graduate School of Design	2022	U	USA
Gavin Newsom	Mayor of San Francisco	2005	C	USA
Joe Gebbia	Chief Product Officer and Co-Founder, Airbnb Inc.	2016	O	USA
Jared Genser	Founder, Freedom Now	2008	F	USA
Pierre Gentin	Managing Director, Credit Suisse	2008	F	USA
Rayid Ghani	Co-Founder, Edgeflip	2014	M	USA
Liliana Gil		2011	BB	USA
Nili Gilbert	Co-Founder and Portfolio Manager, Matarin Capital	2017	P	USA
Garlin Gilchrist II	Lieutenant Governor, State of Michigan	2021	T	USA
Mack Gill	President, Offshore Services, SunGard	2006	D	USA
Neal Goldman	Chairman and Chief Executive Officer, Connectivity Data Systems	2007	E	USA
Sam Goldman		2010	AA	USA
Ellen Gonda		2011	BB	USA
Gita Gopinath		2011	BB	USA
Pierre-Dimitri Gore-Coty	Senior VicePresident, Delivery, Uber Technologies	2021	T	USA
Midori Goto	Violinist, Midori Foundation	2006	D	USA
Vandana Goyal		2012	CC	USA
Adam Grant	Professor, Management and Psychology, Wharton School, University of Pennsylvania	2015	N	USA
John Green	Novelist and YouTuber, vlogbrothers	2016	O	USA
Megan Greenfield	Partner, McKinsey & Company	2021	T	USA
Julia R. Greer	Professor of Materials Science and Mechanics, California Institute of Technology (Caltech)	2014	M	USA
Kelly Grier		2010	AA	USA

Name	Position, Unternehmen	Jahr	Quelle	Land
Fernando Grostein Andrade	Filmmaker	2019	R	USA
Sanjay Gupta		2010	AA	USA
Cyrus Habib	Priest, Society of Jesus (Jesuits)	2019	R	USA
Priya Haji		2009	Z	USA
Elvis Gbanabom Hallowell	Founder and Executive Director, SHARE (Save Heritage and Rehabilitate the Enviroment)	2006	D	USA
John Hamlin	Senior VicePresident and General Manager, US Consumer Business, Dell Inc.	2006	D	USA
Mia Hamm	Founder, Mia Hamm Foundation	2008	F	USA
Bicheng Han	Founder and Chief Executive Officer, BrainCo	2022	U	USA
Mark Hanis		2009	Z	USA
Dave Hanley		2012	CC	USA
Nathaniel Harding	Managing Partner, Cortado Ventures	2019	R	USA
Jonathan Harris		2009	Z	USA
Scott Harrison		2012	CC	USA
Stephanie Hart	Program Director, Nestlé SA	2008	F	USA
Stephanie Pullings Hart		2008	Y	USA
Roy Harvey	Plant Manager, Alcoa San Cipriân	2008	F	USA
Roy C. Harvey		2008	Y	USA
Tony Hawk	Founder, Tony Hawk Foundation	2008	F	USA
Margaret de Heinrich		2011	BB	USA
Helen Greiner	Chairman and Co-Founder, iRobot Corporation	2005	C	USA
Rebecca M. Heller	Executive Director, International Refugee Assistance Project	2020	S	USA
Brad Henderson	Senior Partner and Managing Director, The Boston Consulting Group	2017	P	USA
Cal Henderson	Co-Founder and Chief Technology Officer, Slack	2019	R	USA
Michael Hersch	Composer, 21C Music Publishing, Inc.	2006	D	USA
Sheri Hickok	Vehicle Chief Engineer, Next Generation Full Size Trucks, General Motors Company	2015	N	USA
Katie Hill	Head of Clean Energy Program, Apple Inc.	2017	P	USA
Henry Nguyen Hoang		2010	AA	USA
Brendan Hoffman	President and Chief Executive Officer, Neiman Marcus Direct, The Neiman Marcus Group Inc.	2008	F	USA
Orenzo "Perry" Hollowell	Head, Equities and Sustainable Investing, CFI Partners	2022	U	USA
Rodney Hood	Vice-Chairman, National Credit Union Administration	2008	F	USA
Rodney E. Hood		2008	Y	USA

Name	Position, Unternehmen	Jahr	Quelle	Land
Ayanna Howard	Associate Professor, Georgia Institute of Technology	2006	D	USA
Howard I. Hoffen	Chairman and CEO, Metalmark Capital LLC	2005	C	USA
Ken Howery		2012	CC	USA
Caroline Hoxby	Professor of Economics, Stanford University, USA	2008	F	USA
Halla Hrund Logadottir	Co-Founder, Arctic Initiative, Harvard Kennedy School of Government	2019	R	USA
Jukay Hsu	Co-Founder and Chief Executive Officer, Pursuit	2020	S	USA
George Hu		2010	AA	USA
Mei Mei Hu	Chief Executive Officer, Vaxxinity	2020	S	USA
Lisa Huddleson		2009	Z	USA
Lydie Hudson	Managing Director; Chief Operating Officer, Global Markets, Credit Suisse AG	2017	P	USA
Chad Hurley		2009	Z	USA
Kang Hyun-Jung		2011	BB	USA
Gerard Ian	Founder and Director, Gen Art	2006	D	USA
Lila Ibrahim	Partner, Kleiner, Perkins, Caufield & Byers (KPCB)	2007	E	USA
Shamil Idriss	Deputy Director, Alliance of Civilizations, United Nations	2006	D	USA
Lisa Ivers	Partner and Managing Director, Boston Consulting Group (BCG	2019	R	USA
Jessica Jackley		2011	BB	USA
Jessica Jackson	Chief Advocacy Officer, Reform Alliance	2021	T	USA
Alice Jacobs	Founder, Chairman and Chief Executive Officer, Intelligent Medical Devices	2006	D	USA
Ankur Jain	Vice President, Tinder	2017	P	USA
Joshua G. James		2012	CC	USA
Li Jia	Adjunct Professor, Stanford University School of Medicine	2018	Q	USA
Bobby Jindal	Governor of Louisiana, USA	2008	F	USA
Jodi Kantor	Editor, „Arts and Leisure", The New York Times	2005	C	USA
John Bastelle	Visiting Professor and Director, Business Reporting Programme, University of California	2005	C	USA
John Bryant	Founder, Chairman and Chief Executive Officer, Operation Hope	2005	C	USA
Imara C. Jones	Director, KNOW HIV/AIDS, Viacom Inc.	2006	D	USA
David Jones	Chief Executive Officer, Euro RSCG Worldwide	2008	F	USA
Julia Ormond	Actress, Producer and Founding Chair, FilmAid International	2005	C	USA

Name	Position, Unternehmen	Jahr	Quelle	Land
Lynn Jurich	Co-Founder and Co-Chief SunRun Executive Officer	2014	M	USA
Justin Fox	Editor-at-large, FORTUNE Magazine	2005	C	USA
Gadeer Kamal-Mreeh	Senior Special Envoy, North America, The Jewish Agency	2021	T	USA
Karen Karniol-Tambour	Co-Chief Investment Officer, Sustainability, Bridgewater Associates	2020	S	USA
David Karp	Founder and Chief Executive Officer, Tumblr	2014	M	USA
Sam Kass	Founder, Trove	2017	P	USA
Matthew Katz	Global Head of Data Science, Blackstone Group	2022	U	USA
Brian Kaufmann	Head, Private Equity; Portfolio Manager; Member of the Management Committee, Viking Global Investors	2021	T	USA
Tal Keinan		2010	AA	USA
Valerie Keller		2012	CC	USA
Peter B. Kellner		2009	Z	USA
Ibram X Kendi	Director of the Center for Antiracist Research, Boston University	2021	T	USA
Patrick J Kennedy	Representative, Rhode Island, United States House of Representatives	2006	D	USA
Teresa K. Kennedy		2009	Z	USA
Anthony Kennedy Shriver	Founder, Best Buddies International	2004		USA
Vanessa Kerry	CO-Founder and Chief Executive Officer, Seed Global Health	2016	O	USA
Sanjeev Khagram		2009	Z	USA
Salman Khan		2012	CC	USA
Parag Khanna		2009	Z	USA
Dara Khosrowshahi	Chief Executive Officer and President, Expedia Inc.	2008	F	USA
Kwame Kilpatrick	Mayor of Detroit, City of Detroit	2006	D	USA
J. Joseph Kim	Co-Founder, President and Chief Executive Officer, VGX Pharmaceuticals	2006	D	USA
Adam Kinzinger	Congressman from Illinois (R), 11th District, United States House of Representatives	2017	P	USA
Emily Kirsch	Founder and Managing Partner, Powerhouse Ventures	2019	R	USA
Laureen Koopman	Director, Sustainable Business Solutions, PwC	2015	N	USA
Jonathan Korngold	Managing Director, General Atlantic	2008	F	USA
Joseph Kozelmann	Partner; Global Head, Client and Capital Formation Group, TP	2019	R	USA
Michael Kratsios	Managing Director, Scale AI	2020	S	USA
Kristin Forbes	Member, Council of Economic Advisors	2005	C	USA

Name	Position, Unternehmen	Jahr	Quelle	Land
Yi Kuk		2010	AA	USA
Maria Teresa Kumar	Founding President and Chief Executive Officer, Voto Latino	2014	M	USA
Vivek Kundra		2011	BB	USA
Mpule Kwelagobe	Goodwill Ambassador, United Nations Population Fund (UNFPA)	2006	D	USA
LaMae Allen deLongh	Partner, Accenture	2005	C	USA
Lang Lang	Pianist, IMG	2006	D	USA
Jamail Larkins		2011	BB	USA
Larry Page	Co-Founder and President, Products Google	2005	C	USA
Hilal Ahmed Lashuel		2012	CC	USA
Corinna E. Lathan	Founder and Chief Executive Officer, AnthroTronix Inc.	2006	D	USA
Farhan Latif	President, El-Hibri Foundation	2019	R	USA
Andrew Lee		2011	BB	USA
Jess Lee	Investor, Sequoia Capital	2017	P	USA
Sam Lee	Founder and Chief Executive Officer, IndeCollective	2019	R	USA
Michael Lefenfeld	President and Chief Executive Officer, SiGNa Chemistry Inc.	2016	O	USA
John Legend		2012	CC	USA
Courtney Leimkuhler	CFO, U.S. & Canada Division, Marsh (MMC)	2014	M	USA
Olivia Leland	Director, Giving Partnerships, Bill & Melinda Gates Foundation	2014	M	USA
Dana Leong	Composer and Musician, Tateo Sound	2015	N	USA
Max Levchin		2011	BB	USA
Jonathan Levin		2012	CC	USA
Jacob Lief		2010	AA	USA
Lisa Caputo	President and Chief Executive Officer, Women and Co.	2005	C	USA
Peggy Liu		2009	Z	USA
Ida Liu	Managing Director and Head of North America, Asian Clients Group, Citi Private Bank North America	2014	M	USA
Max Liu	Co-Founder and Chief Executive Officer, EMQ	2015	N	USA
Jessica Long	Managing Director, Accenture Development Partnerships	2014	M	USA
Lynn Loo		2012	CC	USA
Brie Loskota	Executive Director, Center for Religion and Civic Culture, University of Southern California	2017	P	USA
Adam Lowry		2012	CC	USA
Haley Lowry	Global Sustainability Director, Dow	2021	T	USA

Name	Position, Unternehmen	Jahr	Quelle	Land
Kevin Lu		2010	AA	USA
Thang Lu	Founding and Managing Partner, Fusion Fund	2018	Q	USA
Daniel Lubetzky	Chief Executive Officer and Founder, KIND Healthy Snacks	2007	E	USA
Nancy Lublin	Chief Executive Officer and Chief Old Person, DoSomething.org	2007	E	USA
Katherine Maher	Chief Executive Officer (2019-2021), Wikimedia Foundation	2020	S	USA
Joud Abdel Majeid	Deputy Chief Financial Officer, BlackRock	2022	U	USA
Tamer Makary	Founder, Ethica Partners,	2018	Q	USA
Jonathan Malagon	Visiting Fellow, Growth Lab, (Colombia's Minister of Housing 2018-2022), Harvard University	2019	R	USA
Caroline Malcolm	Head, International Public Policy & Research, Chainalysis	2020	S	USA
Marc R. Benioff	Chairman and Chief Executive Officer, salesforce.com	2005	C	USA
Mark P. Mays	President and Chief Executive Officer, Clear Channel Communications	2005	C	USA
Kevin J. Martin	Chairman, Federal Communications Commission	2006	D	USA
Jayme Martin		2011	BB	USA
Richard Martinez	Vice President for Countries, Inter-American Development Bank	2019	R	USA
Leland Maschmeyer	Co-Founder, Sway	2020	S	USA
Barbara Maul	Board Member, Child Center of Ny Inc	2020	S	USA
Elizabeth Maw		2010	AA	USA
Marissa Mayer		2010	AA	USA
Jane McGonigal		2011	BB	USA
Gregory McKeown		2012	CC	USA
Nadeem Meghji	Senior Managing Director, Blackstone Group	2018	Q	USA
Melody Hobson	President, Ariel Capital Management	2005	C	USA
Patricia Menendez-Cambo	Chair, Global Practice Group, Greenberg Traurig	2007	E	USA
Michael Kremer	Gates Professor of Developing Countries and Professor of Economics, Harvard	2005	C	USA
Miguel R. Forbes	Vice-President, New Business Development, Forbes	2005	C	USA
Roberto Milk		2010	AA	USA
Dalia Mogahed		2012	CC	USA
Andy Moon	CEO, Sunfarmer	2016	O	USA
Kimberly A. Moore	Circuit Judge, United States Court of Appeals for the Federal Circuit	2008	F	USA

Name	Position, Unternehmen	Jahr	Quelle	Land
Westley Moore		2011	BB	USA
Mike Moradi	Founder and Chief Executive Officer, Sensulin	2017	P	USA
Nathaniel R. Morris	Co-Founder and Chief Executive Officer, Rubicon Global	2014	M	USA
Seth Moulton	Congressman from Massachusetts (D), 6th District, United States House of Representatives	2016	O	USA
Janet Mountain	Executive Director, Michael & Susan Dell Foundation (MSDF)	2006	D	USA
Aimee Mullins		2012	CC	USA
Alaa Murabit	Director, Health (PAC), UN High-Level Commissioner and SDG Advocate, Bill & Melinda Gates Foundation	2022	U	USA
Elon Musk	Chairman, Tesla Motors	2008	F	USA
Fawad Ahmad Muslim		2011	BB	USA
Griffin Myers	Co-Founder and Chief Medical Officer, Oak Street Health	2020	S	USA
Jaime Nack		2011	BB	USA
Nerissa Naidu	Chair of the Board, CreditXpert Inc.	2019	R	USA
Erika Najarian	Managing Director, Large-Cap Banks & Consumer Finance, UBS AG	2019	R	USA
Emi Nakamura	Chancellors Professor of Economics, University of California, Berkeley	2020	S	USA
Siamak Namazi	General Manager, Access Consulting Group	2007	E	USA
Raju Narisetti	Managing Editor, WSJ Digital Network and Deputy Managing Editor, Wall Street Journal	2007	E	USA
Nicole Nason	Administrator, National Highway Traffic Safety Administration, US Department of Transportation	2008	F	USA
Lukas Nelson	Band Leader, Promise of The Real	2021	T	USA
Josh Nesbit	Chief Executive Officer, Medic Mobile	2014	M	USA
Max Neukirchen	Managing Director and Head, Strategy, JP Morgan	2015	N	USA
Niall Ferguson	Professor of History, Harvard University	2005	C	USA
Jennifer Nichols	Global Head of Legal, Aberdeen Asset Management	2014	M	USA
Grace Chiang Nicolette		2011	BB	USA
Boris Nikolic		2009	Z	USA
Jehane Noujaim	Director, Noujaim Films	2007	E	USA
Julia Novy-Hildesley		2010	AA	USA
Martin Nowak	Professor of Mathematics and Biology, Harvard University	2006	D	USA
Chinny Ogunro	Chief Operating Officer, The Africa Center	2020	S	USA

Name	Position, Unternehmen	Jahr	Quelle	Land
Ziad S. Ojakli	Group Vice President, Corporate Affairs, Ford Motor Company	2006	D	USA
Rebecca D. Onie		2010	AA	USA
John Osborn	President and Chief Executive Officer, BBDO Worldwide	2006	D	USA
John B. Osborn		2006	W	USA
Amit Paley	Chief Executive Officer and Executive Director, The Trevor Project	2021	T	USA
Rajiv Pant	Chief Technology Officer, The New York Times	2014	M	USA
Sarah Parcak	Director, GlobalXplorer	2017	P	USA
Kirsten Parker	Sloan Fellow, London Business School	2015	N	USA
John Partilla	Chief Operating Officer, Dentsu Network West	2007	E	USA
Eboo Patel		2009	Z	USA
Kavita Patel	Fellow and Managing Director, Engelberg Center for Health Care Reform, The Brookings Institution	2014	M	USA
Pawan Patil		2010	AA	USA
Dhanurjay Patil	Vice President, Product, RelateIQ	2014	M	USA
Paul Meyer	Co-Founder, President and Chief Executive Officer, Voxiva	2005	C	USA
Bo Peabody	Co-Founder and Managing General Partner, Village Ventures	2006	D	USA
Michelle A. Peluso	Chief Executive Officer, Travelocity.com LP	2008	F	USA
Jeremy Philips	Executive Vice-President, Office of the Chairman, News Corporation	2008	F	USA
Lydia Polgreen	Journalist, The New York Times	2008	F	USA
Adam H. Putnam	Congressman from Florida (Republican), 12th District, USA	2008	F	USA
Sriram Raghavan		2010	AA	USA
Hosain Rahman	Founder and Chief Executive Officer, Jawbone	2014	M	USA
Devesh Raj	Partner and Managing Director, The Boston Consulting Group	2014	M	USA
Austin Ramirez	President and Chief Executive Officer, Husco International	2014	M	USA
Joshua Cooper Ramo	Managing Director, Kissinger Associates Inc.	2006	D	USA
Patrick Ramsey	Managing Director, Merrill Lynch & Co. Inc.	2008	F	USA
Anushka Ratnayake	Founder and Chief Executive Officer, myAgro	2018	Q	USA
Kristin Rechberger		2009	Z	USA
Carol Reiley	Founder and Member of the Board, Drive.ai	2019	R	USA
Julissa Reynoso	US Ambassador, US Embassy	2014	M	USA

Name	Position, Unternehmen	Jahr	Quelle	Land
Michelle Rhee		2010	AA	USA
Kristin Groos Richmond		2012	CC	USA
Alan Ricks	Co-Founder, MASS Design Group	2014	M	USA
April Rinne		2011	BB	USA
Daron Roberts	President and Founder, 4th and 1, Inc.	2014	M	USA
John B. Rogers	President, Chief Executive Officer and CoFounder, Local Motors	2014	M	USA
James Rogers	Founder and Chief Executive Officer, Apeel	2020	S	USA
Shezad Rokerya	Chairman, The Interlink Group	2006	D	USA
David G. Rosenberg		2010	AA	USA
Roy Brandon Burgess	Executive Vice-President, Business Development, Digital Media and International Channels, NBC Universal	2005	C	USA
Nilmini Rubin	Professional Staff Member, International Economics, US Senate Foreign Relations Committee	2006	D	USA
Juan Carlos Ruck	Sales Vice-President, Frito Lay North America	2014	M	USA
Veronica Ruiz del Vizo	Chief Executive Officer and Founder, Women on Stage	2020	S	USA
Charles Rutstein		2011	BB	USA
Pardis Sabeti		2012	CC	USA
Karim Sadjadpour	Senior Associate, Carnegie Endowment for International Peace	2007	E	USA
Kaitlyn Sadtler	Investigator; Chief of Section, Immunoengineering, National Institutes of Health	2022	U	USA
Faiza Saeed	Partner, Cravath, Swaine & Moore	2006	D	USA
Reihan Salam	Contributing Editor and Blogger, National Review	2017	P	USA
Sallie Krawcheck	Chief Financial Officer and Head of Strategy, Citigroup	2005	C	USA
Sheryl Sandberg	Chief Operating Officer, Facebook	2007	E	USA
Lily Sarafina	Co-Founder and Chief Executive Officer, Home Care Assistance	2018	Q	USA
Arvind Satyam	Chief Commercial Officer, Pano AI	2018	Q	USA
Rachel Schutt	Chief Data Scientist, News Corp.	2015	N	USA
Jonathan Schwartz	President and Chief Operating Officer, Sun Microsystems Inc.	2006	D	USA
Zarrar Sehgal		2009	Z	USA
Kabir Sehgal	Founder and Chief Executive Officer, Tiger Turn Productions	2020	S	USA
Jake Seid		2009	Z	USA
Dan Senor		2011	BB	USA

Name	Position, Unternehmen	Jahr	Quelle	Land
Emily Serazin	Managing Director and Partner, Boston Consulting Group (BCG)	2021	T	USA
Sergey Brin	Co-Founder and President, Technology Google	2005	C	USA
Lara Setrakian		2012	CC	USA
Rajiv J. Shah	Administrator, USAID - US Agency for International Development	2007	E	USA
Premal Shah		2009	Z	USA
Daniel Shapiro	Director, Harvard International Negotiation Initiative, Harvard Law School, USA	2008	F	USA
Fern Shaw	President, Southern California District, UPS	2018	Q	USA
Sally Shin	Chief Strategy Officer, UnitedMasters	2020	S	USA
Dan Shine	Executive Director, worldchanging.com	2007	E	USA
Susana Sierra	Partner and Executive Director, BH Compliance	2020	S	USA
Shahzia Sikander	Artist	2006	D	USA
Kristen Silverberg		2009	Z	USA
Josh Silverman		2009	Z	USA
Shamina Singh		2010	AA	USA
Navrina Singh	Director of Business Development, Microsoft Corporation	2017	P	USA
Shivani Siroya	Founder and Chief Executive Officer, InVenture	2016	O	USA
E. Benjamin Skinner		2011	BB	USA
Tad Smith	Chief Executive Officer, Reed Business Information	2006	D	USA
Edward Smith	Partner, DLA Piper LLP	2018	Q	USA
Julie Smolyansky	Chief Executive Officer, President and Director, Lifeway Foods	2015	N	USA
Richard Socher	Chief Scientist, Salesforce	2017	P	USA
Andrew R. Sorkin	Columnist, New York Times	2007	E	USA
Roy Sosa		2009	Z	USA
Josh Spear		2009	Z	USA
Rob Speyer	President, Tishman Speyer Properties	2008	F	USA
William Steiger	Chief of Staff, USAID, Director of the Office of Global Health Affairs at the U.S. Department of Health and Human Services	2004		USA
Rachel Sterne		2012	CC	USA
Steve Jurvetson	Managing Director, Draper Fisher Jurvetson	2005	C	USA
Steven Levitt	Professor, Department of Economics, University of Chicago	2005	C	USA
Stig Leschly	Founder and President, Compass Schools	2005	C	USA

Name	Position, Unternehmen	Jahr	Quelle	Land
Mark Stoffels	Senior VicePresident, Connected Care North America, Philips	2022	U	USA
Richard Stromback	Founder, Stromback Ventures	2007	E	USA
Anjali Sud	Chief Executive Officer, Vimeo	2019	R	USA
Dhivya Suryadevara	Vice President of Finance and Treasurer, General Motors Company	2016	O	USA
Sylvia Mathews	Chief Operating Officer and Executive Director, Bill and Melinda Gates Foundation	2005	C	USA
Tom Szaky	Founder and Chief Executive Officer, TerraCycle	2018	Q	USA
Nina Tandon	President and Chief Executive Officer, EpiBone Inc.	2016	O	USA
Dylan E. Taylor		2011	BB	USA
Ted Halstead	President and Chief Executive Officer, New American Foundation	2005	C	USA
Peter A. Thiel	President and Chairman of Investment Committee, Founders Fund	2007	E	USA
Thomas Crampton	Asia Correspondent, The International Herald Tribune	2005	C	USA
Leo M. Tilman	President, L.M.Tilman & Co. Inc.	2007	E	USA
Philip Tinari	Director, Ullens Center for Contemporary Art	2015	N	USA
Alexa von Tobel		2011	BB	USA
Graves Tompkins	Managing Director and Global Head of Capital Partnering, General Atlantic LLC	2017	P	USA
Alexander Torrenegra	Co-Founder and CEO, Bunny Inc.	2015	N	USA
Gregg Treinish	Executive Director, Adventure Scientists	2020	S	USA
Trevor Neilson	Executive Director, Global Business Coalition on HIV/AIDS	2005	C	USA
Kyriakos Tsakopoulos	President, KT Communities Corporation	2008	F	USA
Chris Tucker	Actor, Eternal Entertainment	2006	D	USA
John R. Tyson	Chief Financial Officer, Tyson Foods	2022	U	USA
Van Jones	Founder and National Executive Director, Ella Baker Center for Human Rights	2005	C	USA
Rebecca van Bergen	Founder & Executive Director, Nest	2017	P	USA
Vasudha Vats	Vice-President, Pfizer	2021	T	USA
Ashok Vemuri		2009	Z	USA
Sandhya Venkatachalam	Founding Partner, Centerview Capital Technology	2014	M	USA
Josh Viertel		2010	AA	USA
Nicole Vogrin	Deputy Chief of Staff to Chief Executive Officer, Western Union	2020	S	USA
Devry Boughner Vorwerk	Director, International Business Relations, Cargill Inc.	2014	M	USA

Name	Position, Unternehmen	Jahr	Quelle	Land
Hitesh Wadhwa	Principal, Enterprise Sales, Amazon Web Services	2021	T	USA
David Alexander Walcott	Founder and Managing Partner, Novamed	2021	T	USA
Robert Waldron	President and CEO, Jumpstart	2006	D	USA
Jimmy Wales	Founder and Trustee, Wikimedia Foundation	2007	E	USA
George Walker	Managing Director and Global Head of Investment Management, Lehman Brothers	2008	F	USA
Kara Walker	Artist and Professor, School of the Arts and Professor School of the Arts Columbia University, USA	2008	F	USA
Melanie Walker		2011	BB	USA
Casey Wasserman	Chairman and Chief Executive Officer, Wasserman Media Group	2008	F	USA
Shen Wei		2009	Z	USA
Rebecca Weintraub	Faculty Director, Global Health Delivery Project at Harvard University	2014	M	USA
Leana Wen	Professor of Health Policy and Management, George Washington University	2018	Q	USA
Devin Wenig	Board of Directors, President, Business Divisions, Reuters	2006	D	USA
Adam Werbach		2011	BB	USA
Robert Wiesenthal	Group Executive in Charge of Corporate Development and M&A; Sony Corporation	2007	E	USA
Kiah Williams	Co-Founder and Managing Director, Supporting Initiatives to Redistribute Unused Medicine - SIRUM	2022	U	USA
Bryony Winn	President, Anthem Health Solutions, Anthem, Inc.	2019	R	USA
Lisa Witter		2010	AA	USA
Nathan D. Wolfe		2010	AA	USA
Michele Wucker		2009	Z	USA
Yan E. Yanovskiy		2011	BB	USA
Melike Yetken	Senior Adviser, Corporate Responsibility, US Department of State	2015	N	USA
Julie Yoo	Chief Product Officer and CoFounder, Kyruus	2016	O	USA
Monica Yunus	CO-Founder and Co-Executive Director, Sing for Hope	2016	O	USA
Andrey Zarur	President and Chief Executive Officer, BioProcessors Corporation	2006	D	USA
Laurie Zephyrin	National Director of Reproductive Health, US Department of Veterans Affairs (VA)	2014	M	USA
Yao Zhang	Founder and CEO, RoboTerra, Inc.	2016	O	USA
Feng Zhang	Professor, Massachusetts Institute of Technology	2017	P	USA

Name	Position, Unternehmen	Jahr	Quelle	Land
Longmei Zhang	M-RCBG senior fellow, Harvard Kennedy School of Governmen	2019	R	USA
Heather Zichal	Deputy Assistant to President Barack Obama for Energy and Climate Change, White House, United States of America	2014	M	USA
Mark Zuckerberg		2009	Z	USA
Alix Zwane	Chief Executive Officer, Global Innovation Fund	2015	N	USA
Arthur Kennedy Shriver	Founder and Chairman, Best Buddies International	2005	C	USA
Bret Stephens	Member of the Editorial Board, The Wall Street Journal	2005	C	USA
Fareed Zakaria	Editor, Newsweek International	2005	C	USA
Jerry Yang	Co-Founder, Chief Yahoo and Director	2005	C	USA
John Wood	Founder and Chief Executive Officer, Room to Read	2005	C	USA
John E. Sununu	Senior Advisor, Middle East Working Group, US Senator from New Hampshire, US Senat	2005	C	USA
Jonathan Zittrain	Assistant Professor of Law and Co-Founder of the Berkman Center for Internet and Society, Harvard Law School	2005	C	USA
Jonathan Soros	Co-Deputy Chairman, Soros Fund Management	2005	C	USA
Keith Schwab	Senior Physicist, National Security Agency	2005	C	USA
Lisa Rottenberg	Co-Founder and Chief Executive Officer, Endeavor Global	2005	C	USA
Patrick G. Ryan	Founder and President, Inner-City Teaching Corps	2005	C	USA
Samantha Power	Lecturer in Public Policy, Carr Center for Human Rights Policy	2005	C	USA
William Steiger	Director, Office of Global Health Affairs (OGHA), US Department of Health and Human Services	2005	C	USA
Zain Verjee	Anchor, CNNNews Group	2005	C	USA
Ethan Zuckerman	Founder and Chief Executive Officer, Geekcorps	2005	C	USA
James Song	Managen Principal and Co-Founder, Faircap Partners	2016	O	USA + Myanmar
Lorenzo Mendoza	Chief Executive Officer, Empresas Polar	2005	C	Venezuela
Maria Corina Machado	Founder and Managing Director, Asociacion Civil Sumaté	2005	C	Venezuela
Roberto Patino	Founder, Convive	2021	T	Venezuela
Juan Jose Pocaterra	Co-Founder and Chief Executive Officer, ViKua	2018	Q	Venezuela
Alfredo Romero	Lawyer, Universidad Católica Andres Bello, Caracas	2007	E	Venezuela
Marco De la Rosa		2009	Z	Venezuela
Elisa Vegas	Artistic Director, Fundación Orquesta Sinfónica Gran Mariscal de Ayacucho	2020	S	Venezuela

Name	Position, Unternehmen	Jahr	Quelle	Land
Alberto C. Vollmer	Chairman of the Board and Chief Executive Officer of Run Santa Teresa	2007	E	Venezuela
Alex Zubillaga	Warner Music Group Executive Vice-President, Digital Strategy and Business Development	2007	E	Venezuela
Nguyen Thanh Hung		2007	X	Vietnam
Nguyen Hoang Long	Ambassador Extraordinary and Plenipotentiary, Embassy of Vietnam	2014	M	Vietnam
Vo Trong Nghia	Founder and Architect, Vo Trong Nghia Co., Ltd	2014	M	Vietnam
Khuat Thi Hai Oanh		2009	Z	Vietnam
David Thai		2009	Z	Vietnam
Ngjuen Thanh Hung	Chairman, Sovico Holdings	2007	E	Vietnam
Pham Thi Hue	Founder, Haiphong Red Flamboyant Group	2007	E	Vietnam
Pham Thi Ngan	Co-Founder, Nguyencomm	2016	O	Vietnam
Rafat Akhali	Chairmen Resonate! Yemen Foundation	2015	N	Yemen
Safiya Al-Jabry	Executive Director, Small and Micro Enterprise Promotion Service (SMEPS)	2022	U	Yemen
Nadia Saqqaf	Minister of Information, Yemen Government	2015	N	Yemen
Tendayi Achiume	Special Rapporteur on Contemporary Forms of Racism, Office of the High Commissioner for Human Rights (OHCHR)	2021	T	Zambia
Jacqueline Musiitwa		2011	BB	Zambia
Brian Kagoro	Founder and Coordinator, Crisis in Zimbabwe Coalition	2005	C	Zimbabwe
Chido Govera	Founder & Director, The Future of Hope Foundation	2017	P	Zimbabwe
Collen Gwiyo	Deputy Secretary-General, Zimbabwe Congress of Trade Unions	2006	D	Zimbabwe
Vimbayi Kajese		2012	CC	Zimbabwe
Arthur G. Mutambara	Deputy Prime Minister, Office of the Prime Minister of Zimbabwe	2007	E	Zimbabwe
Nigel M.K. Chanakira	Founder and Deputy DirectorKingdom Financial Holdings	2005	C	Zimbabwe
Patterson F. Timba		2007	E	Zimbabwe

Quellenangaben Teilnehmerliste

Quelle	URL am 28.10.2022
A	web.archive.org/web/20120723153114/www3.weforum.org/docs/WEF_GLT_ClassOf2002.pdf
B	archive.is/C6oke
C	web.archive.org/web/20051029210514/www.younggloballeaders.org/scripts/modules/Profiles/page11271.html
D	web.archive.org/web/20060208031728/www.weforum.org/documents/ygl/YGL2006List.pdf
E	web.archive.org/web/20120730051119/www.weforum.org:80/community/forum-young-global-leaders#
F	web.archive.org/web/20120806113309if_/www.weforum.org/community/forum-young-global-leaders
G	web.archive.org/web/20090226092459/www.weforum.org/docs/ygl/YGL_Honorees_2009.pdf
H	web.archive.org/web/20100330233103/www.weforum.org/docs/YGL/YGL2010_Honourees.pdf
I	web.archive.org/web/20111008235732/www3.weforum.org/docs/WEF_YGL_Honourees_2011.pdf
K	web.archive.org/web/20120806113321/www3.weforum.org/docs/YGL12/WEF_YGL_HonoureesClass_2012.pdf
L	web.archive.org/web/20141228101248/www3.weforum.org:80/docs/YGL13/WEF_YGL13_Honourees.pdf
M	www.centrafriqueledefi.com/medias/files/wef-ygl-honourees-2014.pdf
N	web.archive.org/web/20151118075226/www.weforum.org/community/forum-young-global-leaders#
O	web.archive.org/web/20190208040822/widgets.weforum.org/ygl-2016/
P	web.archive.org/web/20190318082635/widgets.weforum.org/ygl-2017/
Q	www.younggloballeaders.org/community? class_year=2018&q=&region=&sector=&status=
R	www.younggloballeaders.org/community?%20utf8=%E2%9C%93&q=&status=&class_year=2019&sector=&region=#res%20ults
S	www.younggloballeaders.org/community?%20utf8=%E2%9C%93&q=&status=&class_year=2020&sector=&region=#res%20ults
T	www.younggloballeaders.org/community?%20utf8=%E2%9C%93&q=&status=&class_year=2021&sector=&region=#res%20ults
U	www.younggloballeaders.org/community?%20utf8=%E2%9C%93&q=&status=&class_year=2022&sector=&region=#res%20ults
V	archive.is/C6oke
W	web.archive.org/web/20120806113309if_/www.weforum.org/community/forum-young-global-leaders
X	web.archive.org/web/20120806113309if_/www.weforum.org/community/forum-young-global-leaders
Y	web.archive.org/web/20120806113309if_/www.weforum.org/community/forum-young-global-leaders
Z	web.archive.org/web/20120806113309if_/www.weforum.org/community/forum-young-global-leaders
AA	web.archive.org/web/20120806113309if_/www.weforum.org/community/forum-young-global-leaders
BB	web.archive.org/web/20120806113309if_/www.weforum.org/community/forum-young-global-leaders
CC	web.archive.org/web/20120806113309if_/www.weforum.org/community/forum-young-global-leaders
DD	maloneinstitute.org/s/WEF-GLT-and-YGL-list-22JUN2022-by-country.xlsx

Um die Teilnehmerliste flexibel nach eigenen Wünschen umsortieren zu können, bieten wir Ihnen unter **www.klarsicht-akademie.de/ernst-wolff-wef** einen Gratisdownload im Excel-Format an.

Wir haben in dieser Liste rund 30 Quellen zusammengeführt: Doppelte Nennungen können deswegen nicht gänzlich ausgeschlossen werden. Sämtliche Internetfundstellen wurden von unserem Rechercheteam durch vollständige Screenshots dauerhaft dokumentiert. Das WEF selbst verändert die Teilnehmerlisten laufend, sodass wir keine Garantie für die Richtigkeit oder Vollständigkeit übernehmen können.

Die Teilnehmerlisten der »Global Leaders for Tomorrow« (1993 – 2003) finden Sie unter **wikispooks.com/wiki/WEF/Global Leaders for Tomorrow**

Der russische Präsident Wladimir Putin taucht in den Listen nicht auf, aber Klaus Schwab selbst erwähnt ihn in zwei Interviews als »Young Global Leader« (wegen der Altersbegrenzung dürfte Putin allerdings eher ein »Global Leader for Tomorrow« sein). Hier die Links:
www.youtube.com/watch?v=L0pMGflp3aE
www.youtube.com/watch?v=SjxJ1wPnkk4

Anmerkungen und Quellenangaben

1 Aladdin ist die Abkürzung für »Asset, Liability, Debt and Derivative Investment Network«, zu Deutsch: »Netzwerk für Aktiva, Passiva, Anleihen und derivative Anlagen«.

2 Zur Plattformökonomie zählen all die Unternehmen, die das Internet nutzen, um die Anbieter von Waren, Informationen oder Dienstleistungen mit deren Käufern oder Nutzern zusammenzubringen. Bekannte Beispiele sind Amazon, Meta, Uber oder Lieferando.

3 www.gatesfoundation.org/about/committed-grants/2018/12/opp1203082

4 Der Sommer 1816 gilt wegen der weltweiten Auswirkungen eines Vulkanausbruchs in Indonesien als der dunkelste und kälteste Sommer des 19. Jahrhunderts.

5 Die im Internet verbreitete Behauptung, Schwabs Ehefrau sei eine geborene Rothschild, ist falsch.

6 www.swissbankclaims.com/Documents/2015/von%20Kauffungen_DE.pdf

7 Schwab gegenüber Fortune Magazine: archive.fortune.com/2010/01/27/news/international/schwab_davos.fortune/index.htm

8 *THE WORLD ECONOMIC FORUM: A Partner in Shaping History 1971–2020*, Seiten 29, 30; www3.weforum.org/docs/WEF_A_Partner_in_Shaping_History.pdf

9 *THE WORLD ECONOMIC FORUM: A Partner in Shaping History 1971–2020*, S. 31

10 *THE WORLD ECONOMIC FORUM: A Partner in Shaping History 1971–2020*, S. 30

11 *THE WORLD ECONOMIC FORUM: A Partner in Shaping History 1971–2020*, S. 30

12 *THE WORLD ECONOMIC FORUM: A Partner in Shaping History 1971–2020*, S. 33

13 *THE WORLD ECONOMIC FORUM: A Partner in Shaping History 1971–2020*, S. 33

14 *THE WORLD ECONOMIC FORUM: A Partner in Shaping History 1971–2020*, S. 33

15 *THE WORLD ECONOMIC FORUM: A Partner in Shaping History 1971–2020*, S. 38

16 www3.weforum.org/docs/WEF_First40Years_Book_2010.pdf, S. 30

17 Bei den SZR handelt es sich um eine nur zwischen dem IWF und Regierungen gehandelte Währung des IWF.

18 *THE WORLD ECONOMIC FORUM: A Partner in Shaping History 1971–2020*, S. 60f.

19 *THE WORLD ECONOMIC FORUM: A Partner in Shaping History 1971–2020*, S. 60f.

20 *THE WORLD ECONOMIC FORUM: A Partner in Shaping History 1971–2020*, S. 60f.

21 *THE WORLD ECONOMIC FORUM: A Partner in Shaping History 1971–2020*, S. 65

22 *THE WORLD ECONOMIC FORUM: A Partner in Shaping History 1971–2020*, S. 66

23 *THE WORLD ECONOMIC FORUM: A Partner in Shaping History 1971–2020*, S. 66

24 *THE WORLD ECONOMIC FORUM: A Partner in Shaping History 1971–2020*, S. 86f.

25 www.washingtonpost.com/archive/business/1988/02/03/edelman-hits-corporate-ethics-is-booed-by-executives/56784d01-48dc-4c6f-9154-dff6f96fa656/

26 *THE WORLD ECONOMIC FORUM: A Partner in Shaping History 1971–2020*, S. 118

27 *THE WORLD ECONOMIC FORUM: A Partner in Shaping History 1971–2020*, S. 120f.

28 www.clubofrome.org/publication/the-first-global-revolution-1991/

29 Thomas Robert Malthus (1766–1834), britischer Ökonom, sah das Wachstum der Weltbevölkerung als größtes Wirtschaftsproblem und propagierte deren zahlenmäßige Reduzierung.

30 Bekannt ist, dass Mandela seinen Kindern und Enkeln bei seinem Tod ein Millionenvermögen und zahlreiche Firmenbeteiligungen hinterlassen hat.

31 Die Listen aller Jahrgangsteilnehmer finden sich im Anhang am Ende des Buches.

32 *THE WORLD ECONOMIC FORUM: A Partner in Shaping History 1971–2020*, S. 132

33 *THE WORLD ECONOMIC FORUM: A Partner in Shaping History 1971–2020*, S. 132

34 *THE WORLD ECONOMIC FORUM: A Partner in Shaping History 1971–2020*, S. 133

35 In Perwomaiskoje in Dagestan am 16. Januar 1996

36 Siehe hierzu auch die Liste der Strategischen Partner im Anhang.

37 Das Trennbankengesetz (Glass Steagall Act) war nach dem großen Crash von 1929 in den USA eingeführt worden. Es unterteilte die US-Banken in Investmentbanken, die mit dem Geld ihrer Kunden spekulieren durften, und Geschäftsbanken, denen das untersagt war. Seine Abschaffung legte einen der Grundsteine für die Weltfinanzkrise von 2007/08.

38 Pranay Gupte, »The Realities of Globalism«, Newsweek, 1 February 1999.

39 The International Finance Facility for Immunisation (Internationale Finanz-fazilität für Immunisierung) and the Advanced Market Commitment (AMC)

40 Siehe auch Kapitel (24): 2015 – 2017: Vierte industrielle Revolution und Transhumanismus

41 www.weforum.org/agenda/2016/09/why-9-11-reminds-us-we-must-respond-to-fear-with-openness/

42 *THE WORLD ECONOMIC FORUM: A Partner in Shaping History 1971–2020*, S. 211f.

43 widgets.weforum.org/history/2002.html

44 Das Weltsozialforum war 2001 von Globalisierungskritikern ins Leben gerufen worden und fand bis 2018 im Jahresrhythmus als Präsenzveranstaltung statt.

45 *THE WORLD ECONOMIC FORUM: A Partner in Shaping History 1971–2020*, S. 221

46 *THE WORLD ECONOMIC FORUM: A Partner in Shaping History 1971–2020*, S. 225

47 Im Mai 2004 wurden Estland, Lettland, Litauen, Malta, Polen, die Slowa-
kei, Slowenien, Tschechien, Ungarn und der griechische Landesteil Zyperns
als Vollmitglieder in die EU aufgenommen.

48 web.worldbank.org/archive/website00818/WEB/OTHER/WORLD-88.
HTM

49 www.youtube.com/watch?v=iy-el0jO1mo

50 www.youtube.com/watch?v=Rs9fqfvYiXw

51 www3.weforum.org/docs/Bilanz_WEF_2011.pdf

52 www3.weforum.org/docs/WEF_CO_NVA_Overview.pdf

53 *THE WORLD ECONOMIC FORUM: A Partner in Shaping History
1971–2020*, S. 279 f.

54 Die Hälfte der Weltbevölkerung war 2011 unter 25 Jahre alt ist, die afrikanische Bevölkerung bestand sogar zu 70% aus unter 30-Jährigen.

55 www.business-leaders.net/global-shapers-alumni-der-nachwuchs-des-world-
economic-forum-wef/

56 www.rediff.com/money/report/world-becoming-ungovernable-shimon-
peres/20130125.htm

57 www.rediff.com/money/report/world-becoming-ungovernable-shimon-
peres/20130125.htm

58 *THE WORLD ECONOMIC FORUM: A Partner in Shaping History
1971–2020*, S. 306

59 fedlex.data.admin.ch/filestore/fedlex.data.admin.ch/eli/
cc/2015/73/20150123/de/pdf-a/fedlex-data-admin-ch-eli-cc-2015-73-
20150123-de-pdf-a.pdf

60 Zum Beispiel hier: www.youtube.com/watch?v=IJcey1PPiIM&t=18s

61 Accenture ist seit 2014 der IT-Anbieter für HealthCare.gov. Diese Webseite
dient als Drehscheibe für die Krankenversicherungen nach dem »Patient Pro-
tection and Affordable Care Act (PPACA)«, landläufig auch »Obamacare«
genannt.

62 www3.weforum.org/docs/WEF_The_Known_Traveller_Digital_Identity_
Concept.pdf

63 www.weforum.org/agenda/2018/07/infectious-disease-pandemic-clade-x-
johns-hopkins/

64 W*THE WORLD ECONOMIC FORUM: A Partner in Shaping History
1971–2020*, S. 355

65 Dieses neue System sieht vor, den Geschäftsbanken die Kreditvergabe zu entziehen und sie ausschließlich in die Hand der Zentralbanken zu legen. Schlussendlich soll jeder Bürger nur noch ein einziges Konto bei der Zentralbank besitzen – in Form einer Wallet auf einem mobilen Endgerät.

66 www.centerforhealthsecurity.org/our-work/exercises/event201/recommendations.html

67 Siehe hierzu auch: www.aerzteblatt.de/nachrichten/120819/Covax-Uebersicht-Arme-Laender-erhalten-nur-Bruchteil-der-weltweit-verfuegbaren-Impfdosen

68 www.thinkhousehq.com/insights/the-great-reset

69 ec.europa.eu/commission/presscorner/detail/de/SPEECH_20_1655

70 nationalinterest.org/article/dead-souls-the-denationalization-of-the-american-elite-620

71 www.weforum.org/videos/davos-2021-special-address-by-antonio-guterres-secretary-general-of-the-united-nations-english

72 www3.weforum.org/docs/WEF_Accelerating_the_Transition_to_Digital_Credentials_for_Travel_KTDI_Playbook_2021.pdf

73 www.youtube.com/watch?v=1cTwe7XNjMk

74 www.weforum.org/press/2020/01/governing-the-coin-world-economic-forum-announces-global-consortium-for-digital-currency-governance/

75 www.weforum.org/agenda/2020/04/covid-19-universal-basic-income-social-inequality/

76 www.youtube.com/watch?v=SjxJ1wPnkk4

77 Ein Beispiel am Ende des Interviews: www.youtube.com/watch?v=1Wz5Zwo5Is8&t=45s

ERNST WOLFF

Friedrichs Traum von der Freiheit

Ein illustriertes Lesebuch
für Kinder ab 7 Jahren – und Erwachsene

klarsicht

Was ist das denn ... ? Durch einen Zufall findet Erdmännchen Friedrich eines Tages heraus, dass die Welt nicht mit dem Zaun des Zoogeheges endet, in dem er seit seiner Geburt mit seiner Familie lebt.

Aufgeregt erzählt er den anderen von seiner Entdeckung und erlebt eine große Enttäuschung: Sie wollen nichts von der Welt außerhalb des Geheges wissen, sondern lieber weiterhin satt und zufrieden im Zoo leben.

Ganz anders Friedrich: Ihn hat die Neugier gepackt, er möchte unbedingt herausfinden, wie es auf der anderen Seite des Zaunes aussieht und was es dort zu erleben gibt. Also beschließt er, die Welt außerhalb des Geheges auf eigene Faust zu erkunden.

Das aber ist nicht so einfach. Sein erster Ausbruchsversuch scheitert jämmerlich. Doch Friedrich ist ein Kämpfer und gibt nicht so leicht auf. Da kommt ihm das Glück in Gestalt der Krähe Carola zu Hilfe. Sie erzählt Friedrich von der bunten und aufregenden Welt außerhalb des Zoos, macht ihm die Flucht schmackhaft und bietet ihm an, ihn in die Freiheit zu fliegen.

»Als Erdmännchen in die Luft gehen? Ist das nicht viel zu gefährlich?«, fragt sich Friedrich, zögert und kämpft mit der Angst. Aber was, wenn er diese einmalige Gelegenheit verpasst? Wenn er nie wieder so eine Chance erhält?

Friedrich ist hin- und hergerissen, doch am Schluss siegen seine Neugierde und sein Tatendrang. Zusammen mit Carola hebt er ab, steigt in den Himmel und lässt sich auf das Abenteuer seines Lebens ein ...

Mit 38 traumhaft schönen Illustrationen.

ISBN 978-3-98584-230-8

Seit dem Jahr 2020 gibt es nicht nur in Deutschland eine fortwährende Reihe von Grundrechtseinschränkungen, wie man sie in einer Demokratie niemals erwartet hätte. Das Grundrecht auf freie Meinungsäußerung, das unter anderem als Demonstrationsrecht in Artikel 8 des Grundgesetzes verankert ist, wird entweder durch abstruse Auflagen beschnitten oder mit fadenscheinigen Argumenten und Unterstellungen seitens der Behörden vollständig ausgehöhlt. Der Staat wird immer autoritärer, seine Politiker bevormunden die Bürgerinnen und Bürger und die Leitmedien definieren im öffentlichen Diskurs einen Meinungskorridor, innerhalb dessen man sich zu bewegen hat.

Dieser ungewöhnliche Fotoband dokumentiert das Demonstrationsgeschehen auf den Straßen von Berlin, Hannover, Leipzig, Dresden usw. Er zeigt mutige Menschen, die ein freies und selbstbestimmtes Leben wollen. Es sind Menschen, die direkt mit der Staatsmacht konfrontiert werden. Er zeigt die Sorgen und Ängste, die die Menschen auf die Straße treiben. Und er zeigt die Machtspiele eines Staates, der den Kontakt zu seinen Bürgern bereits völlig verloren zu haben scheint.

ISBN 978-3-98584-236-8

Kristina Rieger | Christian Rieger

DAS
SYSTEM

WIE WIR TÄGLICH DURCH PROPAGANDA
VON WIRTSCHAFT, POLITIK + MEDIEN
MANIPULIERT WERDEN

klarsicht

Lüge und Wahrheit liegen oft näher beieinander, als du glaubst. Oftmals halten wir Lügen für Wahrheiten, obwohl sie bereits widerlegt sind, weil sie ganz gezielt tief in uns verankert wurden. Wie bei der Bühnenshow eines Magiers ist es schwierig herauszufinden, was wirklich dahintersteckt. Und nun fragen wir dich: Möchtest du die blaue oder die rote Pille nehmen?

Auf den 384 Seiten unseres Buches nehmen wir dich mit auf eine Reise durch unser System. Das System der westlichen Welt. Ein System, das scheinbar stabil, sicher und gerecht ist. Oder doch nicht?

Gemeinsam schauen wir uns die Manipulationstechniken und Kommunikationsmechanismen der Meinungsmacher an. Wie funktionieren Massenpsychose und Konditionierung und wie wird mit Whistleblowern wie Julian Assange und Edward Snowden umgegangen? Wie werden wir bereits in der Schule von bestimmten Narrativen geprägt? Weitere Themen: Gesundheitssystem und das Geschäft mit der Krankheit, der Bio-Kult, die weltweite Agenda der Corona-Maßnahmen, Geopolitik und die Planung der Welt, The Great Reset, Problematik des Geldsystems, Steuern, Kryptowährungen, Klimawandel, Philanthropen, Stiftungen usw.

GLAUBE nicht einfach, was in unserem Buch steht, sondern recherchiere selbst. Denke nach und mach dir dein eigenes Bild. Mach deine Meinung und Denkweise nicht von einem anderen Menschen abhängig. Als unabhängiger, selbstbestimmter und freier Mensch stehen diese Aufgaben allein dir zu.

„Die wohl umfassendste Zusammenfassung über das Missmanagement der politischen Klasse. Geballte Hintergrundinfos zu den Herausforderungen unserer Zeit, mit reichlich Quellenverweisen versehen."

Ernst Wolff, Journalist und Finanzexperte

ISBN 978-3-98584-237-7

Zum Glück hat die kleine Katze Minka nach zwei Anläufen endlich beim tierliebenden Ehepaar Cornelia und Heinz-Gert ein wunderbares Zuhause gefunden. Wären da nicht schon die vier Kater Uwe Schnuwe, Mukki Mokker, Pitzmann Schlitzmann und Pauli, der Nachbarkater, könnte ihr Leben in ruhigen Bahnen verlaufen. Doch die Viererbande sorgt regelmäßig für aufregende Erlebnisse.

Story und Illustrationen folgen dem Verlauf der 4 Jahreszeiten. Die Illustratoren haben Frühling, Sommer, Herbst und Winter jeweils als Panoramabild gestaltet. Liebevoll, detailreich und farbenprächtig illustrierte Geschichten laden zum Erforschen der dargestellten Szenen ein.
Das Buch beschreibt das wunderbare Gefühl einer Gemeinschaft, in der sich alle unterstützen und gegenseitig helfen.

ISBN 978-3-98584-234-6

Das Anti-Ärger-Buch ist ein konkurrenzloses Feuerwerk kluger Ideen, aber auch ein Leitfaden auf der Entdeckungsreise zu sich selbst und für ein ausgeglicheneres, entspannteres Leben.

Ärger schadet uns und unserem Immunsystem. Deshalb ist es wichtig – auch um unserer Gesundheit willen – zu lernen, bewusst mit ihm umzugehen. In den vier Jahrzehnten ihrer Arbeit hat Vera F. Birkenbihl eine Fülle von alltagstauglichen Anti-Ärger-Strategien entwickelt, von denen sie hier die 59 besten präsentiert. Statt sich jeweils nur auf Theorie oder Praxis zu beschränken, liefert das vorliegende Buch sowohl eine interessante Einführung in die wissenschaftlichen Grundlagen als auch einen umfangreichen Praxisteil. Schon der Blick ins Inhaltsverzeichnis gibt einen Vorgeschmack auf die überraschende Bandbreite der vorgestellten Anregungen und Methoden. Das herausnehmbare »Gefühlsrad« zeigt Ihnen zudem, in welcher Stimmungslage Sie sich gerade befinden – ein spielerischer und zugleich ernsthafter Weg, sich mit seinen Emotionen auseinanderzusetzen.

ISBN 978-3-98584-237-7

Überarbeitete Neuauflage! Im ersten Teil dieses Buches zeigt die Bestseller-Autorin anhand zahlreicher Fallbeispiele, wie wichtig Sprachbilder und emotional ansprechende Geschichten – also Storys – für jeden von uns sind. Dies gilt auch für Menschen, die das nicht glauben wollen, denn Storys beeinflussen unser Denken und Handeln ganz unmittelbar. Sie prägen unser Weltbild und die Art, wie wir uns selbst sehen. Im zweiten Teil gibt uns Vera F. Birkenbihl einige Storys mit auf unseren Lebensweg.

Dieses Buch ist ein Buch-Seminar: Es enthält alles, womit wir unser Privatseminar gestalten können, inklusive kleiner Trainingsaufgaben. So stellen sich sofort prägende Aha-Erlebnisse ein und wir haben Spaß an den Veränderungen, die dieses Buch bewirkt.

»Die Macht der Geschichten sollte jedem, der mit Menschen zu tun hat und sich selbst besser verstehen will, bewusst sein.
Absolut empfehlenswert!«

»Die Autorin ist glücklicherweise KEINE trockene Theoretikerin. Nicht nur wer häufig Vorträge hält oder Gruppen motiviert, sondern auch wer sich sozial weiterentwickeln will, wird dieses Buch sehr schätzen.«

ISBN 978-3-98584-200-1

Sprachenlernen – aber bitte gehirn-gerecht! Der bekannte Birkenbihl-Klassiker! Sprachenlernen muss weder schwierig noch zeitraubend sein und ist viel einfacher, als du bisher gedacht hast. Denn die Birkenbihl-Methode zum gehirn-gerechten Sprachenlernen zeigt einen Weg, den sogar Lernmuffel gehen können:

–> Vokabelpauken ist verboten.

–> Bis zu 75 % der Lernarbeit wird an das Unterbewusste delegiert und damit eingespart.

–> Grammatiklernen ist unnötig (wenn auch erlaubt).

Mit dieser Anleitung der bekannten Coaching-Koryphäe Vera F. Birkenbihl kann jeder schnell und mühelos Fremdsprachen lernen! Vera F. Birkenbihl hat nach dieser erprobten Methode einige Sprachkurse konzipiert (u. a. Englisch, Französisch, Spanisch, Italienisch), die beim Klarsicht Verlag erhältlich sind – du kannst also sofort loslegen!

ISBN 978-3-98584-202-5

DAVID OGILVY ÜBER WER-BUNG

Was Werbung wirklich ist und wie man erfolgreich Werbung macht. Grundsätze, Leitlinien und Werbemedien werden aus der Sicht eines Mannes überzeugend und auch kontrovers geschildert, den das Time-Magazine als »das meistbegehrte Genie der Werbebranche« bezeichnet. Aus der Sicht des Werbepraktikers gibt er eine Vielzahl von Ratschlägen und Hinweisen, die er mit zahlreichen Beispielen und Illustrationen belegt.

David Ogilvy schildert die Zusammenhänge, Abläufe und Geheimnisse der Werbung. Deswegen ist dieses Standardwerk noch immer Pflichtlektüre für jeden, der es in der Werbebranche zu etwas bringen will. Es profitieren sowohl Einsteiger als auch Profis von den bis heute gültigen Prinzipien und richtungsweisenden Ideen eines der wichtigsten Werber unserer Zeit.

ISBN 978-3-98584-400-5

Woran liegt es, dass das Gesetz der Anziehung bei manchen Menschen zu funktionieren scheint, bei den allermeisten von uns jedoch nicht?

Das Gesetz der Anziehung ist heute ein Bestandteil der populären Kultur. Kinofilme wie »The Secret« und Bestsellerautoren wie Ruediger Dahlke, Stephen Covey, Pierre Franckh und selbst Money-Coach Bodo Schäfer beziehen sich immer wieder darauf. Sogar Social-Media-Größen und Influencer wie Christian Bischoff, Verkaufstrainer Dirk Kreuter und Business-Coach Dirk-Michael Lambert u.a. predigen den Nutzen dieses universellen Lebensgesetzes. Und sie haben recht damit!

Damit das Gesetz der Anziehung seine Wirkung entfalten kann, gehört jedoch mehr dazu, als sich eine Sache einfach »nur zu wünschen« oder »ganz fest daran zu glauben«. Wir müssen z. B. eine bestimmte tiefgehende Art des Willens trainieren, genau wie einen Muskel im Sport. Diesem zentralen Erfordernis wurde bisher jedoch nur eine sehr geringe Bedeutung beigemessen.

Dieses Grundlagenbuch gibt eine genaue Anleitung und beschreibt, wie Sie das richtige Mindset entwickeln. Autor William Walker Atkinson war der Erste, der diese uralte Weisheit für unseren modernen Alltag übersetzt hat. Deswegen verdient dieses Buch zurecht das Prädikat DAS ORIGINAL!

ISBN 978-3-98584-232-2

Das beste Buch über gutes Copywriting. Perfekt für Webtexte, Landing-pages, Mailings sowie alles und jeden, der erfolgreich verkaufen will. Höchstens 1 von 100 Geschäftsleuten kennt folgende Fakten, wenn es darum geht, leistungsstarke Werbung zu kreieren:

-> 60% der Menschen lesen nur Headlines;
-> Untertitel unter Fotos erreichen 200% mehr Leser als Fließtext;
-> Anzeigen mit Verkaufspreisen ziehen 20% mehr Aufmerksamkeit auf sich usw.

CA$HVERTISING bringt Ihnen die Tipps, Tricks und Strategien bei, mit denen New Yorks Topwerbetexter und Spitzenmarketer die Konsumenten dazu bringen, wie verrückt zu kaufen. Egal was Sie verkaufen oder wie Sie es verkaufen – dieses praktische Buch lehrt Sie:

-> powervolle Anzeigen, Broschüren, Werbebriefe, Websites usw. zu kreieren,
-> wie sie die Menschen dazu bringen, Ihren Aussagen zu glauben,
-> welche raffinierten Methoden es gibt, um Menschen von Ihren Werbebotschaften zu überzeugen,
-> effektive Tricks zum Schreiben von Headlines, mit denen Sie absolute Aufmerksamkeit erzielen,
-> perfektes Copywriting.

ISBN 978-3-98584-233-9